教育部人文社会科学研究《"数字资本主义"的当代透视研究——基于积累的社会结构学派的理论视角"》（21YJC710025）项目资助

数字资本主义的解构与批判

基于积累的 社会结构学派的 理论视角

顾梦佳 ◎ 著

中国财经出版传媒集团

经济科学出版社

Economic Science Press

·北 京·

图书在版编目（CIP）数据

数字资本主义的解构与批判 ： 基于积累的社会结构学派的理论视角／顾梦佳著. -- 北京 ： 经济科学出版社，2025.3. -- ISBN 978 - 7 - 5218 - 6840 - 1

Ⅰ. F03

中国国家版本馆 CIP 数据核字第 20257W2C41 号

责任编辑：戴婷婷
责任校对：王京宁
责任印制：范　艳

数字资本主义的解构与批判
——基于积累的社会结构学派的理论视角

顾梦佳　著

经济科学出版社出版、发行　新华书店经销
社址：北京市海淀区阜成路甲 28 号　邮编：100142
总编部电话：010 - 88191217　发行部电话：010 - 88191522
网址：www. esp. com. cn
电子邮箱：esp@ esp. com. cn
天猫网店：经济科学出版社旗舰店
网址：http：//jjkxcbs. tmall. com
北京季蜂印刷有限公司印装
710 × 1000　16 开　17.5 印张　270000 字
2025 年 3 月第 1 版　2025 年 3 月第 1 次印刷
ISBN 978 - 7 - 5218 - 6840 - 1　定价：78.00 元
（图书出现印装问题，本社负责调换。电话：010 - 88191545）
（版权所有　侵权必究　打击盗版　举报热线：010 - 88191661
QQ：2242791300　营销中心电话：010 - 88191537
电子邮箱：dbts@ esp. com. cn）

前　言

　　数字技术的迅猛发展正以前所未有的方式重塑着资本主义的生产方式和积累模式。从智能算法对劳动过程的深度渗透，到平台经济重构劳资关系的权力格局，再到数据要素成为核心生产资料，资本主义体系在二十一世纪呈现出鲜明的数字转向特征。这一历史性变革既延续着资本增殖的核心逻辑，又孕育出突破传统理论框架的新型生产关系。在此背景下，如何运用马克思主义政治经济学的理论工具揭示数字资本主义的本质特征与内在矛盾，成为当代左翼学术研究亟待突破的重要命题。

　　本书以"积累的社会结构"（SSA）学派为理论基石，构建起贯通宏观制度分析与微观劳动过程的双重视域。作为马克思主义政治经济学在数字时代的理论探索，本书既延续经典理论对资本积累矛盾的核心关切，又直面智能革命带来的分析挑战。研究着重揭示：以算法控制、平台垄断、数字劳动为特征的"数字SSA"如何通过重构劳动过程、重塑劳资关系、再造价值增殖路径，维系资本主义体系在数字时代的持续积累能力；同时，这种技术赋能的制度重构又如何加剧生产社会化与数据私有化之间的根本矛盾，孕育新型危机形态。

目　　录

导　　论

第一节　研究背景

　　与均衡经济学主张的自由市场万能论相悖，资本主义的历史发展未能持续实现资源最佳配置的市场均衡，反而不断陷入周期性经济危机；与传统马克思主义经济学预言的资本主义崩溃论也相悖，资本主义并没有直接陷入永久性的经济停滞或经济萧条，反而在危机之后开启了新一轮的快速稳定增长和持续积累过程。美国20世纪70年代末资本主义的"经济滞胀"（经济停滞、高失业率和高通货膨胀并存）使凯恩斯主义经济学陷入了理论困境，引发了经济学界的新一轮理论创新。积累的社会结构学派（Social Structure of Accumulation School，以下简称SSA学派）继承并发展了马克思分析资本主义的核心概念和方法，聚焦于"积累的社会结构"的历史演替来解释美国资本主义经济"长期波动"（long swings）现象，一跃成为享誉全球的马克思主义政治经济学理论学派。

　　资本积累不是在真空中进行的，而是依托于具体的历史结构，也即"积累的社会结构"。SSA学派认为，资本主义发展是由一系列阶段构成的，每个阶段的特点由特定的制度环境决定。在资本主义内部竞争和"资本—劳动冲突"的双重驱动下，资本主义不断从一个历史阶段演进到新的历史阶段，其内在矛盾的表现形式也在不断变化和发展。由于生产社会化与生产资料私有之间的固有矛盾，资本主义发展表现出阶段性特征，为了实现自身增殖，资本主义总能在不同阶段找到最自相适应的生产方式进行积累。从资本主义初期的工场手工业到机器大工业，再到自动化流水线，到今天的数字化和智能化生产，资本主义通过不断改变生产方式来适应生产社会化的要求。

资本和劳动之间的关系，作为"现代全部社会体系赖以旋转的轴心"①，贯穿于马克思《资本论》的全部内容始终。作为一部阐述马克思主义政治经济学思想理论的重要著作，《资本论》从高度抽象的层次对资本主义经济运行的本质进行了深入剖析和研究，而SSA学派的研究则提供了一个"中间层次"，有助于马克思主义经济学走向具体化。劳动过程和劳动市场结构，作为"积累的社会结构"的微观构成要素，正是体现了资本主义制度下"资本"和"劳动"之间的动态博弈。

进入21世纪以来，以大数据、云计算、物联网、区块链、人工智能为特征的新一轮数字化革命加速演进，当代资本主义正在向"数字资本主义"的方向演化，依托于算法技术的数字生产方式相伴而生并逐渐占据国民经济的主导地位，数字劳动成为雇佣劳动的新形式，助推数字资本主义的剩余价值生产和增殖。数字资本主义以信息、数据为核心，通过数字技术对生产关系、劳动过程进行重新组织和塑造，成为资本主义自我调整的产物。作为"积累的社会结构"的理论内核，劳动过程和劳动市场结构的动态变迁过程成为我们分析和考察资本主义发展阶段的重要坐标。本书正是基于SSA学派的理论视角，对当代资本主义演化的新形式——"数字资本主义"进行一个马克思主义政治经济学的理论考察。

第二节 文献综述

本书主要涉及三大核心理论：一是数字资本主义相关理论；二是积累的社会结构理论；三是资本主义劳动过程理论。从学术史梳理看，国内外学者分别从资本主义演化、数字劳动、数字劳动过程、算法控制、积累与危机等角度对数字资本主义进行解剖。在考察积累的社会结构论的国外研

---

① 《马克思恩格斯全集》第21卷，人民出版社2003年版，第362页。

究现状时，笔者以 SSA 学派核心人物——大卫·戈登为历史节点梳理美国
SSA 学派从第一代到第二代的代表性理论的演变轨迹，并进行简要述评；
而积累的社会结构理论在我国的研究现状则经历了 20 世纪 90 年代最初的
"零散引入"到世纪之交的"走进"SSA，再到 SSA 理论的"中国化"应
用三个研究阶段。在考察资本主义劳动过程理论的国外研究现状时，笔者
以历史演变为顺序梳理了自马克思的"发端"到布雷弗曼的"复兴"再由
弗里德曼、爱德华兹、布若威等后来者不断"充实"，最后呈现出多元化发
展的研究态势的变迁过程；资本主义劳动过程理论在我国的研究现状则经历
了国外学者经典论述的"引入"并进行理论"延展"的过程。

一、国外研究现状及评述

（一）数字资本主义相关理论

围绕"数字资本主义"，国外学者的研究主要聚焦在三个方面。

1. 资本主义向"数字资本主义"演化研究

美国传播政治经济学的标杆人物丹·席勒（Dan Schiller）在《数字资
本主义：全球市场体系的网络化》（2000）一书中定义了"数字资本主义"
的到来。[①] 奥地利学者维克托·迈尔 - 舍恩伯格（Viktor Mayer -
Schönberger）在《数据资本时代》（2018）一书中也指出，资本主义经济
正在从金融资本主义转向数据资本主义。[②] 英国学者克里斯蒂安·福克斯
（Christian Fuchs）在《大数据资本主义时代的马克思》（2019）一文中指
出，当前资本主义社会进入了大数据资本主义时代——具有特定属性的数
字资本主义，而马克思理论所固有的批判性和辩证性是理解、分析和批判
大数据资本主义社会的有力武器。[③]

---

① 　Dan Schiller. Digital Capitalism Networking the Global Market System，MIT Press，1999：2.

② 　Viktor Mayer - Schonberger. Reinventing Capitalism in the Age of Big Data，John Murray Publish-ers Ltd，2018.

③ 　Christian Fuchs，Vincent Mosco. Marx in the Age of Digital Capitalism，Leiden：Brill，2016.

2. "数字劳动"的概念、本质研究

"数字劳动"一词（digital labor）的提出最早要追溯到意大利学者泰拉诺瓦（Tiziana Terranova），她在《免费劳动：为数字经济生产文化》（2000）一书中使用"免费劳动"（free labor）来指代"数字劳动"，并指出自愿与免费的数字劳动正在成为一种普遍存在于资本主义社会中并遭受剥削的生产性活动。① 德国学者尤里安·库克里奇（Julian Kücklich）在《不稳定的玩工：游戏模组爱好者和数字游戏产业》（2005）一文中提出"玩工"（playbour）概念来指代互联网用户的无偿劳动。② 英国学者克里斯蒂安·福克斯（Christian Fuchs）在《数字劳动和卡尔·马克思》（2014）一书中从政治经济学批判的角度定义了数字劳动。③ 德国学者菲利普·斯塔布（Philip Stab）、奥利弗·纳赫特韦（Oliver Nahertway）在《数字资本主义对市场和劳动的控制》（2016）一文中基于对亚马逊的案例研究，提出数字化已经成为分析当代资本主义的一种元趋势，劳动过程合理化是企业竞争战略的关键，数字控制的扩大和数字经济中的主要企业所采用的组织结构是资本主义劳动扩大而非其减少的证据。在"数字劳动"是否具有物质性和是否存在剥削问题上，奈格里（Antonio Negri）和哈特（Michael Hardt）在《帝国》（2000）和《诸众》（2004）两本著作中认为，"数字劳动"是非物质劳动，不涉及资本主义剥削④；而克里斯蒂安·福克斯（Christian Fuchs）却认为，"数字劳动"仍然没有脱离马克思劳动价值论的理论范畴，仍然具备物质属性并且存在资本主义剥削。⑤

3. "数据资本"与"数据资本"术语争议

国外学者使用"数据资本""平台资本"概念较多，"数字资本"术语较多出现于社会学语境，有别于政治经济学术语中的含义。例如，"数

---

① 参见 Tiziana Terranova, Free Labor：Producing Culture for the Digital Economy, Social Text, Vol. 18 (2)，2000：33。

② 参见 Julian Kücklich, Precarious Playbour：Modders and the Digital Games Industry, Fibreculture Journal, 2005 (5)：1。

③ Christian Fuchs, Digital Labor and Karl Marx, New York：Routledge, 2014：352.

④ Michael Hardt & Antonio Negri. Empire, Harvard University Press, 2000：294.

⑤ Christian Fuchs. Digital Labor and Karl Marx, New York：Routledge, 2014：254.

据资本"概念最早可追溯到产业界，Yousif（2015）将数据视为企业的重要资产①；社会学学者 Ragnedda（2018）借鉴布尔迪厄的"社会资本"概念，将"数字资本"定义为"数字能力和数字技术的积累"，侧重强调其在社会领域的作用。政治经济学语境下多用"平台资本""数据资本"概念，如尼克·斯尔尼塞克（2018）在《平台资本主义》②中提出平台资本通过控制平台和数据，实现对劳动和消费的控制和剥削，舍恩伯格（2018）在《数据资本时代》一书中较早提出"数据资本"概念，认为经济正从金融资本转向以"数据资本"为核心。③不少学者从政治经济学角度将数据理解为一种资本形式（Sadowski，2019；Tang，2021；Vatanparast，2021；等等）④，认为数据收集并非简单的商品生产和货币价值转换，而是由数据资本积累和流通逻辑驱动的政治经济制度。

（二）积累的社会结构理论

出生于经济学世家的大卫·戈登（David M. Gordon，1944—1996）是 SSA 学派的主要创始人，从1978年提出"积累的社会结构"概念⑤直至戈登去世，一直活跃在发展 SSA 理论的最前沿，成为了第一代 SSA 学派的"核心人物"。随后大卫·科茨接过了 SSA 学派的"学术接力棒"，成为第二代 SSA 学派的代表人物之一。SSA 学派将资本积累中的"长期波动"与资本主义促进积累和增长的"制度组合"演进周期相互联系起来，用"积累的社会结构"的历史演变来解释资本主义经济增长和停滞的交替发展过程。资本主义发展的每一个新历史阶段，都存在一个占主导地位的"积累

---

① Yousif M. The Rise of Data Capital, IEEE Cloud Computing. 2015，2（2）.
② 尼克·斯尔尼塞克著，程水英译：《平台资本主义》，广东人民出版社2018年版。
③ Viktor Mayer - Schonberger. Reinventing Capitalism in the Age of Big Data，John Murray Publishers Ltd，2018.
④ Sadowski J. When Data is Capital：Datafication，Accumulation，and Extraction，Big Data & Society，2019，6（1）.
⑤ David M. Gordon. Up and Down the Long Roller Coaster, in Union for Radical Political Economics, eds. U. S. Capitalism in Crisis, New York：Union for Radical Political Economics，1978：22 - 35. 中文译稿参见：大卫·戈登著，张开译：《长周期的上升与下降》，载于《教学与研究》2016年第1期。

的社会结构"。下面将从经济思想史的视角，以戈登为历史节点梳理美国 SSA 学派从第一代到第二代的代表性理论的演变轨迹。

1. 第一代 SSA 学派

第一代 SSA 学派是以戈登为核心人物进行 SSA 理论的研究与发展的。[①] 首先，20 世纪 70 年代以戈登、爱德华兹和里奇三人组合为代表，对劳动市场问题产生了浓厚兴趣，深入研究了劳动市场分割理论。不同于传统的"单一劳动市场假说"，戈登、爱德华兹和里奇在深刻阐述了美国的种族分化、性别分化和阶级分化的基础上，提出了"劳动市场分割理论"，将促成劳动市场"分割"的因素视为内生变量。1982 年出版的《工作分割、工人分化：美国劳动的历史转型》[②] 一书系统介绍了三人关于 SSA 理论的分析框架，是 SSA 理论的奠基之作，获得了学者们的广泛认同。[③]

其次，20 世纪 80 年代，以戈登、鲍尔斯和韦斯考普夫三人组合为代表，开始了从 SSA 理论层面到资本主义发展的宏观经济政策层面的探索。在资本主义长期发展方面，由于学界围绕"长期波动"这一理论问题的研究始终缺乏一个逻辑一贯的统一理论基础，尚存在很多悬而未决的理论问题。因此，戈登在 1980 年《积累的阶段和长经济周期》一文中，借鉴并修改了现存的资本主义发展阶段理论，将"资本积累的阶段"和"长经济周期"联系起来。[④] 在宏观经济政策方面，戈登不认同主流经济学为解决积累危机开具的经济药方，因为其本质是"涓滴经济学"（trickle-down economics）的思维模式。为此，戈登、鲍尔斯和韦斯考普夫三人用 SSA 理论来分析美国经济增长乏力的根本原因，认为是二战以后形成的僵化的官僚等级制度，给美国资本

---

① 参见张开：《工资挤压与官僚负担——大卫·戈登经济思想研究系列》，载于《经济学家》2015 年第 11 期。

② David M. Gordon, Richard Edwards, and Michael Reich. Segmented Work, Divided Workers: The Historical Transformation of Labor in the United States. Cambridge, UK: Cambridge University Press, 1982.

③ Lippit, Victor D. The Reconstruction of a Social Structure of accumulation in the United States. Review of Radical Political Economics, 1997, 29 (3): 11 – 21.

④ David M. Gordon. Stages of Accumulation and Long Economic Cycles, in Samuel Bowles and Thomas E. Weisskopf, eds. Economics and Social Justice: Essays on Power, Labor, and Institutional Change, Edward Elgar Publishing, Inc., 1998: 93 – 129. 中文译稿参见大卫·戈登著，张开、顾梦佳、王声啸译：《积累的阶段和长经济周期》，载于《当代经济研究》2019 年第 8 期。

主义经济造成了巨大的"官僚负担"。在三人出版的 1983 年《超越荒原：经济衰退的民主替代》[①] 和 1990 年《荒原之后：2000 年的民主经济学》[②] 两本著作中，提出了用"民主经济学"（democratic economics）来代替主流经济学，用经济复兴的民主纲领来推动资本主义制度转型。

最后，戈登去世前专注于宏观计量模型的构建和"官僚负担"的研究。20 世纪 80 年代以来，"非正统宏观经济学"（heterodox macroeconomics）的蓬勃发展挑战了主流经济学，戈登将这些非正统宏观经济模型进行综合并纳入社会结构主义的框架之中，将其命名为"社会结构主义宏观计量经济"（Social Structuralist Macroeconometric，SSM）模型。在戈登去世前的最后几年，他提出美国公司的"官僚负担"对雇佣工人的"工资挤压"是造成美国工人实际工资下降的根本原因，并出版了《臃肿与卑劣：对美国工人的公司压榨和管理"精简"的神话》[③] 一书。对此，里奇的评价是：戈登过于夸大了美国公司"官僚负担"的规模[④]，同时认为戈登后期的学术研究偏离了 SSA 学派的理论初衷，弱化了对理论本身进行质的分析[⑤]。

2. 第二代 SSA 学派

SSA 学派第一代创始人逐渐转移了自己的学术兴趣，戈登转向了对资本主义历史细节的定量分析，爱德华兹转向了对生态学领域的问题研究，只有里奇还坚持对劳动经济学的研究。在戈登去世后，SSA 学派的后继者——大卫·科茨接过了"学术接力棒"，相继出版了 1994 年《积累的社会结构理论——增长和危机的政治经济学》[⑥]、2010 年《当代资本主义及

① Samuel Bowles, David M. Gordon, Thomas Weisskopf, Beyond the Waste Land: A Democratic Alternative to Economic Decline, New York: Anchor Press/Doubleday, 1983.

② Samuel Bowles, David M. Gordon, Thomas Weisskopf, After the Waste land: A Democratic Economics for the Year 2000, New York: M. E. Sharpe, Inc, 1990.

③ David M. Gordon. Fat and Mean: The Corporate Squeeze of Working Americans and the Myth of Managerial "Downsizing". New York: The Free Press, 1996.

④ Michael Reich, Are U. S. Corporations Top-heavy? Managerial Ratios in Advanced Capitalist Countries. Review of Radical Political Economics, 1998, 30 (3): 33 – 45.

⑤ Michael Reich. Social Structure of Accumulation Theory: Retrospect and Prospect. Review of Radical Political Economics, 1997, 29 (3): 4.

⑥ David M. Kotz, Terrence McDonough, and Michael Reich, Social structures of accumulation: the political economy of growth and crisis. Cambridge: Cambridge University Press, 1994.

其危机——21 世纪积累的社会结构理论》① 两本 SSA 学派的理论文集。通过对比这两本文集能够发现，SSA 学派在"时间"和"空间"两个维度都取得了新的理论发展。

首先，SSA 学派在"时间维度"上取得了新发展。戈登、爱德华兹和里奇提出了美国资本主义发展的三个历史阶段，占主导地位的 SSA 分别是"最初的无产阶级化 SSA""同质化 SSA"和"分割化 SSA"。② 进入 20 世纪 70 年代以后，美国资本主义取得了新的发展形式，SSA 学派绝大多数学者都认为美国资本主义已经进入了第四个 SSA 阶段。但是，关于第四个 SSA 的命名、时间起点和核心要素等问题，学界存在着不同观点。科茨、麦克唐纳、利皮特等人将美国的第四个 SSA 称为"新自由主义 SSA"（neoliberal SSA），但科茨、麦克唐纳等认为新自由主义 SSA 发端于 1980 年前后，而利皮特认为其发端于 1995 年③。鲍尔斯等基于跨国经济视角，把新 SSA 界定为"跨国 SSA"（transnational SSA），认为其发端于 1991 年④；空间化学派则将这一新 SSA 命名为"空间化 SSA"（spatialization SSA），认为其发端于 20 世纪 70 年代末期⑤。

其次，SSA 学派在"空间维度"上取得了新发展。首先，随着 SSA 理

①　Terrence McDonough. The State of the Art of Social Structure of Accumulation Theory, in Terrence McDonough, Michael Reich, and David M. Kotz, eds. Contemporary Capitalism and Its Crises: Social Structure of Accumulation Theory for the 21st Century. Cambridge, UK: Cambridge University Press, 2010. 中文译本参见特伦斯·麦克唐纳、迈克尔·里奇、大卫·科茨主编，童珊译：《当代资本主义及其危机——21 世纪积累的社会结构理论》，中国社会科学出版社 2014 年版。

②　David M. Gordon, Richard Edwards, and Michael Reich, Segmented Work, Divided Workers: The Historical Transformation of Labor in the United States. Cambridge, UK: Cambridge University Press, 1982.

③　Lippit, Victor D. The Reconstruction of a Social Structure of accumulation in the United States. Review of Radical Political Economics, 1997, 29 (3): 11 – 21.

④　Samuel Bowles, Richard Edwards, and Frank Roosevelt. Understanding capitalism: competition, command, and change. UK: Oxford University Press, 2005. 中文译本参见塞缪尔·鲍尔斯，理查德·爱德华兹，弗兰克·罗斯福著，孟捷等译：《理解资本主义：竞争、统制与变革》，中国人民大学出版社 2010 年版。

⑤　Michael Wallace and David Brady. The Next Long Swing: Spatialization, Technocratic Control and the Restructuring of work at the Turn of Century, in Ivar Berg and Arne L. Kalleberg, eds. Sourcebook of Labor Markets: Evolving Structures and Processes, New York: Plenum Press, 2001: 102. 中文译稿参见迈克尔·华莱士，大卫·布雷迪，顾梦佳译，张开校：《下一个长期波动：世纪之交的空间化、技术官僚控制和工作重构》，载于《政治经济学季刊》2019 年第 2 期。

论进入社会学者的研究视野，形成了基于 SSA 理论延伸的"空间化学派"
（spatialization school）。一部分学者立足于美国"州一级"层面来分析资本
的空间流动对劳动施加的新型控制形式①；另一部分学者将全球化因素纳
入分析框架，考察全球化、空间化、跨国化下"劳动过程的空间化重构"
的实质及其对工人阶级的不利影响②。其次，随着资本主义全球化的急剧
发展，SSA 理论突破了国家层面进入了全球范围视野。例如，大卫·科茨
和麦克唐纳等认为当代世界范围的资本主义是"全球新自由主义 SSA"
（global neoliberal SSA）③；梅伦德斯④、海因茨⑤、萨拉斯⑥将 SSA 理论的分

① Don Sherman Grant and Michael Wallace. The Political Economy of Manufacturing Growth and Decline across the American States, 1970 - 1985. Social Forces, 1994, 73（1）：33 - 63.

② Michael Wallace and David Brady. Globalization or Spatialization of the Labor Process, in Terrence McDonough, Michael Reich, and David M. Kotz, eds. Contemporary Capitalism and Its Crises：Social Structure of Accumulation Theory for the 21st Century. Cambridge, UK：Cambridge University Press, 2010：121 - 144. 中文译本参见特伦斯·麦克唐纳、迈克尔·里奇、大卫·科茨主编，童珊译：《当代资本主义及其危机——21 世纪积累的社会结构理论》，中国社会科学出版社 2014 年版，第 103 ~ 123 页。

③ Terrence McDonough. The State of the Art of Social Structure of Accumulation Theory, in Terrence McDonough, Michael Reich, and David M. Kotz, eds. Contemporary Capitalism and Its Crises：Social Structure of Accumulation Theory for the 21st Century. Cambridge, UK：Cambridge University Press, 2010：23 - 44. 中文译本参见特伦斯·麦克唐纳、迈克尔·里奇、大卫·科茨主编，童珊译：《当代资本主义及其危机——21 世纪积累的社会结构理论》，中国社会科学出版社 2014 年版，第 21 ~ 39 页。

④ Edwin Melendez. Accumulation and crisis in a small and open economy：the postwar social structure of accumulation in Puerto Rico, in David M. Kotz, Terrence McDonough, and Michael Reich, Social structures of accumulation：the political economy of growth and crisis. Cambridge：Cambridge University Press, 1994：233 - 252.

⑤ James Heintz. The Social Structure of Accumulation in South Africa, in Terrence McDonough, Michael Reich, and David M. Kotz, eds. Contemporary Capitalism and Its Crises：Social Structure of Accumulation Theory for the 21st Century. Cambridge, UK：Cambridge University Press, 2010：267 - 285. 中文译本参见特伦斯·麦克唐纳、迈克尔·里奇、大卫·科茨主编，童珊译：《当代资本主义及其危机——21 世纪积累的社会结构理论》，中国社会科学出版社 2014 年版，第 233 ~ 248 页。

⑥ Carlos Salas. Social Structures of Accumulation and the Condition of the Working Class in Mexico, in Terrence McDonough, Michael Reich, and David M. Kotz, eds. Contemporary Capitalism and Its Crises：Social Structure of Accumulation Theory for the 21st Century. Cambridge, UK：Cambridge University Press, 2010：286 - 308. 中文译本参见特伦斯·麦克唐纳、迈克尔·里奇、大卫·科茨主编，童珊译：《当代资本主义及其危机——21 世纪积累的社会结构理论》，中国社会科学出版社 2014 年版，第 249 ~ 269 页。

析框架分别运用于波多黎各、南非、墨西哥等民族国家的具体分析。

3. 一个简要评价

SSA 理论兴起于资本主义高通胀与高失业并存的滞胀危机时代，传统凯恩斯主义的逆周期条件政策失效，但资本主义也并未如马克思预言的那样陷入崩溃境地，SSA 理论从资本主义制度结构转变的视角出发，解释资本主义经济"扩张"和"停滞"周期性交替现象，对资本主义经济危机以及自我恢复能力进行了理论阐释。从理论演变轨迹来看，SSA 理论经历了从强调资本快速积累阶段向强调利润创造阶段的转变。传统 SSA 理论认为，"积累的社会结构"总是与资本的快速可持续积累相挂钩的，一个有效的 SSA 的主要功能在于促进长期稳定的经济增长。然而，随着资本主义进入新自由主义时代，出现了盈利能力恢复和经济增长率低迷并存的现象。传统的 SSA 理论，无法解释资本主义经济社会的新现实。为了克服这一矛盾，大卫·科茨和马丁·沃尔夫森对传统 SSA 理论进行了修正和重建①。科茨和沃尔夫森将"积累的社会结构"与资本的快速积累"解绑"，将其主要功能确定为维持盈利能力、稳定"资本—劳动冲突"，而未必会促进资本积累、并带来新一轮快速可持续的经济增长。在对传统 SSA 理论的修正与重构过程中，科茨等人弱化了对资本主义劳动过程的关注，更加侧重对资本主义发展阶段历史演变的宏观层面分析。本文的研究正是要恢复资本主义劳动过程及与其相适应的劳动控制体系的理论重视，以劳动过程和劳动市场结构的动态演变分析美国资本主义"积累的社会结构"的历史演进过程。

（三）资本主义劳动过程理论

资本主义劳动过程研究关注的核心问题是资本如何组织劳动从而无偿

---

① Martin Wolfson and David Kotz. A Reconceptualization of Social Structure of Accumulation Theory, in Terrence McDonough, Michael Reich, and David M. Kotz, eds. Contemporary Capitalism and Its Crises: Social Structure of Accumulation Theory for the 21st Century. Cambridge, UK: Cambridge University Press, 2010: 72 - 92. 中文译本参见特伦斯·麦克唐纳、迈克尔·里奇、大卫·科茨主编，童珊译：《当代资本主义及其危机——21 世纪积累的社会结构理论》，中国社会科学出版社 2014 年版，第 62 ~ 76 页。

占有尽可能多的雇佣工人创造的剩余价值。总体来讲，资本主义劳动过程理论经历了从马克思的"发端"到布雷弗曼的"复兴"再由弗里德曼、爱德华兹、布若威等后来者不断"充实"，最后呈现出多元化发展的研究态势。资本主义劳动过程理论聚焦于在劳动过程中实现"控制"，揭示了资本和劳动双方围绕对劳动过程控制权的争夺，在劳动过程理论的发展过程中，不断有新的"要素"纳入劳动过程中来，资本"控制"和劳动"反抗"之间的博弈构成了资本主义工作场所的主要内容。

1. 劳动过程理论的"发端"

马克思《资本论》中关于劳动过程的分析开创了劳动过程理论的先河，将劳动过程这一重要概念第一次置于真正科学的基础之上，界定了一些重要概念和工具，从而奠定了资本主义劳动过程理论体系的研究基础。在《资本论》第 1 卷中，首先将劳动过程的资本主义形式抽象掉，对一般劳动过程进行了分析。一般劳动过程，是"制造使用价值的有目的的活动"①。而资本主义劳动过程，目的在于生产剩余价值，是资本家利用强制手段实施控制与工人反抗相互博弈的过程。商品进行交换的价值基础在于其背后凝结的无差别的人类劳动（labor），但是雇佣工人出卖的不是劳动，而是自己的劳动力（labor power），资本家组织劳动过程来生产剩余价值时面临的重要问题是如何将购买的雇佣工人的劳动力最大限度地转化为劳动。因而就产生了"控制"问题，资本家通过提高劳动强度、延长劳动时间等方式对雇佣工人进行管理、监督和支配，与雇佣工人争夺对劳动过程的控制权，最大限度地攫取剩余价值。马克思关于资本主义劳动过程以及工作场所控制形式的历史演变分析将在本书第一章"积累的社会结构理论溯源"部分详细阐述，在此不作赘述。

从马克思政治经济学的理论视角来看，资本主义劳动过程的实质是资本家对雇佣工人的统治，是物对人的统治，是"死劳动"对"活劳动"的统治。资本家与雇佣工人之间是剥削与被剥削、控制与反抗的对立关系。一方面，资本家出于占有尽可能多的剩余价值这一动机，会采取各种手段

---

① 《资本论》第 1 卷，人民出版社 2004 年版，第 215 页。

对工人的"活劳动"进行控制；另一方面，在资本家的专制与压榨之下，雇佣工人将联合起来反抗剥削，通过阶级斗争推动现有生产关系的演变。虽然马克思认识到了工人阶级反抗的重要性——工人阶级是资产阶级的"掘墓人"，但他并未具体研究资本主义生产方式如何应对工人阶级的反抗，从而调整自身使资本主义生产方式得以继续维持下去。马克思关于资本主义劳动过程的经典论述，在马克思去世后的一百多年里，并未引起马克思主义者的研究重视，劳动过程理论失去了其在马克思理论中的支柱地位，甚至遭到了"理论过时"的挑战。

2. 劳动过程理论的"复兴"

1974 年，斯蒂芬·马格林（Stephen A. Marglin）发表了《老板们在做什么？》[①] 一文，以翔实的经济史材料，证明了资本主义生产中的等级制度起源于资本主义生产关系，而非技术优越性，并研究了等级制度在资本主义生产中所发挥的社会功能是为资本积累服务。同年，凯瑟琳·斯通（Katherine Stone）发表了《钢铁行业职业结构的起源》[②] 一文，通过对 19 世纪美国钢铁行业劳动过程历史变迁的考察，重新将研究聚焦于"资本主义劳动过程"这一经典研究对象。自马克思以来的资本主义劳动过程理论的发展脉络中，哈里·布雷弗曼（Harry Braverman）的劳动过程研究占据着重要地位，其 1974 年《劳动与垄断资本：二十世纪中劳动的退化》一书的出版，再次将资本主义劳动过程置于分析的核心位置，标志着马克思资本主义劳动过程研究传统的真正"复兴"。

马克思对资本主义劳动过程的透彻研究曾让马克思主义的后继者认为无须再涉足生产领域，但马克思的论述并未深刻考察"技术"与"管理"是如何渗透到资本家对工人日常生产活动的监督和控制中的，布雷弗曼的

---

① Stephen A. Marglin. What Do Bosses Do?: The Origins and Functions of Hierarchy in Capitalist Production. Review of Radical Political Economics, 1974 (6): 60 - 112. 中文译本参见 S. 马格林，柯唱、李安译：《老板们在做什么？——资本主义生产中等级制度的起源和功能》，载于《政治经济学评论》2009 年第 0 期；史蒂芬·A. 马格林，张淼、冯志轩译：《老板们在做什么？——等级制与储蓄》，载于《政治经济学评论》2010 年第 4 期。

② Katherine Stone. The Origins of Job Structures in the Steel Industry. Review of Radical Political Economics, 1974, (6): 113 - 173.

研究填补了这一空白。沿袭马克思的思想脉络，布雷弗曼在《劳动与垄断资本：二十世纪中劳动的退化》一书中，探讨的核心问题是：资本是如何成功榨取雇佣工人创造的剩余价值的？他首先从讨论人的劳动特点出发，人与动物的不同之处在于，人的身上可以实现"概念"（conception）与"执行"（execution）的分离，也即是说，一个人头脑中的主意可以由另一个人去实施执行[①]。雇佣劳动制度下，资本家购买的和工人出卖的，不是雇佣工人的"劳动量"，而是雇佣工人的"劳动能力"，资本家面临的核心问题是如何将工人的"劳动能力"转化为实际的"劳动量"。因此，"控制的确是一切管理制度的中心思想"[②]。

随着资本主义进入垄断阶段，野蛮的剥削方式已经失效，为了控制劳动过程，资本家通过生产技术创新和泰罗制科学管理方法将工作流程进一步分解，使劳动过程"碎片化"。劳动过程的每一个步骤退化为了简单劳动，工人丧失了完整的生产知识和技能成为"局部工人"[③]，沦为机器的可替代齿轮和管理者的活的工具。布雷弗曼认为，"概念"与"执行"的分离构成了垄断资本主义生产关系的基础，进而导致了 20 世纪资本主义劳动过程的转型和重构。随着流水线、数控机械化等新技术的应用，资本家将设计、构想、计算、分析等劳动过程中的一切脑力活动从生产车间转移到不同管理部门，产品生产的技术和知识交由少数管理者，将具体产品生产的局部操作交由工人，原本手脑并用的工人成为了机器的延伸并在生产中逐渐"去技能化"（deskilling），从劳动过程的主观因素降至从属地位，成为管理部门指挥劳动过程的客观因素[④]。劳动过程"碎片化"和工人"去技能化"已经使得工人逐渐丧失了对专门的生产知识的全盘掌握和对劳动过程的控制权，在资本逐利动机的驱使下，资本家将进一步占有雇佣工人

[①]　哈里·布雷弗曼著，方生等译：《劳动与垄断资本：二十世纪中劳动的退化》，商务印书馆 1979 年版，第 51 页。

[②]　哈里·布雷弗曼著，方生等译：《劳动与垄断资本：二十世纪中劳动的退化》，商务印书馆 1979 年版，第 63 页。

[③]　哈里·布雷弗曼著，方生等译：《劳动与垄断资本：二十世纪中劳动的退化》，商务印书馆 1979 年版，第 71 页。

[④]　哈里·布雷弗曼著，方生等译：《劳动与垄断资本：二十世纪中劳动的退化》，商务印书馆 1979 年版，第 152 页。

创造的剩余价值。雇佣工人被非人地利用表面上似乎适应了资本主义新的生产方式，但工人的思想和批判能力对于资本仍然是一种威胁，工人对于"退化"了的资本主义工作组织形式的敌视情绪，随时都有可能引发工人的大规模反抗。布雷弗曼指出："工人阶级只有在资本主义生产方式征服并破坏了所有其他劳动组织形式，从而劳动人民别无其他选择时，才会逐步屈服于资本主义生产方式及其相继采取的各种形式。"[1]

布雷弗曼延续了马克思的批判精神，将工作场所视作一个资本家和工人之间阶级斗争和对抗的场所，重新引发了学界对"工作场所"和"劳动过程"的研究兴趣。正如保罗·斯威齐在《劳动与垄断资本：二十世纪中劳动的退化》一书的前言中所说："本书的作用是提出问题，而不是解答问题；是开辟（或重新开辟）一向被忽视而且现在需要研究和仔细推敲的探讨途径。"[2] 这本著作在学界引起了极大反响，社会学、管理学、经济学等诸多领域的学者们围绕布雷弗曼的研究进行了广泛而持久的争论。

3. 劳动过程理论的"新视角"

布雷弗曼的研究焦点在于劳动的科学管理和工人的"去技能化"方面，关注垄断资本主义下资本家是如何控制劳动过程的，而忽略了工人阶级对这种控制的主观感受和反抗。一些学者对此提出了批评，以安德鲁·弗里德曼（Andrew Friedman）、大卫·蒙哥马利（David Montgomery）、理查德·爱德华兹（Richard Edwards）和迈克尔·布若威（Michael Burawoy）为代表的学者们将劳动过程理论的研究重点转向了"工人主体性"问题，从而开辟了研究资本主义劳动过程理论的"新视角"，聚焦于工人反抗对资本控制之间的博弈过程。

1977 年，弗里德曼在布雷弗曼的理论基础上发展了劳动过程"控制"理论，出版了《工业与劳动》一书，分析了英国近两百年的工人抗争和资本管理的变迁过程，将工人划分为"核心工人"（central workers）和"边

---

[1] 哈里·布雷弗曼著，方生等译：《劳动与垄断资本：二十世纪中劳动的退化》，商务印书馆 1979 年版，第 134 页。

[2] 哈里·布雷弗曼著，方生等译：《劳动与垄断资本：二十世纪中劳动的退化》，商务印书馆 1979 年版，第 12 页。

缘工人"（peripheral workers）两种，分别以"责任自治"（responsible autonomy）和"直接控制"（direct control）两种策略进行管理。① 受爱德华·汤普森（Edward Thompson）1963 年《英国工人阶级的形成》（*The Making of the English Working Class*）② 一书的影响，蒙哥马利尤为重视工人阶级的主体性地位，于 1979 年出版了《工人控制：美国工作、技术与工人斗争史研究》③ 一书，从工人角度出发对 19 世纪美国工人阶级在生产领域的斗争行为进行了系统研究。在这本书中，蒙哥马利指出了"工人控制"主要有三种表现形式：行业自治（the autonomous craftsman）、工会工作规章（the union work rules）以及相互支持（mutual support）。④ 爱德华兹也同样看到了工人的反抗，在关注工人主体性的同时分析了资本主义工作场所的"控制体系"如何在阶级斗争的推动下历史演变的过程。1979 年，爱德华兹出版了《竞争地带：20 世纪工作场所的转型》一书，将资本主义工作场所看作劳资双方围绕对劳动过程的控制权而斗争的领域，资本对劳动的控制方式从最初的"简单控制"转变成更具结构性的"技术控制"和"官僚控制"。⑤

对布雷弗曼最具代表性的理论批判者当属美国社会学家布若威。1979 年和 1985 年，布若威相继出版了《制造同意：垄断资本主义劳动过程的变迁》⑥ 和《生产的政治：资本主义和社会主义下的工厂政体》⑦ 两本著作，推进了传统劳动过程理论的工人主体性转向。在《制造同意：垄断资

---

①　Andrew Friedman. Industry and labour, London：The Macmillan Press Ltd. ，1977：109 – 113.

②　爱德华·汤普森著，钱乘旦等译：《英国工人阶级的形成》，译林出版社 2001 年版。

③　David Montgomery. Workers Control in America：Studies in the History of Work，Technology，and Labor Struggles，Cambridge University Press，1979.

④　David Montgomery. Workers Control in America：Studies in the History of Work，Technology，and Labor Struggles，Cambridge University Press，1979：10.

⑤　Richard Edwards. Contested Terrain：The Transformation of the Workplace in the Twentieth Century. New York：Basic Books，1979：21.

⑥　Michael Burawoy. Manufacturing Consent：Changes in the Labor Process Under Monopoly Capitalism. London：University of Chicago Press，1979. 中文译本参见迈克尔·布若威著，李荣荣译：《制造同意：垄断资本主义劳动过程的变迁》，商务印书馆 2008 年版。

⑦　Michael Burawoy. The Politics of Prod uction：Factory Regimes under Capitalism and Socialism. London：Verso，1985.

本主义劳动过程的变迁》一书中，布若威根据自身的工人经历提出了"为什么工人如此卖力工作?"这一问题。马克思和布雷弗曼都认为资本家从雇佣工人身上榨取剩余价值的手段是"强制"（coercion）进行的，这并不能解释他所在工厂工人们卖力工作、心甘情愿地接受资本的剥削这一相反图景。布若威认为，进入垄断资本主义阶段后，劳动过程发生了一次重要转型，资本家和工人不再是完全对立的两极，二者的关系也不再是赤裸裸的剥削与被剥削、控制与被控制的关系，而是加以掩饰下的"隐性剥削"和"软性控制"，工人对剥削和控制的"同意"（consent）和资本的"强制"在劳动过程中同样重要。"劳动过程应当从强制和同意的特定结合方面来理解，这一结合能够诱发追求利润当中的合作。"①

布若威认为，资本主义劳动过程的本质在于"同时获得并掩盖剩余价值"（secure and obscure surplus）。② 要达到在榨取剩余价值的同时掩盖剩余价值，需要工人认同并主动参与自我剥削，主要依靠以下三种机制来重构资本主义劳动过程：首先是"赶工游戏"（the making-out game）③，资本主义工厂以"计件工资制"促使工人之间形成内部竞争，工人认同这一机制并且为了提高薪酬而积极工作。其次是"内部劳动市场"（internal labor markets）④，资本家在企业内部为工人设置的激励机制，工人可以通过晋升、轮岗、在岗培训、标准化考核等方式进行内部流动，通过将工资薪酬与工人资历相挂钩来缓解劳资冲突。最后是"内部国家"（internal state）⑤，资本家在企业内部建立集体谈判和内部申诉制度来处理劳资矛盾。通过以上三种制度安排，资本家利用工人主体性制造出了工人的"同意"。

在《生产的政治：资本主义和社会主义下的工厂政体》一书中，布若威进一步发展了劳动过程理论，将政治维度和意识形态维度引入对资本主

---

①② 迈克尔·布若威著，李荣荣译：《制造同意：垄断资本主义劳动过程的变迁》，商务印书馆2008年版，第50页。

③ 迈克尔·布若威著，李荣荣译：《制造同意：垄断资本主义劳动过程的变迁》，商务印书馆2008年版，第86页。

④ 迈克尔·布若威著，李荣荣译：《制造同意：垄断资本主义劳动过程的变迁》，商务印书馆2008年版，第102页。

⑤ 迈克尔·布若威著，李荣荣译：《制造同意：垄断资本主义劳动过程的变迁》，商务印书馆2008年版，第112页。

义劳动过程的研究之中，提出了"工厂政体"（factory regime）理论，把资本主义下的工厂分为专制政体和霸权政体两种类型。① 在霸权政体中，劳动控制以一种更为隐蔽的方式存在，资本对劳动的剥削过程掩盖在双方对规则达成的一致同意下。霸权政体下的劳动过程并未根本改变资本主义生产关系的"剥削"和"压榨"本质，但由于其温和性和隐蔽性，这种"软性控制"会分化工人的团结，削弱工人的集体谈判能力。布若威区分了资本主义劳动过程中"生产中的关系"（relations in production）和"生产关系"（relations of production）这两个不同概念，前者指的是"劳动过程中产生的各种社会关系"，后者指的是"围绕剩余价值所发生的剥削关系"，二者之间的矛盾斗争最终构成了"生产的政治"（the politics of production）。

4. 劳动过程理论的"多元化"发展

20 世纪 90 年代以来，国外学者对资本主义劳动过程理论的发展趋向于多元化。一些学者从制度变革与社会经济发展的研究视角对资本主义劳动过程展开研究。威廉·拉佐尼克（William Lazonick）1990 年出版了《车间的竞争优势》② 一书，从马克思的车间价值创造理论出发，运用历史唯物主义方法，选取工业革命以来的三个世界工业霸主——英国、美国、日本的先后继起为研究线索，选取霸主们先后取得竞争优势的企业制度的一个关键环节——生产车间为研究对象，对劳资关系在资本主义经济发展中的作用、劳资关系与技术生产力的互动关系对经济增长的作用、资本主义劳动过程的组织对生产率增长和收入分配的影响等方面进行了精辟的分析。拉佐尼克从资本主义发展的历史进程出发，更侧重运用宏观视角来研究资本主义的劳资关系。大卫·哈维（David Harvey）③ 与拉佐尼克的研究视角不同，他从后现代社会资本主义生产体制转型的层面出发，从历史—地理纬度论证了资本通

---

① Michael Burawoy. The Politics of Production：Factory Regimes under Capitalism and Socialism. London：Verso，1985：126.

② William Lazonick. Competitive Advantage on the Shop Floor. Harvard University Press，1990. 中文译本参见威廉·拉佐尼克著，徐华、黄虹译：《车间的竞争优势》，中国人民大学出版社 2007 年版。

③ David Harvey. The Condition of Postmodernity：An Enquiry into the Origins of Cultural Change. UK：Blackwell Pub，1989：125 - 163. 中文译本参见大卫·哈维著，阎嘉译：《后现代状况——对文化变迁之缘起的探究》，商务印书馆 2003 年版，第 165～202 页。

过时间消除空间的过程，考察了资本主义生产方式从福特主义到弹性积累的历史演变以及与之相伴随的资本主义劳资关系的历史变迁过程。贝内特·哈里森（Bennett Harrison）1994 年出版了《组织瘦身：弹性时代企业权力格局的变迁》① 一书，深入剖析了 21 世纪资本主义生产组织形态的转型，聚焦于资本主义弹性生产网络的形成及其对劳资关系的影响。

在此理论基础上，"布莱顿劳动过程研究小组"（Brighton Labour Process Group）、帕洛瓦斯（C. Palloix）、克雷格·利特勒（Craig R. Littler）、杰米·高夫（Jamie Gough）等学者研究了资本主义劳动过程的核心内涵、核心命题、核心要素等内容。"布莱顿劳动过程研究小组"在对资本主义劳动过程的具体界定基础上，认为"概念与执行的分离""等级制形式的控制""劳动的碎片化"和"去技能化"是资本主义劳动过程的固有的内在规律。② 帕洛瓦斯在《劳动过程：从福特制向新福特制的发展》(The Labour Process：From Fordism to Neo–Fordism)③ 一文中研究了资本主义劳动过程的三个核心问题：一是，劳动过程的内涵及其在资本主义经济中的重要地位；二是，资本主义劳动过程的发展阶段以及各个阶段的异同；三是 20 世纪 70 年代以来资本主义劳动过程的发展是否背离了福特制。利特勒在《劳动过程争论：一个理论回顾》④ 一文将资本主义劳动过程的构成要素大致分解成劳动的技术分工和工作设计、控制结构、雇佣关系三个层次，并认为这三个层次在某种程度上可独自发生变化。高夫在《工作、地区和资本的节奏》⑤ 一文中则将资本主义劳动过程的核心要素分为

① Bennett Harrison. Lean and Mean：The Changing Landscape of Corporate Power in The Age of Flexibility. New York：Basic Books，1994. 中文译本参见班尼特·哈里森著，李昭瑢译：《组织瘦身——二十一世纪跨国企业生产形态的蜕变》，台北远流出版事业股份有限公司 1997 年版。

② 转引自谢富胜：《控制和效率：资本主义劳动过程理论与当代实践》，中国环境科学出版社 2012 年版，第 204 页。

③ 转引自谢富胜：《控制和效率：资本主义劳动过程理论与当代实践》，中国环境科学出版社 2012 年版，第 205 页。

④ Craig R. Littler. The Labour Process Debate：a Theoretical Review，in David Knights，Hugh Willmott，eds. Labour Process Theory. The Macmillan Press Ltd，1990：80 – 81.

⑤ Jamie Gough. Work，Locality and the Rhythms of Capital：the Labour Process Reconsidered. Continuum，2003：31.

生产过程的技术性质、生产过程中工作任务的性质、管理者对劳动过程的控制、雇佣关系、工作场所中工人之间的关系这五个相互联系的方面。随着互联网信息技术的不断发展，曼纽尔·卡斯特（Manuel Castells）《网络社会的崛起》① 一书将信息技术引入资本主义劳动控制的研究中，认为网络社会信息技术的使用将使资本对劳动的监督和控制更加严格。

5. 一个简要评价

自马克思《资本论》第 1 卷出版以来，关于资本主义劳动过程理论的研究经历了几个发展阶段，其理论内容也随着资本主义生产方式的新变化不断"丰富"和"重构"。在马克思经典论述的基础上，布雷弗曼引入了"技术变革"和"科学管理"，论证了垄断资本主义下劳动过程的"碎片化"和工人的"去技能化"这一客观过程；弗里德曼引入了"责任自治"和"直接控制"，分别对应着资本家对"核心工人"和"边缘工人"采取的不同控制策略；爱德华兹引入了"控制体系"概念，探讨了资本主义工作场所中"劳动控制体系"的演变过程；布若威引入了"工人主体性"，讨论了工人的"同意"如何在劳动过程中生产出来这一核心命题，并赋予劳动过程以"意识形态层面"和"政治层面"的意义。尔后，资本主义劳动过程理论开始"多元化"发展，劳动过程作为工作组织和劳资关系重要理论视角进入其他领域学者的研究视野，反而偏离了马克思的最初理论建构。本文的核心目的之一就是要重申关于资本主义劳动过程的马克思主义研究传统，使资本主义劳动过程理论在当代资本主义生产关系的新变革下重新焕发生机，增强资本主义劳动过程理论对当代经济现实的解释力。

二、国内研究现状及评述

（一）数字资本主义相关理论

围绕"数字资本主义"，国内学者的研究主要聚焦在以下方面。

---

① Manuel Castells. The Rise of the Network Society. Cambridge, MA: Blackwell, 1996. 中文译本参见曼纽尔·卡斯特著，夏铸九、王志弘等译：《网络社会的崛起》，社会科学文献出版社 2006 年版。

1. "数字资本"与"数据资本"术语争议

国内大多数学者在使用"数字资本"和"数据资本"术语时并不进行概念上的区分，而少数学者批评"数字资本"一词不符合政治经济学术语规范（余斌，2021），也有学者将"数据资本"视为狭义的"数字资本"（闫境华等，2021）。笔者认为使用"数据资本"概念来概括当前资本最新形态的特征更为准确和具体。研究焦点集中于：（1）概念界定、属性特征和分类：提出"一般数据、虚体、数字资本"概念（蓝江，2018），定义为"基于信息和通信技术的充分数字化、生产要素化的信息和数据"（徐翔和赵墨非，2020），将数字资本视为基于产业资本和金融资本的新型资本存在形态（孟飞和程榕，2021），属于新型数智化不变资本的范畴（段龙龙和何虎，2023），划分为狭义的数字产业资本和产业数字化资本（刘震和张立榕，2023），具备生产资本、商业资本、货币资本多重属性（毛小骅和卢荻，2024）。

（2）积累和增殖机制：数字资本的原始积累呈现出全球性、非暴力、技术引领以及以资本权力为主导的特点（姜宇，2019），其积累模式包括构筑独享的数据流、数据池和以"数据领地"扩张为目标早期收购和跨界并购（闫境华等，2021），大数据和数字技术已经转变成了数字资本，并服务于数字资本家对剩余价值的榨取（蔡万焕，2022），通过商品化扩张来推动资本积累（刘凤义和曲佳宝，2022）。数据资本的增殖主要依赖于数据收集、分析和利用（刘震和张立榕，2023），源于对社会化劳动生产力的吸收和占有（吴静和邓玉龙，2023）；有学者分析了数字资本增殖逻辑下的"竞争－垄断"宰制、数字资本扩张逻辑下的"中心－边缘"控制、数字资本物化逻辑下的"多维－单向"压制（叶龙祥和钟锦宸，2024）。

（3）平台垄断和资本二重性：平台垄断的形成源于数字资本的扩张和集中，平台企业通过掌握数据资源和用户流量，形成市场支配地位，进一步强化了数字资本对数字劳动的剥削（刘震和蔡之骥，2020；贺立龙等，2022）。有学者从马克思资本二重性理论出发论证了平台资本的二重性，即平台资本以数字生产力进步为手段，以获取利润为目的（张开，2024），数据资本在促进社会生产力发展的同时，也可能导致资本无序扩张和野蛮生长、垄断与数据安全等问题（王琳和李云鹏，2024）。

2. 与"数据资本"对应的"数字劳动"研究

国内研究集中于"无酬劳动""平台劳动""数据劳动""数字劳动过程"等范畴进行阐释：（1）"数字劳动"概念、本质、类型。"数字劳动"是"数字资本主义"下占主导地位的劳动形式。有学者对"数字劳动"的概念进行了界定，认为"数字劳动"是因数字技术的发展而模糊了生产与消费之间的边界的无酬劳动（周延云和闫秀荣，2016）；"数字劳动"是数字经济背景下由数字化的知识和信息作为关键生产资料的生产性劳动和非生产性劳动（韩文龙和刘璐，2020）。有学者对"数字劳动"的本质进行了剖析，认为"数字劳动"并未超越马克思主义政治经济学的研究对象，属于马克思劳动概念的延伸，本质上仍然具有物质属性，没有改变资本主义的剥削性质（刘璐璐，2019；孟飞和程榕，2021）有学者对"数字劳动"的类型进行了细化分类，或从概念范围上分为广义数字劳动和狭义数字劳动两类（孟飞和程榕，2021）；或从劳动主体上分为数字雇员的劳动和数字用户的劳动两类（方莉，2020）。

（2）"数字劳动过程"类型和劳资关系。"数字劳动过程"是数字资本主义生产方式下占据主导地位的劳动过程。有学者将"数字劳动过程"分为四类表现形式：传统雇佣经济领域下的数字劳动过程、互联网平台零工经济中的数字劳动过程、数字资本公司技术工人的数字劳动过程、非雇佣形式的产销型的数字劳动过程（韩文龙和刘璐，2020）。有学者对"数字资本主义"下的劳资关系呈现出的新特点进行了归纳：劳动收入与资本收入的差距扩大、劳动力相对过剩和资本有机构成提高的趋势加强、劳动和闲暇的边界越来越模糊、数字劳动表现出更强的资本增殖能力（胡莹，2020）。有学者考察了智能算法对劳动过程的控制和重塑，认为应当反思数据和智能算法技术的资本主义过度使用，对数字垄断资本进行引导和规制，保护数字劳工的合法权益（杨善奇和刘岩，2021）。

3. "数字资本主义"相关研究

国内研究集中于：（1）"数字资本主义"演化的新特点、剥削形式。

有学者指出，数字异化劳动正在成为新的抽象统治（蓝江，2019）；有学者从唯物史观视阈考察"数字资本主义"，认为数字资本主义是互联网技术对当代资本主义的重构（欧阳英，2020）；有学者将"数字资本主义"的新特征归纳为商业领域变革、数据成为核心资源、新业务模式平台出现、劳动过程重组（陈文旭和徐天意，2020）。有学者从"数字雇员"和"数字用户"两个主体对"数字资本主义"的剥削形式进行概括：对数字雇员劳动的剥削是通过竞争、胁迫等多种方式，促使每个雇员用于数字劳动的总平均工作时间和无薪工作时间增加来获取更多剩余价值；对数字用户劳动的剥削是通过无偿占有数字用户线上时间生产的数据信息来获得剩余价值（方莉，2020）。

（2）"数字资本主义"与资本主义积累与危机的研究"数字资本主义"并未超出马克思主义经典理论的范畴。有学者指出，"数字资本主义"只是暂时化解资本主义固有的生产过剩危机的"权宜之计"，并不能从根本上扭转资本主义必然灭亡的历史趋势，资本自我否定的辩证法预示着"数字资本主义"下的危机将会以新的形式和面貌出现（杨慧民和宋路飞，2019；孟飞和程榕，2021）。

（二）积累的社会结构理论

国内学者对 SSA 理论的研究经历了 20 世纪八九十年代的"理论初探"到世纪之交的"井喷式研究"再到"中国化应用"的过程。

1. SSA 理论的"研究初探"

我国最早引入 SSA 理论的文章，当属戈登等的《长期波动和非再生产周期》一文，收录于 1986 年《现代国外经济学论文选》（第十辑）围绕"长波理论"争论的相关内容；[①] 之后，刘利圭摘译了科茨的《积累的调节论和社会结构论比较分析》，发表在《国外社会科学》1990 年第 11 期；[②]

---

① 大卫·戈登、托马斯·韦斯考普夫、塞缪尔·鲍尔斯：《长期波动和非再生产周期》，摘自《现代国外经济学论文选》（第十辑），商务印书馆 1986 年版，第 109~117 页。

② 大卫·科茨、刘利圭：《积累的调节论和社会结构论比较分析》，载于《国外社会科学》1990 年第 11 期。

再后，就是张蕴岭翻译了戈登等的《力量、积累和危机：战后积累社会结构的兴衰》一文，收录于 1992 年《现代国外经济学论文选》（第十五辑）围绕"激进政治经济学"的相关内容；最后，陈聚祉在《经济学动态》1999 年第 1 期对 SSA 理论进行了简要述评。[①] 总的说来，我国对 SSA 理论的"研究初探"始于上个世纪 80 年代，但受制于 SSA 学派理论自身的建构和传播，进入 21 世纪以前我国学界未能大量引入并研究 SSA 理论。

2. SSA 理论的"研究热潮"

进入 21 世纪以来，国内政治经济学理论界掀起了对 SSA 学派研究的热潮，大批学者陆续到美国麻省大学访学，发表了诸多理论成果。尤其是在 2007 ~ 2008 年金融和经济危机之后，国内学者比较多地翻译、评介和运用了 SSA 学派的文章、观点和分析方法，主要集中在以下几个方面。

首先，多位学者翻译了多位国外学者的经典和前沿文献，以推动相关理论在中国的传播。这些翻译工作涵盖了从大卫·戈登、马丁·沃夫森、塞缪尔·罗森伯格到大卫·科茨等学者的文章和著作。例如，张开、孟捷、丁晓钦、童珊、刘子旭、朱安东等分别翻译了相关文献，如《长周期的上升与下降》[②]、《积累的阶段和长经济周期》[③]、《理解资本主义：竞争、统制与变革》[④]、《目前金融和经济危机：新自由主义的资本主义的体制危机》[⑤]、《当代积累的社会结构中的劳工问题》[⑥]、《积累的社会结构与经济不平等》[⑦]、《新自由主义与长期资本积累的社会结构理论》[⑧]、《经济停滞

[①]　陈聚祉：《社会积累结构理论述评》，载于《经济学动态》1999 年第 1 期。

[②]　大卫·戈登、张开：《长周期的上升与下降》，载于《教学与研究》2016 年第 1 期。

[③]　大卫·戈登、张开、顾梦佳、王声啸译：《积累的阶段和长经济周期》，载于《当代经济研究》2019 年第 8 期。

[④]　塞缪尔·鲍尔斯、理查德·爱德华兹、弗兰克·罗斯福著，孟捷等译：《理解资本主义：竞争、统制与变革》，中国人民大学出版社，2010。

[⑤]　大卫·科茨著，丁晓钦译：《目前金融和经济危机：新自由主义的资本主义的体制危机》，载于《当代经济研究》2009 年第 8 期。

[⑥]　塞缪尔·罗森伯格，童珊：《当代积累的社会结构中的劳工问题》，载于《马克思主义与现实》2012 年第 12 期。

[⑦]　大卫·科茨：《社会积累结构与经济不平等》，载于《中国社会科学报》2016 年 1 月 15 日。

[⑧]　大卫·科茨、刘祥琪：《新自由主义与长期资本积累的社会积累结构理论》，载于《国外理论动态》2004 年第 10 期。

与制度结构》① 等。这些工作为国内学者提供了重要的理论资源，有助于深化对积累的社会结构理论的理解和应用。

其次，学者们从多个角度对积累的社会结构理论的最新发展进行了深入探讨。刘志国概述了 SSA 的基本内容并应用其解释资本主义经济波动；② 龚剑回顾了 SSA 的构建过程并梳理了争议；③ 丁晓钦和鲁春义从演化博弈角度微观阐释了 SSA④；马国旺评价了 SSA 对马克思主义经济学的贡献；⑤ 刘谦和裴小革基于《资本论》分析了 SSA 对资本主义经济危机的认识变化。⑥ 这些研究为理解和应用 SSA 理论提供了多元视角和深入分析。丁晓钦等⑦、范春燕⑧、王守义⑨、张沁悦和特伦斯·麦克唐纳⑩、马艳⑪等分别从不同视角评述、归纳和梳理了 SSA 理论的发展，包括理论框架的评述、传统理论的修正与重建、研究趋向的归纳、生态维度的引入、金融化背景下的转变、学派的归类以及全球化发展与演变等。这些研究为 SSA 理论的

---

① 大卫·科茨、迪彭卡·巴苏，朱安东、陈旸译：《经济停滞与制度结构》，载于《政治经济学季刊》2018 年第 1 期。

② 刘志国：《积累的社会结构与资本主义经济的长期波动》，第一届中国政治经济学年会应征论文集，北京，2007 年，第 216～223 页。

③ 龚剑：《积累的社会结构理论的构建与相关争论》，载于《科技与企业》2013 年第 16 期。

④ 丁晓钦、鲁春义：《积累的社会结构理论的微观阐释——一个演化博弈视角的分析》，载于《马克思主义研究》2013 年第 10 期。

⑤ 马国旺：《评积累的社会结构理论对马克思主义经济学主要贡献》，载于《政治经济学评论》2016 年第 1 期。

⑥ 刘谦、裴小革：《积累的社会结构经济危机理论研究：基于〈资本论〉的视角》，载于《经济纵横》2017 年第 6 期。

⑦ 丁晓钦、尹兴：《积累的社会结构理论述评》，载于《经济学动态》2011 年第 11 期；丁晓钦、鲁春义：《金融化与积累的社会结构转变——基于演化博弈理论的分析》，载于《学术月刊》2014 年第 11 期；丁晓钦、陈昊：《回归与发展：积累的社会结构最新理论研究》，载于《马克思主义研究》2017 年第 2 期。

⑧ 范春燕：《21 世纪"积累的社会结构"理论评析》，载于《马克思主义与现实》2012 年第 5 期。

⑨ 王守义：《西方积累的社会结构理论研究的最新趋向》，载于《价值工程》2013 年第 32 期；王守义：《论积累的社会结构理论的全球化发展与演变》，载于《思想战线》2017 年第 5 期。

⑩ 张沁悦、特伦斯·麦克唐纳：《全球生态变化与积累的社会结构理论》，载于《学术月刊》2014 年第 7 期。

⑪ 马艳、大卫·科兹、特伦斯·麦克唐纳：《资本积累的社会结构理论的创新与发展——与吕守军先生商榷》，载于《中国社会科学》2016 年第 6 期。

进一步发展提供了丰富的理论资源和视角。

最后，学者们运用积累的社会结构理论的基本观点和分析方法来研究具体理论问题。张翔宇和赵峰[①]、维克托·利皮特和付小红[②]、孟捷[③]、蔡万焕[④]、丁晓钦等[⑤]分别从 SSA 理论视角分析了资本主义经济中的积累、经济增长、新自由主义时代的制度体系、技术创新内生性问题、新自由主义及其危机、当代资本主义的发展阶段以及劳资关系与 SSA 的稳定性。张开从经济思想史的角度对积累的社会结构学派的理论与思想演变进行了研究，重点关注 SSA 学派的创始人戈登及其经济思想。[⑥] 罗丹和王守义深入探究了 SSA 理论如何通过批判、借鉴与整合其他经济学派理论，成为制度演化政治经济学的核心理论分析工具。[⑦] 这些研究不仅深化了对 SSA 理论的理解，也扩展了其应用范围。

3. SSA 理论的中国化应用

自 2014 年上海财经大学举办的"中国 SSA 研讨会"以来，SSA 理论的中国化研究逐步展开。该理论被应用于中国经济社会分析，包括经济增

---

① 张翔宇、赵峰：《资本积累、社会结构与资本主义经济增长——积累的社会结构理论的视角》，载于《生产力研究》2009 年第 8 期。

② 维克托·利皮特、付小红：《积累的社会结构理论视野中的新自由主义时代和金融危机》，载于《马克思主义研究》2014 年第 2 期。

③ 孟捷：《资本主义经济长期波动理论：一个批判性评述》，载于《开放时代》2011 年第 10 期；孟捷：《积累、制度与创新的内生性——以美国社会积累结构学派为例的批判性讨论》，载于《社会科学战线》2016 年第 11 期。

④ 蔡万焕：《积累的社会结构学派视野中的新自由主义及其危机》，载于《教学与研究》2016 年第 1 期。

⑤ 丁晓钦、谢长安：《从积累的社会结构理论看当代资本主义的发展阶段》，载于《马克思主义与现实》2017 年第 3 期；杨小忠、丁晓钦：《劳动力匹配、收入分配与资本主义积累的社会结构稳定性》，载于《世界经济》2019 年第 8 期；丁晓钦、罗智红：《美国新自由主义危机与当前经济"滞胀"风险——以积累的社会结构理论为视角》，载于《教学与研究》2022 年第 9 期。

⑥ 张开：《积累的社会结构学派经济思想研究纲要》，人民出版社 2020 年版。

⑦ 罗丹和王守义：《西方马克思主义经济学新发展——积累的社会结构理论视角》，人民出版社 2022 年版。

长①、农民工问题②、劳动过程③、房地产行业④、劳动力市场分割⑤、中国特色社会主义积累⑥、经济增长率下行阶段⑦以及阶层关系演化⑧等。马艳等尝试调整 SSA 理论框架，构建"可持续资本积累的社会结构"（SSSA）和"中国资本积累的社会结构"（CSSA）理论框架，强调必须基于中国特色社会主义制度特征，调整"资本积累"的内涵，并纳入生态文明制度。⑨邬璟璟等承袭了 CSSA 理论框架，提出了中国特色社会主义政治经济学的理论体系构想。⑩ 这些研究不仅深化了对 SSA 理论的理解，也扩展了其在中国特定情境下的应用。

（三）资本主义劳动过程理论

1. 国外学者经典论述的"引入"

除了马克思《资本论》之外，国内理论界较早引入的劳动过程理论著述当属 1979 年商务印书馆出版的布雷弗曼《劳动与垄断资本：二十世

---

① Kotz D. M. , Andong Zhu. The Dependence of China's Economic Growth on Exports and Investment. Review of Radical Political Economics, Special Issue on China and Global Capital Accumulation, 2011, 43 (1): 9 – 32.

② 孟庆峰：《农民工的半无产阶级化与积累的社会结构》，载于《电子世界》2012 年第 8 期。

③ Li, Z. , Qi, H. Labor Process and the Social Structure of Accumulation in China. Review of Radical Political Economics, 2014. 46 (4): 481 – 488.

④ 龚剑、孟捷：《中国房地产业积累的社会结构——围绕"支柱产业"概念的考察》，载于《上海财经大学学报》2015 年第 2 期。

⑤ 肖潇：《试论改革开放以来我国劳动力市场分割的二重形态——以"积累的社会结构"为分析视角》，载于《社会主义研究》2015 年第 1 期；肖潇：《积累的社会结构下中国劳动力市场分割的形成机制》，载于《湘潭大学学报》2015 年第 2 期。

⑥ 甘梅霞、特伦斯·麦克唐纳：《积累的社会结构理论方法与中国积累的社会结构的一般性及特殊性》，载于《社科纵横》2016 年第 12 期。

⑦ 杨小勇、甘梅霞：《中国当前经济增长率下行的异质性、原因及对策——基于积累的社会结构方法》，载于《教学与研究》2017 年第 1 期。

⑧ 甘梅霞：《当代中国阶层关系演化、经济增长影响及制度渊薮——基于积累的社会结构理论》，载于《浙江社会科学》2017 年第 8 期。

⑨ 马艳、王琳、张沁悦：《资本积累的社会结构理论的创新与中国化探讨》，载于《马克思主义研究》2016 年第 6 期；马艳、王琳、杨培祥：《"中国特色社会主义新时代"的资本积累的社会结构理论》，载于《学术月刊》2018 年第 10 期。

⑩ 邬璟璟、杨柔、李皎：《中国特色社会主义政治经济学的理论体系构想——基于中国资本积累的社会结构（CSSA）理论》，载于《政治经济学评论》2023 年第 5 期。

纪中劳动的退化》一书。之后，1997 年中国台湾学者翻译了哈里森《组织瘦身——二十一世纪跨国企业生产形态的蜕变》一书。① 经历世纪之交，国外学者针对布雷弗曼劳动过程理论的相关争论进入国内社会学界的视野。

学者们对劳动过程理论进行了多方面的研究。一方面，他们翻译并评介了国外学者的经典著述和论文，如布若威、布雷弗曼、弗里德曼、爱德华兹和拉佐尼克等学者的作品。童根兴、李洁、梁萌、游正林、徐华、黄虹、李荣荣、王晓辉、田维绪、柯唱、李安、张森、冯志轩、李鸿、王冰玉等学者对相关文献进行了介绍和评述。② 另一方面，学者们梳理了劳动过程理论的发展脉络，对经典文献进行了理论综述。谢富胜、关锋、王晓辉、贾文娟、张嘉昕、王芳菲等学者对资本主义劳动过程理论的演变、控制和效率、基本内涵、构成要素、核心理论及研究方法等问题进行了深入探讨。③ 这些研究不仅梳理了西方劳动过程理论的发展脉络，也为中国劳

① 班尼特·哈里森著，李昭瑢译：《组织瘦身——二十一世纪跨国企业生产形态的蜕变》，台北远流出版事业股份有限公司 1997 年版。

② 童根兴：《共识型工人的生产——从新制度主义框架看布洛维的〈制造共识〉》，载于《社会学研究》2005 年第 1 期；李洁：《重返生产的核心——基于劳动过程理论的发展脉络阅读〈生产政治〉》，载于《社会学研究》2005 年第 3 期；梁萌：《在生产体制中发现工人阶级的未来——读布洛维劳动过程理论三部曲之一〈辉煌的过去〉》，载于《社会学研究》2007 年第 1 期；游正林：《管理控制与工人抗争——资本主义劳动过程研究中的有关文献述评》，载于《社会学研究》2006 年第 4 期；威廉·拉佐尼克著，徐华、黄虹译：《车间的竞争优势》，中国人民大学出版社 2007 年版；迈克尔·布若威著，李荣荣译：《制造同意：垄断资本主义劳动过程的变迁》，商务印书馆 2008 年版；王晓辉、田维绪：《弗雷德曼管理策略思想述评》，载于《贵州民族学院学报（哲学社会科学版）》2008 年第 3 期；S. 马格林，柯唱、李安译：《老板们在做什么？——资本主义生产中等级制度的起源和功能》，载于《政治经济学评论》2009 年第 0 期；史蒂芬·A. 马格林，张森、冯志轩译：《老板们在做什么？——等级制与储蓄》，载于《政治经济学评论》2010 年第 4 期；李鸿、王冰玉：《布若威劳动过程理论批判和启示》，载于《东北师大学报（哲学社会科学版）》2015 年第 4 期。

③ 谢富胜：《资本主义劳动过程与马克思主义经济学》，载于《教学与研究》2007 年第 5 期；谢富胜：《控制和效率：资本主义劳动过程理论与当代实践》，中国环境科学出版社 2012 年版；关锋：《劳动过程理论：马克思主义不应被疏漏的向度》，载于《学术月刊》2010 年第 10 期；王晓晖：《劳动过程理论：简史和核心理论》，载于《前沿》2010 年第 10 期；王晓晖：《劳动过程的内涵及研究方法》，载于《山东社会科学》2016 年第 10 期；贾文娟：《从劳动过程看资本主义社会的变迁——对新马克思主义劳动过程理论的再分析》，载于《学术研究》2015 年第 7 期；张嘉昕、王芳菲：《国外马克思主义的劳动关系理论》，载于《理论视野》2018 年第 5 期。

动过程理论的研究提供了丰富的理论资源和视角。

2. 国内学者的理论"延展"

较早将劳动过程理论运用到中国微观经济组织研究中的是布若威的学生李静君。李静君将性别因素纳入劳动过程理论,通过研究深圳和香港的车间工厂,批判性地发展了布若威的生产政治理论,指出性别影响了经济收入和劳动关系体验。[①] 任焰和潘毅引入了"宿舍劳动体制",为跨国公司劳动过程研究提供独特视角。他们指出,宿舍将生产空间和劳动力再生产空间合并,成为资本控制和工人反抗的新场所。[②] 这些研究丰富了对劳动过程理论的理解,并提供了对中国特殊劳动体制的深入分析。

一些学者将布若威的"生产政体"理论应用到中国制造业劳动过程的分析中。沈原提出"关系霸权"概念,分析了中国建筑行业农民工的劳动过程和控制。[③] 闻翔和周潇将"关系网络"和"族群性"作为研究视角,对布若威的理论进行了延展。[④] 余晓敏和潘毅探讨了工人主体性的建构,从生产领域延伸到消费领域。[⑤] 汪建华和孟泉引入"生活政治"概念,开拓了劳动控制和反抗的研究视野。[⑥] 蔡禾和史宇婷基于调查数据,分析了劳动过程的去技能化、空间生产政治与超时加班现象。这些研究深化了对劳动过程理论的理解,并提供了对中国特殊劳动状况的深

① Lee, Ching Kwan. Gender and the Social China Miracle: Two Worlds of Factory Women. Berkeley: University of California Press, 1998.

② 任焰、潘毅:《宿舍劳动体制:劳动控制和抗争的另类空间》,载于《开放时代》2006 年第 3 期;任焰、潘毅:《跨国劳动过程的空间政治:全球化时代的宿舍劳动体制》,载于《社会学研究》2006 年第 4 期。

③ 沈原:《市场、阶级与社会:转型社会学的关键议题》,社会科学文献出版社 2007 年版,第 195 页。

④ 闻翔、周潇:《西方劳动过程理论与中国经验:一个批判性的述评》,载于《中国社会科学》2007 年第 3 期。

⑤ 余晓敏、潘毅:《消费社会与"新生代打工妹"主体性再造》,载于《社会学研究》2008 年第 3 期。

⑥ 汪建华、孟泉:《新生代农民工的集体抗争模式:从生产政治到生活政治》,载于《开放时代》2013 年第 1 期。

入分析。①

随着互联网技术的发展，劳动控制和工人抗争的新特点开始受到学者的关注。梁萌②、田洋③、王潇④和赵力⑤等学者探讨了互联网时代劳动过程的变化，如劳动过程与生产过程的分离、家庭劳动的社会化、消费者参与生产过程的加强，以及心理控制和实时控制等新型劳动控制形式。同时，互联网技术催生了共享经济，肖潇⑥、杜鹃⑦和吴清军⑧等学者讨论了共享经济下劳动过程的新特点，如劳资关系的变化、工作任务的碎片化、工作场所的解构以及劳动控制的隐蔽化。随着第三产业的兴起，服务业工人群体成为劳动过程理论的新研究对象，如汪华⑨、庄家炽⑩、沈锦浩⑪和徐林枫⑫等学者对服务业工人的劳动过程进行了研究。这些研究为理解互联网时代劳动过程的变化提供了丰富的理论资源和视角。

①　蔡禾、史宇婷：《劳动过程的去技术化、空间生产政治与超时加班——基于 2012 年中国劳动力动态调查数据的分析》，载于《西北师大学报（社会科学版）》2016 年第 1 期。

②　梁萌：《技术变迁视角下的劳动过程研究——以互联网虚拟团队为例》，载于《社会学研究》2016 年第 2 期。

③　田洋：《互联网时代劳动过程的变化》，载于《经济学家》2018 年第 3 期。

④　王潇：《技术空心化：人工智能对知识型员工劳动过程的重塑——以企业电子研发工程师为例》，载于《社会发展研究》2019 年第 3 期。

⑤　赵力：《心理控制与实时控制：智能化技术中的劳动控制》，载于《重庆社会科学》2019 年第 4 期。

⑥　肖潇：《"分享经济"背景下劳资关系的演变趋势探析》，载于《探索》2018 年第 2 期。

⑦　杜鹃、张锋、刘上、裴逸礼：《从有产者游戏到互联网劳工——一项关于共享经济与劳动形式变迁的定性研究》，载于《社会学评论》2018 年第 3 期。

⑧　吴清军、李贞：《分享经济下的劳动控制与工作自主性——关于网约车司机工作的混合研究》，载于《社会学研究》2018 年第 4 期。

⑨　汪华、熊锐：《劳动分化、关系网络与农民工抗争的消解——一项基于服务业劳动过程的实证研究》，载于《华东理工大学学报（社会科学版）》2016 年第 1 期。

⑩　庄家炽：《从被管理的手到被管理的心——劳动过程视野下的加班研究》，载于《社会学研究》2018 年第 3 期；庄家炽：《资本监管与工人劳动自主性——以快递工人劳动过程为例》，载于《社会学研究》2019 年第 2 期。

⑪　沈锦浩：《车轮之上的青年农民工：外卖骑手的劳动过程研究》，载于《青年发展论坛》2019 年第 5 期。

⑫　徐林枫、张恒宇：《"人气游戏"：网络直播行业的薪资制度与劳动控制》，载于《社会》2019 年第 4 期。

第三节 研究思路与框架

一、研究思路

本书基于积累的社会结构学派的理论视角对数字资本主义进行系统解构和全方位透视，聚焦"数字劳动""数字劳动过程""数据商品""数据资本""算法控制"等核心范畴，对数字资本主义进行马克思主义政治经济学批判。在此基础上，提出社会主义市场经济下数据资本治理的命题，发挥社会主义市场经济的制度优势，充分发挥数据资本对生产力发展的积极推动作用，规避源于资本逐利本性导致的数据资本无序扩张、野蛮生长、垄断等问题，更好地服务于我国经济社会高质量发展。

二、框架安排

本书的框架安排和核心观点如下：

第一章是数字资本主义的理论基础。这章详细介绍了本书研究数字资本主义的理论视角和马克思主义政治经济学研究范式，回顾了资本主义从手工业生产到数字资本主义的发展历程，分析了不同资本形态下劳动形态的演变。旨在探讨资本主义如何通过不断的技术革命和制度变革来适应生产力的发展，并最终进入数字资本主义阶段。数字资本主义是资本主义自我调整的产物，具有数字化生产关系、劳动形式的改变、数据资本的崛起、社会关系的数字化等特征。数字资本主义下，数据成为新的生产要素，数字劳动成为新的劳动形式，数据资本对劳动的控制手段和剥削形式更加隐蔽化。

第二章是数字资本主义的核心范畴。这章旨在探讨数字资本主义时代下，数据和算法作为新型生产要素，如何影响生产方式、生活方式和社会结构，以及如何成为资本主义自我调整的产物。在数字资本主义阶段，数字技术不仅是生产力的推动者，更是生产关系的再塑造者。数字技术的发展使得社会生产关系更加复杂、灵活，催生了数字资本主义的新特征。生产方式的数字重构、劳动过程的再塑、算法控制的兴起、数据资本的生成、数据垄断的强化，这些都构成了当代资本主义的数字化篇章。数据资本不仅反映了技术逻辑和资本逻辑的相互渗透，也揭示了资本主义生产关系对数据的新型统治。

第三章是劳动过程的数字重构。这章探讨了数字技术对劳动过程和劳动市场的重构，分析了数字资本主义下劳动过程的特征、要素、重构以及平台经济的生产过程。数字资本主义下劳动雇佣形式主要呈现以下特征：劳动过程弹性化、碎片化，劳动市场结构不稳定化、两极分化，劳动控制隐蔽化、多样化，雇佣关系模糊化、临时化，数字平台的技术垄断进一步深化了资本对劳动的控制程度和剥削程度，加速了劳动对资本的形式隶属转向实际隶属的过程。数字技术正在深刻地改变着劳动过程和劳动关系，导致劳动者地位削弱、劳动过程技术性剥削加剧、劳动者权益边缘化。数字泰勒主义作为一种新的劳动控制方式，进一步加剧了这种趋势。

第四章是劳动控制的算法权力。这章探讨了数字资本主义下，算法如何成为资本对劳动过程进行控制的新形式。随着数字技术的发展，劳动过程变得更加碎片化和可控，数据成为资本获取剩余价值的重要途径。资本家通过算法实现对劳动过程的精细化控制，算法系统实时监控和分析劳动者的行为，通过算法评分对劳动者进行排名和评估，从而影响他们在平台上的工作机会和收入水平。这种算法控制不仅提高了生产效率，还使得工人在数字资本主义下更容易成为资本的工具。数字技术的应用在提高生产力发展的同时，也引发了劳动过程的更深层次和更广泛的控制。

第五章是数据资本的运行逻辑。这章探讨了数据资本在数字资本主义中的增殖、积累与扩张逻辑。数据资本的逐利性体现在对用户数据的充分利用上，流动性体现在信息的快速传递和交换，剥削性则表现在对用户数字劳动的无偿占有。数字资本主义下的资本增殖呈现出多重维度的变革，包括剥削内容的拓展、形式的隐蔽化、范围的扩大和程度的深化。数据资本积累依赖于数据的不断流通和再生产，数据资本的积累成为经济循环的核心。数据资本的扩张逻辑表现为数据资本的集中和集聚，通过企业并购、股权融资等方式加速集中，通过参与控制形成更为广泛的影响力。数据资本的集聚分为数据集聚和数据资本集聚两个阶段，前者是数据资本内部积累的前提，后者是将数据价值转化为具有市场交换价值的数据资本。数据集聚和数据资本集聚相辅相成，构成了数字化时代资本主义生产关系的核心动力。

第六章是数字资本主义的解构与批判。这章对数字资本主义进行了深入的批判和分析，揭示了数字资本主义在劳动、权力、算法等方面的内在矛盾和剥削性质。数字资本主义作为一种新型的资本主义形态，在数字技术飞速发展的背景下崛起，其目的是通过数字化的手段追求剩余价值的最大化。然而，数字资本主义并未超越资本主义的基本规律，仍然深深根植于私有制和资本主义制度，其增殖逻辑和剥削属性并未改变，反而在某种程度上加剧了剥削的隐蔽性。

第七章是社会主义市场经济下数据资本治理。这章探讨了社会主义市场经济下的数据资本仍然具有生产力和生产关系两重属性：一方面表现为社会生产力发展加速器属性；另一方面表现为资本的逐利本性和扩张属性、对于价值增殖的无止境渴求和占有剩余价值的固有天性。在我国社会主义市场经济条件下，数据资本的生产力属性使得我们可以借助技术革新推动生产力快速发展和生产关系变革，为经济注入源源不断的新动力；而数据资本的生产关系属性又要求我们必须对数据资本加以引导和约束，防范资本逐利本性带来的野蛮生长和无序扩张乱象，引导数据资本在社会主义市场经济制度框架下积极有为。

第一章　数字资本主义的理论基础

技术革命推动了资本主义生产方式的变革，数字技术成为生产力的重要推动者和生产关系的再塑造者。积累的社会结构理论为分析资本主义发展阶段提供了重要的分析框架，有助于理解资本主义自我调整和演变的规律。本章旨在探讨数字资本主义的理论基础，应用马克思主义政治经济学和 SSA 理论来分析资本主义如何通过持续的技术革命和制度变革来适应生产力的发展，并最终进入数字资本主义阶段。数字资本主义是资本主义自我调整的产物，数据成为新的生产要素，数字劳动成为新的劳动形式，数据资本对劳动的控制手段和剥削形式更加隐蔽化。

第一节　马克思主义政治经济学

马克思关于资本主义变迁的政治经济学分析范式乃是 SSA 学派的理论本源，SSA 学派的许多核心概念、理论要素以及分析方法都来自马克思主义研究传统。因此，本节首先追溯积累的社会结构理论的马克思主义本源，在此基础上详细阐述 SSA 学派的核心概念和理论框架。总体来讲，SSA 学派继承了马克思的三大核心理论：一是阶段分析理论；二是资本主义劳动过程理论；三是资本主义积累和危机理论。其中，阶段分析理论为 SSA 学派研究资本主义经济"长期波动"提供了重要的分析方法；劳动过程理论为 SSA 学派研究资本主义微观工作场所提供了重要概念与范畴；积累与危机理论为 SSA 学派研究"积累的社会结构"的历史演变提供了理论支点。

一、马克思的阶段分析理论

历史唯物主义认为，生产力和生产关系是辩证统一的，马克思在1859年《〈政治经济学批判〉序言》中对历史唯物主义作出了理论阐述："人们在自己生活的社会生产中发生一定的、必然的、不以他们的意志为转移的关系，即同他们的物质生产力的一定发展阶段相适合的生产关系。这些生产关系的总和构成社会的经济结构，即有法律的和政治的上层建筑竖立其上并有一定的社会意识形式与之相适应的现实基础。"① 这段论述极为深刻地揭示了生产力与生产关系、经济基础与上层建筑之间的对立统一关系。物质资料的生产，是人类社会存在和发展的前提基础。马克思论述的"生产"，是特定社会发展阶段上的生产——资本主义生产，研究的是资本主义制度下占主导地位的生产方式在资本主义内部竞争和"资本—劳动冲突"的双重驱动下不断变迁的历史过程。每一种生产方式都包含经济、政治、意识形态等方面的因素，这些因素最初促进了这种生产方式的再生产和发展，但是每一种生产方式最终都会受到结构性矛盾和阶级冲突的破坏，从而在这种矛盾和对立的推动下向一种"性质"不同的、更"先进"的生产方式过渡。正如马克思所言："社会的物质生产力发展到一定阶段，便同它们一直在其中运动的现存生产关系或财产关系（这只是生产关系的法律用语）发生矛盾。于是这些关系便由生产力的发展形式变成生产力的桎梏。"②

马克思对唯物史观的具体阐释和理解已经充分体现在他的鸿篇巨著《资本论》中。在《资本论》第1卷中，马克思将人类经济社会形态的发展理解为一种不以人的意志为转移的"自然史"过程③，马克思运用大量的历史资料事实和资本主义经济发展的具体表现内容，充分论述了资本主义生产力发展的三个阶段以及与之相适应的生产关系的不断发展过程。在《资本论》第2卷中，马克思从人类社会生产的角度来划分人类社会的发

①② 《马克思恩格斯文集》第2卷，人民出版社2009年版，第591页。

③ 《资本论》第1卷，人民出版社2004年版，第21页。

展阶段，主张劳动者和生产资料是生产的核心要素，劳动力和生产资料之间相结合的特殊方式，使社会结构历史地划分为各个不同的经济时期。① 在《资本论》第 3 卷中，马克思将分配关系看作是与生产关系本质上同一的、具有历史的暂时的性质，认为"所谓的分配关系，是同生产过程的历史地规定的特殊社会形式，以及人们在他们的人类生活的再生产过程中相互所处的关系相适应的，并且是由这些形式和关系产生的"。② 在《资本论》中，所有的概念范畴都体现了生产力和生产关系的辩证统一："商品"是"使用价值"和"价值"的辩证统一；"劳动"是"具体劳动"和"抽象劳动"的辩证统一；"资本主义生产过程"是"一般劳动过程"和"价值增殖过程"的辩证统一；"资本有机构成"是"资本技术构成"和"资本价值构成"的辩证统一；"资本积累"是"物质资料的再生产"和"生产关系的再生产"的辩证统一。

正是生产的资本主义形式和与之相适应的生产关系之间的矛盾运动推动着资本主义生产从一个阶段到另一个阶段不断发展。马克思基于历史唯物主义对英国占主导地位的生产方式以及与之相适应的生产关系的演变过程进行了阶段分析，资本主义先是通过简单协作，在简单协作基础上实行分工，而后进入使用机器为基础的大工业时代。在简单协作和工场手工业时期，熟练工人控制着工作的速度和强度；而进入机器大工业时期后，工人逐渐沦为机器的附庸，劳动过程和劳动控制形式都随之历史地演变，表现出阶段性特征。

二、马克思的资本主义劳动过程理论

马克思在《资本论》第 1 卷中，首先将劳动过程的资本主义形式抽象掉，先分析了一般劳动过程。一般劳动过程，是"制造使用价值的有目的的活动"③ "人的活动借助劳动资料使劳动对象发生预定的变化"④。一般

---

① 《资本论》第 2 卷，人民出版社 2004 年版，第 44 页。
② 《资本论》第 3 卷，人民出版社 2004 年版，第 999～1000 页。
③ 《资本论》第 1 卷，人民出版社 2004 年版，第 215 页。
④ 《资本论》第 1 卷，人民出版社 2004 年版，第 211 页。

劳动过程包含三方面要素：劳动对象、劳动资料和有目的的活动。而资本主义劳动过程，作为特殊的资本主义形式，具有三个特点：一是"工人在资本家的监督下劳动，他的劳动属于资本家"①；二是"产品是资本家的所有物，而不是直接生产者工人的所有物"②，三是目的在于生产和占有剩余价值。在区分"一般劳动过程"和"资本主义劳动过程"的基础上，马克思阐述了"资本主义劳动过程"的历史暂时性："就劳动过程只是人和自然之间的单纯过程来说，劳动过程的简单要素是这个过程的一切社会发展形式所共有的。但劳动过程的每个一定的历史形式，都会进一步发展这个过程的物质基础和社会形式。这个一定的历史形式达到一定的成熟阶段就会被抛弃，并让位给较高级的形式。"③ 在此基础上，马克思对英国资本主义劳动过程以及工作场所控制形式的历史演变进行了阶段分析。

（一）资本主义劳动过程的历史演变

资本主义劳动过程是一个特殊的历史范畴，它随着资本主义生产方式的阶段演变而不断地进行历史变迁。马克思基于历史唯物主义对英国资本主义劳动过程的发展演变进行了阶段分析，先是通过简单协作，在简单协作基础上实行分工，而后进入使用机器大工业为基础的生产组织形式。保罗·斯威齐在哈里·布雷弗曼所著《劳动与垄断资本：二十世纪中劳动的退化》一书的前言中曾这样评价道："《资本论》把对劳动过程的分析第一次置于真正科学的基础上，马克思提供了所有的重要概念和方法。"④ 布雷弗曼也高度评价了马克思关于劳动过程及其在工厂制度中的发展："他的分析对劳动过程每一个特殊问题看来都是适当的，而且对于全面的生产运动也是非常正确的。"⑤

马克思将简单协作看作资本主义生产的起点："人数较多的工人在同

---

① ② 《资本论》第 1 卷，人民出版社 2004 年版，第 216 页。

③ 《资本论》第 3 卷，人民出版社 2004 年版，第 1000 页。

④ 哈里·布雷弗曼著，方生等译：《劳动与垄断资本：二十世纪中劳动的退化》，商务印书馆 1979 年版，第 3 页。

⑤ 哈里·布雷弗曼著，方生等译：《劳动与垄断资本：二十世纪中劳动的退化》，商务印书馆 1979 年版，第 12 页。

一时间、同一空间（或者说同一劳动场所），为了生产同种商品，在同一资本家的指挥下工作，这在历史上和概念上都是资本主义生产的起点。"① 作为资本主义劳动过程演变的最初阶段，"简单协作"伴随着劳动的"无产阶级化"和资本主义雇佣劳动制度的建立过程，成为了资本剥削和控制劳动的手段之一。随着资本主义的不断向前发展，"分工"逐渐取代了"简单协作"成为工场手工业时期占统治地位的生产方式，成为了提高劳动生产力的重要杠杆和促进相对剩余价值生产的重要方法。一方面，工场手工业产生了劳动的专门化，每个工人终生都从事某一种操作，这推动了劳动生产力的提高；另一方面，劳动的专门化产生了"局部工人"，工人无法离开资本进行独立生产而变成了"畸形物"，促成了资本对劳动的统治。这进而表现在，工场手工业内部开始逐渐形成脑力劳动与体力劳动的分离，"这个分离过程在简单协作中开始，在工场手工业中得到发展，在大工业中完成。"②

虽然工场手工业分化出了"熟练劳动"和"非熟练劳动"，但是熟练劳动仍然是工场手工业的基础，资本家不得不经常同那些熟练工人的不服从行为进行斗争。工场手工业这种雇佣劳动生产组织形式尚无法有效地成为资本主义生产方式的可靠基础，以传统的手工业劳动和手工工具为基础的分工所带来的劳动生产力的提高和财富的增长，并不足以满足商品的社会需求，因此，资本主义生产组织的形式必须要向前继续发展。"工场手工业既不能掌握全部社会生产，也不能根本改造它。工场手工业本身的狭隘的技术基础发展到一定程度，就和它自身创造出来的生产需要发生矛盾。"③ 工场手工业的迅速发展创造出生产变革的基础条件，"大工业最初的科学要素和技术要素就是这样在工场手工业时期发展起来的。"④ 于是资本主义生产进入了机器大工业阶段。

机器的使用，不但从量的方面大大增加了雇佣工人生产出来的相对剩

---

① 《资本论》第1卷，人民出版社2004年版，第374页。
② 《资本论》第1卷，人民出版社2004年版，第418页。
③ 《资本论》第1卷，人民出版社2004年版，第426页。
④ 《资本论》第1卷，人民出版社2004年版，第433页。

余价值量，而且从质的方面改变了剩余价值生产的劳动组织方式和技术基础。在协作和工场手工业条件下，资本主义是建立在与它本身不相容的手工劳动技术基础之上的，而在机器和机器体系上，资本主义才真正取得了与它逐利本性相符合的生产方式和技术基础。马克思指出："机器生产是在与它不相适应的物质基础上自然兴起的。机器生产发展到一定程度，就必定推翻这个最初是现成地遇到的、后来又在其旧形式中进一步发展了的基础本身，建立起与它自身的生产方式相适应的新基础。"① 机器大工业极大地改变了雇佣工人以前的分散状态，使得生产资料和雇佣工人在更大程度上，更大范围内完全集中起来。与此同时，技术基础的不断变革促使工人的全面流动，工人不断失业和频繁变换工作，一部分工人变成过剩人口、失去生活资料。这要求工人尽可能掌握多项技能，从而避免面临不断失业和频繁变换工作，甚至演变成过剩人口、失去生活资料的局面。资本主义的机器大工业时代"用适应于不断变动的劳动需求而可以随意支配的人，来代替那些适应于资本的不断变动的剥削需要而处于后备状态的、可供支配的、大量的贫穷工人人口；用那种把不同社会职能当作互相交替的活动方式的全面发展的个人，来代替只是承担一种社会局部职能的局部个人"。②

（二）资本对劳动的控制形式演变

随着资本主义组织劳动过程的形式从简单协作到工场手工业，再到机器大工业的依次演变，工作组织中资本对劳动的控制形式也随之历史地演变。对剩余价值的无穷追逐促使资本家要求掌握资本主义劳动过程的控制权，资本家不断地对劳动过程进行重构以解决工作场所的控制问题，迫使工人服从于资本主义积累的铁律。

在简单协作部分，马克思深刻地阐述了资本对劳动的"监督"和"控制"是如何产生的："在生产过程中，资本发展为对劳动，即对发挥作用的劳动力或工人本身的指挥权。人格化的资本即资本家，监督工人有规则

---

① 《资本论》第 1 卷，人民出版社 2004 年版，第 439 页。
② 《资本论》第 1 卷，人民出版社 2004 年版，第 561 页。

地并以应有的强度工作。"① 资本家的"指挥"和"监督"成为劳动过程中不可或缺的要素，通过这种监督，劳动才能使自己成为社会劳动。资本作为一种"强制"关系开始指挥和支配劳动，使劳动在既有的技术条件下服从于资本。在这一过程中，工人与生产资料之间的关系颠倒了，物开始支配人了。马克思生动地描述道："生产资料立即转化为吮吸他人劳动的手段。不再是工人使用生产资料，而是生产资料使用工人了。不是工人把生产资料当作自己生产活动的物质要素来消费，而是生产资料把工人当作自己的生活过程的酵母来消费，并且资本的生活过程只是资本作为自行增殖的价值的运动。"② 工人通过协作成为社会工人，劳动过程开始隶属于资本。

在工场手工业的分工形式下，工人终其一生只能固定地从事一种或几种局部操作，局部工人绝对服从于资本的支配。马克思指出："真正的工场手工业不仅使以前独立的工人服从资本的指挥和纪律，而且还在工人自己中间造成了等级的划分。"③ 工人沦为资本主义生产局部劳动的自动的工具，只能作为资本家工厂的附属物进行物质生产。但由于这一时期熟练工人在劳动过程中占有压倒性的优势地位，可以充分利用其掌握的专门知识和专业技能来控制劳动过程，资本家往往无法完全控制和支配工人的劳动时间，导致这一时期资本家攫取剩余价值的劳动过程受阻。

机器的出现，不仅破坏了熟练工人利用专门知识控制劳动过程的技术基础，而且将妇女儿童也纳入了资本的剥削范围之内。马克思指出："资本主义使用机器的第一个口号是妇女劳动和儿童劳动！这样一来，这种代替劳动和工人的有力手段，就立即转化为这样一种手段，它使工人家庭全体成员不分男女老少都受资本的直接统治，从而使雇佣工人人数增加。"④ 随着机器大工业的应用和资本主义技术创新的不断推进，大量妇女儿童进入工作场所，产业后备军的数量急剧增加，从而削弱了"劳动"相对于

---

① 《资本论》第1卷，人民出版社2004年版，第359页。
② 《资本论》第1卷，人民出版社2004年版，第359~360页。
③ 《资本论》第1卷，人民出版社2004年版，第417页。
④ 《资本论》第1卷，人民出版社2004年版，第453~454页。

"资本"的话语权，"劳动"不得不严格服从于"资本"强加于他们自身的劳动纪律。机器的资本主义应用的本质，体现出资本无限度地延长工作日、提高劳动强度的强大逐利动机。机器成为了一种提高劳动生产率、缩短生产商品的必要劳动时间的有力工具和手段，"一方面，它创造了新条件，使资本能够任意发展自己这种一贯的倾向，另一方面，它创造了新动机，使资本增强了对别人劳动的贪欲。"① 而这种资本的逐利动机，推动资本不断地强化对雇佣劳动的控制，不但延长工人的工作日长度，而且提高工人的劳动强度，大规模流水线生产方式把这一点发挥到极致，资本家不仅有效地控制了大规模流水线的生产速度，还使大规模流水线上的任何一个工人与资本主义机器的零部件一样可以灵活互换。

在简单协作和工场手工业时期，熟练工人控制着工作的速度和强度，从而成为资本"控制"劳动的障碍；而进入机器大工业时期后，工人利用专门知识控制劳动过程的技术基础不再存在，从而逐渐沦为机器的附属物。马克思认为，资本主义生产过程是劳动过程和价值增值过程的有机统一，资本家通过提高雇佣工人的劳动强度、延长雇佣工人的劳动时间等手段来牢牢控制劳动过程，工人每天被迫以身体所能承受的极限进行生产，饱受过度劳累的磋磨，而机器的使用更加强化了资本对劳动的"监督"和"支配"。在资本主义劳动过程和控制形式不断变迁的过程中，劳资力量的对比愈加失衡，工人日益失去对劳动过程的主导权和控制权，成为资本统治下的"畸形物"。

三、马克思的资本主义积累和危机理论

资本积累和危机理论是马克思主义政治经济学的重要组成部分，贯穿于《资本论》的全部内容之中。马克思在系统了分析商品转化为货币、货币转化为资本、资本转化为剩余价值的理论基础上，对资本积累的内涵、实质、后果以及历史趋势进行了深入剖析，进而分析了资本循环、资本周

---

① 《资本论》第1卷，人民出版社2004年版，第463页。

转和社会资本再生产的运动过程，最后通过揭示平均利润率下降规律，揭露了资本主义生产方式的内在矛盾以及资本主义危机周期性爆发的原因和必然性，构成了一个统一的理论整体。马克思资本主义积累理论的核心内容是资本主义积累的一般规律——资产阶级财富的积累和无产阶级贫困的积累。在资本积累动机的驱使下，资本主义生产规模不断扩张，从而资本主义社会财富的私人占有两极分化，进而极大地激化了资本主义生产资料私人占有和资本主义生产高度社会化之间的矛盾，从而最终引发生产过剩的经济危机。

（一）资本积累理论

马克思首先是从资本主义简单再生产着手来分析资本积累过程的。如果把资本主义生产看作一个孤立的过程，就会给人营造一种假象：好像资本家用来支付给雇佣工人的工资是资本家自己口袋里的货币，资本好像都是资本家自己的，工人的个人消费过程好像与资本家一点关系也没有。但是，如果从连续不断的再生产过程来看，这种营造出来的假象就会被揭穿：资本家支付给雇佣工人的工资实际上是雇佣工人自己生产出来的，而不是资本家从自己口袋里拿出来预付给雇佣工人的，货币支付工资的形式则掩盖了这种交易的本质；资本家用来榨取工人的全部资本，都是雇佣工人自己创造的剩余价值转化而来的；而工人的个人消费过程，即劳动力的再生产过程，完全从属于资本家榨取剩余价值的需要，是资本主义再生产的基本要素之一。因此，马克思指出："可见，资本主义生产过程，在联系中加以考察，或作为再生产过程加以考察时，不仅生产商品，不仅生产剩余价值，而且还生产和再生产资本关系本身：一方面是资本家，另一方面是雇佣工人。"①

随后，马克思开始进一步揭露资本积累的实质。通过分析资本主义的扩大再生产过程，研究新的资本如何不断地由雇佣工人创造的剩余价值产生，揭示了商品生产占有规律不可避免地转化为资本主义占有规律的过程。首先，马克思对资本积累的内涵进行界定："把剩余价值当作资本使

---

① 《资本论》第1卷，人民出版社2004年版，第666~667页。

用，或者说，把剩余价值再转化为资本，叫作资本积累。"① 而剩余价值之所以能够转化为资本，"只是因为剩余产品（它的价值就是剩余价值）已经包含了新资本的物质组成部分"②。接着，马克思进一步揭露了资本积累的实质："现在，对过去无酬劳动的所有权，成为现今以日益扩大的规模占有活的无酬劳动的唯一条件。资本家积累的越多，他就越能更多地积累。"③ 也即是说，资本家利用无偿占有雇佣工人创造的剩余价值来增加资本、扩大生产规模，继续无偿占有更多的剩余价值。最后，马克思深刻地揭露了资本主义所有权的本质："很明显，以商品生产和商品流通为基础的占有规律或私有权规律，通过它本身的、内在的、不可避免的辩证法转变为自己的直接对立物。……这样一来，资本家和工人之间的交换关系，仅仅成为属于流通过程的一种表面现象，成为一种与内容本身无关的并只是使它神秘化的形式。劳动力的不断买卖是形式。其内容则是，资本家用他总是不付等价物而占有的他人的已经对象化的劳动的一部分，来不断再换取更大量的他人的活劳动。"④

最后，马克思通过深入研究资本不断扩大的积累对工人阶级造成的影响，揭示了资本主义积累的一般规律。资本的增长是资本积聚和资本集中的过程，使社会资本集中到少数资本家的手中。随着资本不断地进行积累，越来越多的劳动者无法被吸收到生产过程中去，从而成为相对过剩人口。同时，相对过剩人口反过来又成为了资本积累的有力杠杆，作为资本主义的产业后备军而存在，为资本家更多地剥削雇佣工人创造了外在条件。马克思在阐述了相对过剩人口的具体存在形式后，得出了资本主义积累的一般规律："社会的财富即执行职能的资本越大，它的增长的规模和能力越大，从而无产阶级的绝对数量和他们的劳动生产力越大，产业后备军也就越大。可供支配的劳动力同资本的膨胀力一样，是由同一些原因发展起来的。因此，产业后备军的相对量和财富的力量一同增长。但是同现役劳动军相比，这种后备军越大，常备的过剩人口也就越多，他们的贫困

---

① 《资本论》第1卷，人民出版社2004年版，第668页。
② 《资本论》第1卷，人民出版社2004年版，第670页。
③④ 《资本论》第1卷，人民出版社2004年版，第673页。

同他们所受的劳动折磨成反比。最后，工人阶级中贫苦阶层和产业后备军越大，官方认为需要救济的贫民也就越多。这就是资本主义积累的绝对的、一般的规律。"① 随着资本积累的不断发展，在一极是资产阶级财富的积累，另一极是无产阶级贫困的积累，这深刻地揭露了资本主义积累的对抗性质，资本家和工人生活状况之间的矛盾和鸿沟越来越深。

（二）危机理论

马克思的资本积累理论与其经济危机理论是紧密联系的。在资本积累的过程中，资本主义生产与流通、生产与实现、生产与消费之间的矛盾都会爆发出来并进行自我强化。马克思清楚地分析和揭示了资本主义周期性经济危机的本质及其周期爆发的必然性。在《资本论》第3卷，马克思介绍了平均利润率趋于下降规律，暴露出了资本主义生产方式的内在矛盾：一是剩余价值的生产与剩余价值的实现之间的矛盾；二是资本主义生产方式的生产目的与达到目的的手段之间的矛盾。首先，资本主义生产在本质上是剩余价值的生产，资本家为了攫取更大的剩余价值，就会不断发展劳动生产力，从而剩余价值的生产量越来越大。永无止境的剩余价值追求要求资本不断进行积累和扩大再生产，从而剩余价值的实现就成为了大问题。马克思在商品的交换过程中如是说："商品价值从商品体跳到金体上，像我在别处说过的，是商品的惊险的跳跃。这个跳跃如果不成功，摔坏的不是商品，但一定是商品的占有者"。② 因此，剩余价值的实现要求资本不断进行空间扩张，这种扩张主要包括两个重要层面：一是地理层面，即把非资本主义生产方式占主导地位的国家和地区纳入资本主义体系中。"不断扩大产品销路的需要，驱使资产阶级奔走于全球各地。它必须到处落户，到处开发，到处建立联系。资产阶级，由于开拓了世界市场，使一切国家的生产和消费都成为世界性的了。"③ 二是社会层面，即把人类社会生活中原先不属于资本控制的领域纳入资本控制之下。"资产阶级抹去了一

---

① 《资本论》第1卷，人民出版社2004年版，第742页。
② 《资本论》第1卷，人民出版社2004年版，第127页。
③ 《马克思恩格斯选集》第1卷，人民出版社2012年版，第404页。

切向来受人尊崇和令人敬畏的职业的神圣光环。它把医生、律师、教士、诗人和学者变成了它出钱招雇的雇佣劳动者。"① 它使这些职业所在的领域变成了剩余价值的源泉。其次，资本主义生产的目的和达到这一目的的手段之间的对抗性矛盾：资本主义生产的目的是资本价值增殖，而达到这一目的的手段则是不断提高技术和生产力，这将导致利润率下降和现有资本价值贬值，这种对抗性矛盾无法在资本主义内部得到解决，正如马克思所言："资本主义生产的真正限制是资本自身。"②

资本主义生产方式的内在矛盾最终将导致全面生产过剩危机爆发。马克思在介绍机器大工业时形象地说道："工厂制度的巨大的跳跃式的扩展能力和它对世界市场的依赖，必然造成热病似的生产，并随之造成市场商品充斥，而当市场收缩时，就出现瘫痪状态。工业的生命按照中常活跃、繁荣、生产过剩、危机、停滞这几个时期的顺序而不断地转换。"③ 可以看出，资本主义生产的内在矛盾最具体、最综合的表现形式，就是生产过剩的危机。这也有力地证明了，作为劳动生产力发展形式的资本主义生产关系，成为了阻碍生产力发展的桎梏，从而资本主义生产关系必然将被新的生产关系所代替。正如马克思所说："在资产阶级社会的胎胞里发展的生产力，同时又创造着解决这种对抗的物质条件。"④ 马克思揭示了资本主义私有制必然灭亡的客观规律性："资本的垄断成了与这种垄断一起并在这种垄断之下繁盛起来的生产方式的桎梏。生产资料的集中和劳动的社会化，达到了同它们的资本主义外壳不能相容的地步。这个外壳就要炸毁了。资本主义私有制的丧钟就要响了。剥夺者就要被剥夺了。"⑤

四、SSA 学派对马克思经典理论的继承

马克思关于资本主义变迁的政治经济学分析范式主要通过阶段分析理

---

① 《马克思恩格斯选集》中文 3 版第 1 卷，人民出版社 2012 年版，第 403 页。
② 《资本论》第 3 卷，人民出版社 2004 年版，第 278 页。
③ 《资本论》第 1 卷，人民出版社 2004 年版，第 522 页。
④ 《马克思恩格斯文集》第 2 卷，人民出版社 2009 年版，第 592 页。
⑤ 《资本论》第 1 卷，人民出版社 2004 年版，第 874 页。

论、劳动过程理论、积累与危机理论来展开的。这三个经典理论是积累的社会结构理论的马克思主义本源，其中，阶段分析理论为 SSA 学派研究资本主义经济"长期波动"提供了重要的分析方法；劳动过程理论为 SSA 学派研究资本主义微观工作场所提供了重要概念与范畴；积累与危机理论为 SSA 学派研究"积累的社会结构"的历史演变提供了理论支点。

具体来讲，马克思在《资本论》中对资本主义劳动过程的发展提供了一种阶段性分析，由简单协作、工场手工业到现代大工业依次进行。受马克思关于阶级社会从一种生产方式到另一种生产方式演变的阶段分析方法的启发，以大卫·戈登等为代表的积累的社会结构学派分析了资本主义发展从一个阶段到另一个阶段的演变。戈登等提出了资本主义阶段理论作为中间层次分析的要素，并将其应用于劳动过程和劳动市场的历史分析。积累的社会结构学派认为，资本主义发展是由一系列阶段构成的，每一阶段的特点由镶嵌在一套特殊制度中的积累过程的具体形式来决定。现阶段 SSA 的发展与变化包含了过去 SSA 的冲突和未来 SSA 的萌芽。① 积累的社会结构学派运用历史唯物主义的分析方法，考察了资本主义的制度变迁过程，从具体层面证明了资本主义制度是一种历史过程，每一种特定的 SSA 都具有历史特殊性。新的 SSA 出现是对前一个 SSA 的否定，它解决了前一个 SSA 难以解决的积累过程中的矛盾，但同时也孕育着毁灭自身的矛盾的种子。积累的社会结构学派将传统马克思主义"生产力—生产关系"原理具体化为"积累—积累的社会结构"，这一关系的发展不会一帆风顺，而是要历经一系列阶段，如同生产方式的运动一样，将经历"产生—增长—衰败—转型"的周期。积累的社会结构学派认同马克思关于结构矛盾和阶级冲突在历史阶段演替中的重要作用，但与马克思不同的是，积累的社会结构学派不认同资本主义私有制必然灭亡的历史趋势，而是研究资本主义如何通过自身改良来不断适应新的矛盾冲突爆发形式，即：资本主义的基本制度将保持不变，但它们的具体形式将会改变，以适应和解决新的阶级冲突表现形式。

---

① David M. Kotz. A Comparative Analysis of the Theory of Regulation and the Social Structure of Accumulation Theory, Science & Society, 1990, 54 (1): 5 – 28.

马克思关于资本主义劳动过程变迁的分析为积累的社会结构学派提供了重要的概念和范畴。例如，在简单协作部分，马克思分析了劳动的无产阶级化过程，雇佣劳动的存在使雇主本人可以摆脱体力劳动，进而使资本关系在形式上建立起来；分析了雇佣工人的对抗性矛盾是如何产生的；分析了资本主义管理的二重性，一方面是由劳动过程的协作特性产生的管理职能，另一方面是由劳动过程的资本主义特性所产生的管理职能，后一种管理的目的就是尽可能多地生产剩余价值。再如，在工场手工业部分，马克思提出了"局部工人"概念；将工人区分为熟练工人和非熟练工人；提到了分包的起源——"一旦工场手工业的生产扩展到某种商品的一个特殊的生产阶段，该商品的各个生产阶段就转化为各种独立的行业"①；分析了工场手工业的资本主义性质及其对工人产生的不利影响。又如，在机器大工业部分，马克思阐述了机器是如何参与资本主义劳动过程的；剖析了机器生产对工人产生的不利影响——扩大了产业后备军、为资本家延长工作日和提高工作强度的逐利动机提供了技术基础；分析了机器的二重性，一方面是超历史范畴的劳动过程，另一方面是劳动过程采取的资本主义形式。另外，马克思在分析资本主义劳动过程的历史变迁时尤为强调"资本"与"劳动"之间的阶级斗争，劳动过程中的"资本—劳动冲突"作为分析资本主义经济演进的出发点，是不容忽视的。这也构成了SSA理论的核心要素——"劳资冲突"，劳动过程中的"控制体系"是一个占支配地位SSA中处理"劳资冲突"的关键机制，旨在通过设计一种能从工人处获取最优合作的策略，化解资本主义生产中劳动控制的根本危机。

马克思关于资本主义积累和危机理论为积累的社会结构学派研究SSA的历史演变提供了理论支点。首先，马克思所分析的资本积累过程，是在资本主义范围内的积累过程。这就意味着，马克思所谓的"资本积累"依赖于资本主义基本制度——雇佣劳动关系和普遍商品交换。资本积累在资本主义制度下可以采取多种具体形式，每一种具体形式都与一定资本主义社会形态所体现的制度特性相联系。积累的社会结构学派认同资本积累过

---

① 《资本论》第1卷，人民出版社2004年版，第409页。

程对资本主义社会整体发展具有核心作用，也认同生产力和生产关系不断增长的矛盾导致占支配地位的生产方式的转变，表现为阶级斗争的尖锐化，最终引发危机。其次，马克思通过分析资本主义生产方式的内在矛盾，揭示了资本主义私有制必然灭亡的客观规律性，预言了资本主义必然灭亡、社会主义必然胜利的历史发展趋势。但资本主义以其强大的自我修复能力，在当代依然毫无"垂死""灭亡"迹象，反而焕发出生机。马克思关于资本主义周期性经济危机的分析，蕴含着对资本主义自我修复机制的分析。相较于马克思所处的早期资本主义时期而言，当代资本主义增强了自我修复的能力，频繁的经济危机甚至被视作当代资本主义实现其自我修复功能的表现。值得一提的是，积累的社会结构学派不认同解释经济危机的单一机械原因，而是认为引发危机的原因包含经济、政治、意识形态等多方面因素。当积累的社会结构不再促进积累反而成为积累的障碍时，就会引发长期危机。而解决危机的关键，在于构建一个新的积累的社会结构，重新开始新的资本积累过程。

第二节 积累的社会结构理论

积累的社会结构学派继承并发展了马克思分析资本主义的核心概念和方法，聚焦于"积累的社会结构"的历史演替来解释资本主义经济"长期波动"现象。作为"积累的社会结构"的理论内核，劳动过程和劳动市场结构的动态变迁过程成为我们分析和考察资本主义发展阶段的重要坐标。

一、SSA 理论的核心概念

大卫·戈登于 1978 年《长周期的上升与下降》[①] 一文中首次提出"积累的社会结构"（social structure of accumulation，SSA）概念，在 1980 年

---

① David M. Gordon. Up and Down the Long Roller Coaster, in Union for Radical Political Economics, eds. U. S. Capitalism in Crisis, New York：Union for Radical Political Economics, 1978：22 – 35. 中文译稿参见大卫·戈登、张开译：《长周期的上升与下降》，载于《教学与研究》2016 年第 1 期。

《积累的阶段和长经济周期》[①] 一文，以新马克思主义危机理论的视角，对资本积累的结构性条件进行了细致分析。随后，戈登、爱德华兹和里奇在1982年《工作分割、工人分化：劳动的历史转型》一书中对 SSA 作出了确切解释——"资本主义积累过程组织起来的特定制度环境"[②]，并运用SSA 理论来理解资本主义劳动过程和劳动市场的三次历史转型以及与之伴随的"资本—劳动冲突"。戈登等人着重分析了三个方面：一是，资本主义经济活动中的"长期波动"；二是，"积累的社会结构"；三是，"工作组织"和"劳动市场结构"，这二者是积累的社会结构的两个"构成制度"（the constituent institutions）。[③] 理查德·爱德华兹在1979年《竞争地带：20世纪工作场所的转型》一书中系统研究了资本主义工作场所内持续不断的矛盾冲突，聚焦劳资双方对劳动过程控制权的争夺，提出了"控制体系"（control systems）概念。[④] 以上概念，即是本书研究框架内的主要核心范畴，本节将对这些概念进行具体界定。

（一）长期波动

"长期波动"概念系指世界资本主义经济活动长期的持续增长期（大约25年）和长期的持续衰退期（大约25年）交替出现的现象，通常与革命性的、新的社会和经济组织模式或"划时代的发明"相联系。[⑤] 这种持

---

① David M. Gordon. Stages of Accumulation and Long Economic Cycles, in Samuel Bowles and Thomas E. Weisskopf, eds. Economics and Social Justice：Essays on Power, Labor, and Institutional Change, Edward Elgar Publishing, Inc. , 1998：93 - 129. 中文译稿参见大卫·戈登著，张开、顾梦佳、王声啸译：《积累的阶段和长经济周期》，载于《当代经济研究》2019 年第 8 期。

② David M. Gordon, Richard Edwards, and Michael Reich. Segmented Work，Divided Workers：The Historical Transformation of Labor in the United States. Cambridge, UK：Cambridge University Press, 1982：9.

③ David M. Gordon, Richard Edwards, and Michael Reich, Segmented Work, Divided Workers：The Historical Transformation of Labor in the United States. Cambridge, UK：Cambridge University Press, 1982：8 - 10.

④ Richard Edwards. Contested Terrain：The Transformation of the Workplace in the Twentieth Century. New York：Basic Books, 1979：18.

⑤ David M. Gordon, Richard Edwards, and Michael Reich. Segmented Work，Divided Workers：The Historical Transformation of Labor in the United States. Cambridge, UK：Cambridge University Press, 1982：8.

续 50 年左右的经济交替期也被称为 "康德拉季耶夫周期"（Kondratieff cycles）[①]、"长波"（long wave）[②]、"商业周期"（business cycles）[③]、"长经济周期"（long economic cycle）[④]。虽然长波理论者们都承认资本主义经济存在增长和停滞的长波现象，但关于长波内在机制的解释存在分歧，主要有三种代表性观点。一是，以熊彼特和康德拉季耶夫为代表的长波理论者，认为长波的上升阶段和下降阶段都是由 "外生因素" 造成的：熊彼特将经济增长阶段归因于一定时期重大技术创新群出现所带来的投资高潮，将经济停滞阶段归因于技术创新潜力耗尽后导致的投资衰退；二是，以曼德尔和斯威齐为代表的 "非对称长波" 理论者，认为长波的下降阶段是由于资本主义内在机制造成的，将经济停滞阶段归因于 "内生因素"，而长波的上升阶段则是由于偶然的 "外生因素" 推动；三是，以戈登为代表的 "对称长波" 理论者，认为长波的上升阶段和下降阶段都是由 "内生因素" 造成的：戈登将资本主义经济的增长与停滞归因于积累的社会结构的产生与消亡，不同积累的社会结构的更替导致了相继的长波并形成资本主义发展的不同阶段，而积累的社会结构 "内生于" 资本主义经济过程。

戈登等认为，资本主义经济活动中的 "长期波动" 和 "积累的社会结构" 是相互依存、相互决定的：一系列为资本家提供有利可图的投资机会

[①]　N. D. Kondratieff. The Long Waves in Economic Life, Review of Economic Statistics, 1935, 17 (6)：105 – 115；George Garvy, Kondratieff's Theory of Long Cycles, Review of Economic Statistics, 1943, 25 (4)：203 –220.

[②]　J. J. Van Duijn. The Long Wave in Economic Life, London：George Allen and Unwin, 1983：163. 中文译本参见杜因著，刘守英、罗靖译：《经济长波与创新》，上海译文出版社 1993 年版，第 177 页。Ernest Mandel, Late Capitalism, Rev. Ed. London：New Left Books, 1975：122. 中文译本参见厄尔奈斯特·曼德尔著，马清文译：《晚期资本主义》，黑龙江人民出版社 1983 年版，第 121 页。

Ernest Mandel, Long Waves of Capitalist Development, Cambridge：Cambridge University Press, 1980：3. 中文译本参见欧内斯特·曼德尔著，南开大学国际经济研究所译：《资本主义发展的长波——马克思主义的解释》，商务印书馆 1998 年版，第 4 ~5 页。

[③]　Joseph Schumpeter. Business Cycles, A Theoretical, Historical, and Statistical Analysis of the Capitalist Process, New York：McGraw – Hill, 1939.

[④]　David M. Gordon. Stages of Accumulation and Long Economic Cycles, in Economics and Social Justice：Essays on Power, Labor, and Institutional Change, Samuel Bowles and Thomas E. Weisskopf, eds. Edward Elgar Publishing, Inc., 1998：93 –129.

和有利于资本积累的稳定制度环境催生了长期经济繁荣，而当"积累的社会结构"中固有的盈利机会开始枯竭时，繁荣随之衰退。① 戈登等把资本积累中的"长期波动"解释为"积累的社会结构"在促进资本主义积累方面成败的产物。随着内在矛盾和外部环境的变化，资本主义积累体系会经历一个经济增长、繁荣、停滞、危机的发展过程并最终瓦解，直到一个新的 SSA 建立为止。这种经济制度的结构性变迁成为经资本主义经济长波扩张与萧条交替的根源。表 1 - 1 是戈登等梳理的自工业革命以来世界资本主义经济长期波动的大致时间，其中 A 和 B 分别表示快速增长和缓慢增长的连续阶段。

表 1 - 1 　　　　　　　　　　世界资本主义经济的长期波动

长期波动	阶段	大致时间
I	A	1790s ~ 1820
	B	1820 ~ 1840s 中
II	A	1840s 中 ~ 1873
	B	1873 ~ 1890s 末
III	A	1890s 末 ~ 一战
	B	一战 ~ 二战
IV	A	二战 ~ 1970s 初
	B	1970s 初至今

资料来源：David M. Gordon，Richard Edwards，and Michael Reich，Segmented Work，Divided Workers：The Historical Transformation of Labor in the United States. Cambridge，UK：Cambridge University Press，1982，p. 9.

（二）积累的社会结构

"积累的社会结构"概念首先由戈登（1978）提出，意指"有利于资

---

① David M. Gordon，Richard Edwards，and Michael Reich. Segmented Work，Divided Workers：The Historical Transformation of Labor in the United States. Cambridge，UK：Cambridge University Press，1982：9 - 10.

本主义积累过程组织起来的具体制度环境"①。随后在 1980 年《积累的阶段和长经济周期》一文中，戈登指出："不考察资本积累的社会结构和经济动力之间的关系，就不能解释资本主义经济繁荣和停滞之间的交替问题。"② 在 1982 年《工作分割、工人分化：劳动的历史转型》一书中对SSA 作出了确切解释——"资本主义积累过程组织起来的特定制度环境"③，SSA 的核心关切不是积累过程本身，也并非整个外部环境，而是与资本积累相联系的特定制度体系。1994 年大卫·科茨、特伦斯·麦克唐纳和迈克尔·里奇主编的《积累的社会结构》一书将 SSA 理论定位成关于当代资本主义增长和危机的政治经济学分析的学说。④

　　资本积累不能在真空中进行，需要稳定有利的外部环境，这种外部环境即为"积累的社会结构"，其要素包括影响资本积累过程的"制度组合"，这一制度组合不仅包括经济方面，还包括政治和意识形态方面。一些制度影响着资本积累过程的每一个环节，例如货币和信贷制度、政府参与经济的模式、阶级冲突的特征等。另一些制度与资本积累过程的特定环节有关，例如资本积累的第一环节——资本家用货币资本购买生产所需的原材料、劳动力和机器设备等，涉及劳动市场的结构（决定劳动力的即时供应）和家庭、学校等社会制度（决定劳动力一代一代地再生产）；资本积累的第二环节——资本家组织劳动过程进行生产，这一过程发生在资本主义企业内部，涉及劳动过程的组织和企业的管理结构；资本积累的第三环节——资本家通过销售环节将劳动产品重新转化为货币资本，进入下

---

① David M. Gordon, Richard Edwards, and Michael Reich. Segmented Work, Divided Workers: The Historical Transformation of Labor in the United States. Cambridge, UK：Cambridge University Press, 1982：9.

② David M. Gordon. Stages of Accumulation and Long Economic Cycles, in Samuel Bowles and Thomas E. Weisskopf, eds. Economics and Social Justice：Essays on Power, Labor, and Institutional Change, Edward Elgar Publishing, Inc., 1998：93 - 129. 中文译稿参见大卫·戈登，张开、顾梦佳、王声啸译：《积累的阶段和长经济周期》，载于《当代经济研究》2019 年第 8 期。

③ David M. Gordon, Richard Edwards, and Michael Reich. Segmented Work, Divided Workers: The Historical Transformation of Labor in the United States. Cambridge, UK：Cambridge University Press, 1982：9.

④ David M. Kotz, Terrence McDonough, and Michael Reich. Social structures of accumulation：the political economy of growth and crisis. Cambridge：Cambridge University Press, 1994.

一轮资本积累过程，涉及最终需求结构（即消费者购买、政府支出和出口等构成最终需求的结构）、资本家之间的竞争结构（即竞争和垄断的相对程度及竞争的不同形式）以及销售和市场制度（包括分销网络和广告等）。①

"积累的社会结构"概念为资本主义发展提供了一个中间层次的分析，补充了马克思关于资本主义发展的抽象分析，有助于马克思主义政治经济学走向"具体化"。随着资本主义劳动过程和劳动市场结构的不断演变，"积累的社会结构"也随之历史地演替，这些演替的"积累的社会结构"决定了资本主义发展的各个阶段。戈登等人提出了"积累的社会结构"的生命周期假说："塑造劳动过程和劳动市场结构的每一个阶段都有一个生命周期，其青春期始于经济危机的前一个时期，其成熟期始于新的积累的社会结构的构建，其衰老期随着经济危机的再次深化而蔓延。"② 也即是说，每个 SSA 都会经历连续的探索期（exploration）、巩固期（consolidation）和衰退期（decay），前一个 SSA 衰退期也是下一个 SSA 探索期。所谓探索期，指的是经济停滞的前期，资本家开始尝试新的劳动控制形式和管理方法来解决工作场所的控制危机。所谓巩固期，即新的劳动过程组织方式与新的劳动市场结构有机结合的时期，这一时期为资本快速积累和较高的利润率奠定了制度基础。所谓衰退期，即占主导地位的制度集合有效性下降时期，这一时期经济停滞和工人斗争开始破坏劳动过程和劳动市场的现有结构。图 1-1 列出了一个"积累的社会结构"的完整演替过程。在此理论基础上，戈登等（1982）以工作组织（the organization of work）和劳动市场结构（the structure of labor markets）的三次重大结构性变革为根据，梳理了资本主义历史上的三种 SSAs——"最初的无产阶级化 SSA""同质化 SSA"和"分割化 SSA"，如表 1-2 所示。

---

① David M. Gordon, Richard Edwards, and Michael Reich. Segmented Work, Divided Workers: The Historical Transformation of Labor in the United States. Cambridge, UK: Cambridge University Press, 1982: 23-24.

② David M. Gordon, Richard Edwards, and Michael Reich. Segmented Work, Divided Workers: The Historical Transformation of Labor in the United States. Cambridge, UK: Cambridge University Press, 1982: 10.

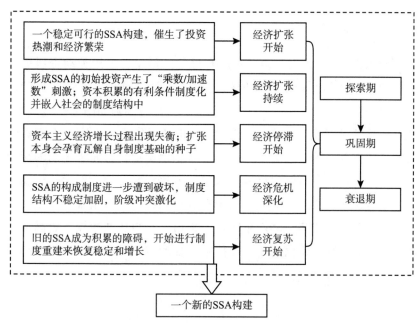

图 1-1　积累的社会结构的演替过程

表 1-2　　　　　　　　　长期波动和 SSA 的三次历史演变

长期波动和阶段	大概时间	最初的无产阶级化	同质化	分割化
ⅠA	1790 ~ 1820			
B	1820 ~ 1840s 中	探索期		
ⅡA	1840s 中 ~ 1873	巩固期		
B	1873 ~ 1890s 末	衰退期	探索期	
ⅢA	1890s 末 ~ 一战		巩固期	
B	一战 ~ 二战		衰退期	探索期
ⅣA	二战 ~ 1970s 初			巩固期
B	1970s 初至今			衰退期

资料来源：David M. Gordon，Richard Edwards，and Michael Reich. Segmented Work，Divided Workers：The Historical Transformation of Labor in the United States. Cambridge，UK：Cambridge University Press，1982：12.

（三）劳动过程

"劳动过程"概念指劳动者通过有目的的活动，运用劳动资料劳动对象进行加工，从而制造使用价值的过程。前面我们区分了"一般劳动过程"和"资本主义劳动过程"两个概念，二者的区别如图1-2所示。本书重点考察的是"资本主义劳动过程"，也即是资本主义制度下资本组织劳动的具体方式。资本家为了生产并占有剩余价值，首先将他们的货币资本用于购买生产所需要的原材料、机器、厂房和劳动力，然后他们组织劳动过程本身，使购买到的劳动力同生产资料相结合，开始生产有用的产品或服务，最后通过出售劳动产品转化为货币，获得比初始投入更高的货币资本，从而获得剩余价值。这一过程中面临的重要问题是如何将购买到的劳动力最大限度地转化为劳动。

图1-2 劳动过程一般与劳动过程特殊的比较

（四）劳动市场

当劳动力成为商品，成为市场上可以买卖的东西时，劳动市场就产生了。"劳动市场"是工人被资本雇佣进入不同工作场所的主要通道。在资本主义条件下，劳动力商品买卖双方的市场平等不复存在："原来的货币占有者作为资本家，昂首前行；劳动力占有者作为他的工人，尾随于后。一个笑容满面，雄心勃勃；一个战战兢兢，畏缩不前，像在市场上出卖了自己的皮一样，只有一个前途——让人家来鞣。"① 资本家在劳动市场上购

① 《资本论》第1卷，人民出版社2004年版，第205页。

买的是一定数量劳动力的权利，即工人的劳动能力，包括智力和体力的总和。只有当工作真正完成时，劳动能力才对资本家有用。工人必须提供劳动力才能获得工资，资本家希望从他购买的商品——劳动力中无限制地榨取更大的剩余价值，但劳动力蕴藏在工人身上，工人也具有自己的利益和需要，必然会抵制资本家强加的纪律和要求。也即是说，资本家无限制榨取剩余价值的欲望，驱使他们必须控制劳动过程和工人活动，因而产生了控制问题。

（五）控制体系

爱德华兹将"控制"定义为"资本家和/或管理者从工人那里获得所需工作行为的能力"[1]。"控制体系"是一个占支配地位 SSA 中处理"资本—劳动冲突"的关键机制，旨在化解资本主义生产中工作场所的控制危机并促进资本积累。"控制体系"包含三个要素：一是指导（direction），即雇主指导工作任务的机制或方法，指明需要做什么、以什么顺序、以何种精度、在什么时间段内完成；二是评估（evaluation），即雇主监督和评价的程序，用以矫正生产中出现的错误和故障，评价单个工人的工作绩效，识别单个工人或工人团体不能充分完成工作任务的原因；三是规训（discipline），即雇主对工人的奖惩制度，以促使工人合作并服从资本家对劳动过程的指导。[2] 资本家通过重新组织劳动过程，建立新的控制结构来抑制工人反抗。在此概念的基础上，爱德华兹讨论了资本主义从自由竞争阶段过渡到垄断阶段后，工作场所的控制方式从简单控制（企业主直接控制和等级控制）向结构控制（技术控制和官僚控制）的历史转型过程。

二、SSA 学派的理论发展

20 世纪 70 年代以来，资本主义发生了重大结构性变革，已进入第四

① Richard Edwards. Contested Terrain：The Transformation of the Workplace in the Twentieth Century. New York：Basic Books，1979：17.

② Richard Edwards. Contested Terrain：The Transformation of the Workplace in the Twentieth Century. New York：Basic Books，1979：18.

个 SSA 阶段。但是，对于这一新 SSA 的命名、时间起点、核心特征等问题，学界存在分歧。作为 SSA 学派的后继者，空间化学派和大卫·科茨从不同视角出发，进行了颇具代表性的阐释。空间化学派从资本主义劳动过程和劳动市场结构的微观视角出发，聚焦工作场所的新变革，将 20 世纪 70 年代后的资本主义命名为"空间化 SSA"（spatialization SSA）[①]；而大卫·科茨基于全球经济、政府在经济中的作用、资本—劳动关系及公司部门四个方面，将 20 世纪 80 年代之后的资本主义称为"新自由主义资本主义"（neoliberal capitalism）[②]，并将占主导地位的新的 SSA 界定为"新自由主义 SSA"（neoliberal SSA）[③]。

（一）空间化学派对 SSA 理论的延伸

如前所述，戈登等梳理了资本主义历史上相继出现的三种 SSAs——"最初的无产阶级化 SSA""同质化 SSA"和"分割化 SSA"，占主导地位的劳动控制体系分别是"简单控制体系""技术控制体系"和"官僚控制体系"。在《工作分割、工人分化：劳动的历史转型》这本书的最后部分，戈登等指出，"发端于 20 世纪 70 年代初期的危机，只能通过构建一个新的 SSA 才能解决。"但是，关于资本主义历史上第四个 SSA 到底如何命名、具有怎样的特征，戈登等人并未有太多预判；此后，学界就 20 世纪 70 年

---

① 唐·谢尔曼·格兰特和迈克尔·华莱士 1994 年《1970—1985 年各州制造业增长和衰退的政治经济学》一文，立足于"州一级"层面来分析资本的空间流动对劳动的新控制，首次明确提出"空间化 SSA"概念，在这篇文章中，虽然格兰特和华莱士明确指出"空间化"是他们自己的学术术语，但是也表示"空间化"这一术语在他们提出之前已经隐含在 20 世纪 80 年代的相关研究中。例如，布卢斯通和哈里森（Bluestone and Harrisons，1982）的资本"高流动性（hypermobility）"术语、大卫·哈维（David Harvey，1982）的"空间修复（spatial fix）"术语、施瓦茨和罗莫（Schwartz and Romo，1992）的"空间分散（spatial decentralization）"术语，以及扎菲（Jaffee，1986）的"资本的空间—地理重组（spatial-geographic restructuring of capital）"术语。参见 Don Sherman Grant and Michael Wallace. The Political Economy of Manufacturing Growth and Decline across the American States，1970 – 1985. Social Force，1994，73（1）：33 – 63.

② David M. Kotz. The Rise and Fall of Neoliberal Capitalism，Cambridge：Harvard University Press，2015：2.

③ David M. Kotz. The Rise and Fall of Neoliberal Capitalism，Cambridge：Harvard University Press，2015：121.

代后出现的新 SSA 进行了相关研究并存在诸多理论分歧，"空间化学派"
提供了颇具代表性的解释。

空间化学派（Spatialization School）发端于 20 世纪 90 年代，是基于积
累的社会结构理论的延伸学派。[1] 以唐·谢尔曼·格兰特（Don Sherman
Grant）和迈克尔·华莱士（Michael Wallace）等为代表，空间化学派继承
并发展了戈登等的资本主义劳动过程研究传统，提出资本主义自 20 世纪
70 年代起正在经历第四个长期波动，"空间化 SSA"占据支配地位，其主
要特点是：雇主通过劳动过程的空间重构（spatial restructuring）来重新获
得对资本主义劳动过程的控制权，"技术官僚控制体系"（technocratic con-
trol system）成为占主导地位的劳动控制体系。[2] 空间化学派立足资本主义
生产和积累的空间维度，提出"空间化 SSA"和"技术官僚控制"两个核
心概念，阐述了劳动过程和劳动市场结构从"分割化"向"空间化"的演
变过程，并以"技术官僚控制"概念将宏观层面"空间化 SSA"和微观层
面"劳动过程的空间重构"联系起来，揭示了资本控制劳动过程的新特
点；这些内容，有别于 SSA 学派的其他后继者（例如以大卫·科茨为代表
的"新自由主义 SSA"）的研究。

空间化学派作为 SSA 学派的理论延伸，立足资本主义生产和积累的空
间维度，阐述了劳动过程和劳动市场结构从"分割化"向"空间化"的演
变过程，并以"技术官僚控制"概念将宏观层面"空间化 SSA"和微观层

---

[1]　值得一提的是，特伦斯·麦克唐纳在 2010 年《积累的社会结构理论的发展状况》一文中
确认了空间化学派的创立："在社会学领域内，在围绕劳动控制新形式'空间化'的文献中，SSA
理论已获得第一个'学派'。"参见 Terrence McDonough. The State of the Art of Social Structure of Ac-
cumulation Theory, in Terrence McDonough, Michael Reich, and David M. Kotz. Contemporary Capitalism
and Its Crises: Social Structure of Accumulation Theory for the 21st Century. Cambridge, UK: Cambridge
University Press, 2010: 26. 中文译文参见特伦斯·麦克唐纳、迈克尔·里奇、大卫·科茨主编，
童珊译：《当代资本主义及其危机——21 世纪积累的社会结构理论》，中国社会科学出版社 2014
年版，第 24 页。

[2]　Michael Wallace and David Brady. The Next Long Swing: Spatialization, Technocratic Control
and the Restructuring of work at the Turn of Century, in Ivar Berg and Arne L. Kalleberg, eds. Sourcebook
of Labor Markets: Evolving Structures and Processes, New York: Plenum Press, 2001: 102. 中文译稿
参见迈克尔·华莱士、大卫·布雷迪著，顾梦佳译，张开校：《下一个长期波动：世纪之交的空间
化、技术官僚控制和工作重构》，载于《政治经济学季刊》2019 年第 2 期。

面"劳动过程的空间重构"联系起来，揭示了资本控制劳动过程的新特点。SSA 的两个"构成制度"是劳动过程和劳动市场结构，因此 SSA 的演替过程具体化为劳动过程和劳动市场结构的演变过程。伴随着资本主义劳动过程和劳动市场结构的历史转型，资本主义工作场所占主导地位的"控制体系"也随之历史地演变，每一次演变都是为了解决工作场所中不断加剧的"资本—劳动冲突"。[①] 在戈登等的理论基础上，空间化学派将资本主义 SSA 的历史演进过程划分为四个阶段："最初的无产阶级化 SSA"（initial proletarianization SSA）、"同质化 SSA"（homogenization SSA）、"分割化 SSA"（segmentation SSA）和"空间化 SSA"（spatialization SSA），每一个阶段都代表了劳动过程中资本和劳动结合起来的不同方式，其对应的占主导地位的劳动控制体系分别是："简单控制体系"（simple control system）、"技术控制体系"（technical control system）、"官僚控制体系"（bureaucratic control system）和"技术官僚控制体系"（technocratic control system），如表 1-3 所示。

表 1-3　　　资本主义 SSA 及占主导地位的控制体系的历史演进

积累的社会结构	最初的无产阶级化	同质化	分割化	空间化
占主导地位的控制体系	简单控制：企业主直接控制、等级控制	技术控制	官僚控制	技术官僚控制
1820s~1840s	探索期			
1840s~1870s	巩固期			
1870s~1890s	衰退期	探索期		
1890s~一战		巩固期		
一战~二战		衰退期	探索期	
二战~1970s			巩固期	

---

① 有学者系统分析了资本主义劳动过程及其伴随的工作场所"控制形式"的动态演变。参见谢富胜：《资本主义劳动过程与马克思主义经济学》，载于《教学与研究》2007 年第 5 期；谢富胜：《从工人控制到管理控制：资本主义工作场所的转型》，载于《马克思主义研究》2012 年第 12 期。

续表

积累的社会结构	最初的无产阶级化	同质化	分割化	空间化
1970s～21世纪			衰退期	探索期
21世纪至今				巩固期

资料来源：Michael Wallace and David Brady. The Next Long Swing：Spatialization, Technocratic Control and the Restructuring of work at the Turn of Century, in Ivar Berg and Arne L. Kalleberg, eds. Sourcebook of Labor Markets：Evolving Structures and Processes, New York：Plenum Press, 2001：104.

（二）大卫·科茨对SSA理论的发展

与空间化学派不同的是，大卫·科茨对SSAs的理解发生了改变。首先，在1987年《长波和积累的社会结构：一个评论和再解释》[①]一文中，科茨对于SSAs的命名以及历史阶段划分问题并未有过多自己的见解，而是参照了戈登等人的论述，对假定在历史上存在过的3个SSAs进行了时间划分，如表1-4所示。随后，科茨在2003年《新自由主义和长期资本积累的SSA理论》一文中指出："第三个SSA已经过去了将近30年，但是学界对是否建立了一个新的SSA尚未达成一致意见。"[②] 在这篇文章中，科茨运用"制度结构"（institutional structures, IS）概念，来理解长期资本积累的历史模式。这些"制度结构"包含两种类型：一是"自由主义制度结构"（liberal institutional structure, LIS）；二是"调节主义制度结构"（regulationist institutional structure, RIS），这两种"制度结构"在资本主义历史上交替出现。[③] 其中，"自由主义制度结构"以有限的国家调节（state regulation）、资本对劳动的强势支配、高度竞争，以及自由主义、自由市场

[①] David M. Kotz. Long Waves and Social Structures of Accumulation：A Critique and Reinterpretation. Review of Radical Political Economics, 1987, 19（4）：16-38. 中文译稿参见大卫·科茨著，张开、顾梦佳、崔晓雪、李英东译：《长波和积累的社会结构：一个评论和再解释》，载于《政治经济学评论》2018年第2期。

[②] David M. Kotz. Neoliberalism and the Social Structure of Accumulation Theory of Long-run Capital Accumulation Review of Radical Political Economics, 2003, 35（3）：263.

[③] David M. Kotz. Neoliberalism and the Social Structure of Accumulation Theory of Long-run Capital Accumulation Review of Radical Political Economics, 2003, 35（3）：264-265.

意识形态为特征；"调节主义制度结构"以"国家干预主义"（intervention-ist state）、资本和劳动之间的某些合作和妥协、公司之间的"合作独立性"行为（corespective behavior）、对政府和其他非市场机构作用的积极认可为特征。尽管两种制度结构都促进了对剩余价值的有效占有（effective appropriation），但只有"调节主义制度结构"促进了快速积累和增长。[1]

表1-4 假定历史上存在过的 SSAs 历史阶段划分

积累的社会结构	大概时间	
19 世纪中叶的 SSA	占主导地位	1840s ~ 1870s
	崩溃	1870s ~ 1890s
20 世纪早期的 SSA	占主导地位	1890s ~ 1910s
	崩溃	1920s ~ 1940s
20 世纪中叶的 SSA	占主导地位	1940s ~ 1960s
	崩溃	1960s 至今

资料来源：David M. Kotz. Long Waves and Social Structures of Accumulation：A Critique and Reinterpretation. Review of Radical Political Economics, 1987, 19（4）：34 - 35.

科茨在2019年《经济停滞与制度结构》一文中，进一步提出"自由主义 SSA"（liberal SSA）和"调节型 SSA"（regulated SSA）概念："自由主义 SSA"根植于资本对劳动的高度支配，同时表现出较低的积累率，以市场关系和市场力量在调节经济活动中的作用为特征，非市场机构如国家和工会的作用有限；"调节型 SSA"立足于资本和劳动的某种妥协，通常经历较为快速的积累，非市场机构在调节经济活动方面发挥积极作用，市场关系和市场力量的作用有限。[2] 在这篇文章中，科茨将每个 SSA 存在的时期分为两个阶段：阶段 1 是 SSA 有效促进积累的阶段；阶段 2 是 SSA 成

---

[1] David M. Kotz. Neoliberalism and the Social Structure of Accumulation Theory of Long-run Capital Accumulation Review of Radical Political Economics, 2003, 35（3）：265.

[2] David M. Kotz and Deepankar Basu. Stagnation and Institutional Structures. Review of Radical Political Economics, 2019, 51（1）：9. 中文译稿参见大卫·科茨、迪彭卡·巴苏著，朱安东、陈旸译：《经济停滞与制度结构》，载于《政治经济学季刊》2018 年第 1 期。

为积累障碍的阶段；并将 20 世纪 70 年代末到 80 年代初建立的 "自由主义 SSA" 特称为 "新自由主义 SSA"。科茨对 SSAs 的历史阶段划分如表 1-5 所示。① 综上所述，科茨没有沿袭戈登等关于 SSA 依次经历探索期、巩固期和衰退期的生命周期理论，而是将资本主义经历的 SSAs 划分为 "调节型 SSA" 和 "自由主义 SSA"，二者交替出现，每一个 SSA 的存在时期又分为促进积累和阻碍积累两个阶段。

表 1-5 　　　　　　 大卫·科茨对 SSAs 的历史阶段划分

积累的社会结构	大概时间	
调节型 SSA	阶段 1	1948～1973 年
	阶段 2	1973～1979 年
新自由主义 SSA	阶段 1	1979～2007 年
	阶段 2	2007～2015 年

资料来源：David M. Kotz and Deepankar Basu. Stagnation and Institutional Structures. Review of Radical Political Economics，2019，51（1）：11.

（三）空间化学派和大卫·科茨的理论比较

在理论的核心要素方面，空间化学派和大卫·科茨最大的不同之处在于劳动过程是否在场。空间化学派从资本主义劳动过程和劳动市场结构的微观视角出发，聚焦工作场所的新变革；而大卫·科茨基于全球经济、政府在经济中的作用、资本—劳动关系及公司部门四个方面来分析资本主义的历史演变，更加侧重宏观分析。空间化学派聚焦资本主义劳动过程，认为最初的 SSA 理论是以资本主义劳动过程理论为基础，资本主义劳动过程的演变推动积累的社会结构的演变，这一理论前提应该被保留。资本主义劳动过程理论聚焦于在劳动过程中实现 "控制"，揭示了资本和劳动双方围绕对劳动过程控制权的争夺，华莱士和布雷迪在戈登、爱德华兹

---

① David M. Kotz and Deepankar Basu. Stagnation and Institutional Structures. Review of Radical Political Economics，2019，51（1）：11. 中文译稿参见大卫·科茨、迪彭卡·巴苏著，朱安东、陈旸译：《经济停滞与制度结构》，载于《政治经济学季刊》2018 年第 1 期。

等的理论基础上，梳理了资本主义劳动控制体系的历史演替——"最初的无产阶级化 SSA／简单控制""同质化 SSA／技术控制""分割化 SSA／官僚控制"，以及"空间化 SSA／技术官僚控制"，通过"控制体系"概念将资本主义不同时期的宏观层面制度变迁和微观层面工作组织控制形式演变联系起来。空间化学派对资本主义历史阶段的划分依据，是以资本主义劳动过程和劳动市场结构演变的分析为核心。劳动过程和劳动市场结构作为 SSA 的"构成制度"，是每个 SSA 的核心内容，不应被忽视或弱化。

与之不同的是，科茨分析资本主义的历史演变，更加侧重宏观分析，不太关注微观层面的劳动过程及其控制体系，实际上偏离了 SSA 理论的最初构想。科茨从九个方面总结了"新自由主义资本主义"的核心特征：一是，放松国内和国际市场的商业和金融管制，以所谓的"自由市场"主导，允许资本的自由流动；二是，对部分国家直接提供的服务私有化；三是，国家不再积极干预宏观经济；四是，大幅削减国家社会福利支出；五是，对企业和富人减税；六是，大企业和国家联手对抗工会；七是，企业不再一味地依赖长期工，而是越来越多地雇佣临时工和兼职工；八是，大企业从战后调节型资本主义时期的"独立共存"转向不受限制的残酷竞争；九是，在大企业内部引入市场原则，包括从外部市场招聘 CEO。[①] 可以看出，这九个方面大都是宏观层面制度变革，而较少涉及企业内部劳动控制体系如何演变等微观层面变革。

受凯恩斯主义的影响，科茨尤为关注政府在经济中的作用。在科茨看来，凯恩斯主义从自由主义的结构性危机中兴起，但逐渐演变成经济稳定增长、资本积累的障碍，最终在自身导致的结构性危机——滞胀危机中进入衰退。而解决滞胀危机的制度变革主要发生在放松资本在全球范围内自由流动的管制、取消对基础设施部门和金融部门的政府管制、公共物品和

---

① David M. Kotz. The Financial and Economic Crisis of 2008：A Systemic Crisis of Neoliberal Capi-talism. Review of Radical Political Economics，2009，41（3）：307. 中文译稿参见大卫·科茨著，丁晓钦译，黎贵才编校：《目前金融和经济危机：新自由主义的资本主义的体制危机》，载于《当代经济研究》2009 年第 8 期；另外参见张开、杨静：《危机后西方政治经济学新进展及其启示》，载于《教学与研究》2014 年第 10 期。

公共服务的私有化、劳资关系调整、市场化原则占据主导地位等方面，而这些制度结构调整的最终结果就是产生了一套新的制度体系、新的积累的社会结构，即"新自由主义 SSA"。① 在这里，虽然科茨涉及了劳资关系调整，但劳资关系并不是科茨分析当代资本主义 SSA 的主要方面，科茨不聚焦微观层面的劳动过程，因而无法解释资本主义工作组织的方式——也即资本对劳动控制的具体形式的动态演变过程。

随着资本主义形式从"调节型"转变为"新自由主义"，科茨聚焦于全球经济、政府在经济中的作用、资本—劳动关系及公司部门四类制度结构的根本性变革。② 具体来讲：第一，新自由主义时代的资本主义逐渐消弭了商品、服务、资本以及货币全球流动的障碍，全球经济更加开放。第二，新自由主义时代的资本主义逐渐减少了政府对经济的干预，对经济放松管制，促进经济自由化。第三，新自由主义时代的资本主义劳资关系也发生了显著变化；表现在两个方面：一是资本家和工会之间和平的集体谈判关系遭到严重侵蚀，二是由此产生了雇佣工作临时化。第四，新自由主义时代的资本主义公司部门也发生了重大变化；表现在四个方面：一是不受限制的竞争；二是公司 CEO 从公司以外雇佣；三是市场关系渗透到公司内部；四是金融机构转向高风险投机性活动，并创造出复杂的金融工具。③

相较于空间化学派并未明确表示"空间化 SSA"促进资本积累的能力何时耗尽，科茨却明确指出"新自由主义 SSA"已经走向崩溃。科茨认为，始于 2008 年的经济和金融危机，已经标志着"新自由主义 SSA"促进盈利和稳定资本积累能力的终结。④ 科茨断言，如果"新自由主义 SSA"

---

① David M. Kotz. The Rise and Fall of Neoliberal Capitalism，Cambridge：Harvard University Press，2015：67 – 89.

② David M. Kotz. The Rise and Fall of Neoliberal Capitalism，Cambridge：Harvard University Press，2015：12.

③ David M. Kotz. The Rise and Fall of Neoliberal Capitalism，Cambridge：Harvard University Press，2015：42. 另外参见张雪琴：《新自由主义与 2008 年的金融和经济危机——评大卫·科茨的〈新自由主义的兴衰〉》，载于《政治经济学评论》2015 年第 5 期。

④ David M. Kotz. The Rise and Fall of Neoliberal Capitalism，Cambridge：Harvard University Press，2015：123.

继续存在，它将带来经济停滞和不稳定的未来。① 对于未来资本主义如何发展，科茨提出，只有重建新的 SSA，才可能找到解决危机的办法。新的 SSA 必须有效促进盈利和稳定的经济扩张，为此需要具备以下特征：一是必须确保经济产出的长期需求不断增长，并促进有利可图的生产过程；二是必须稳定资本主义的主要阶级关系，特别是资本—劳动关系；三是必须包括一套连贯一致的思想，使积累的社会结构具有长期稳定的盈利能力和经济扩张所必需的稳定性。②

总体而言，大卫·科茨的"新自由主义 SSA"的核心特征是放松管制，伴随着自由化、市场化、私有化、金融化、全球化和去工会化，侧重宏观层面资本主义的制度结构变革。"新自由主义 SSA"的产生源于摆脱经济滞胀危机的渴求、自由主义意识形态的推动、对自由市场的盲目信仰等因素，伴随着弱化政府对企业、市场和金融的管制，推行私有化和公共服务外包，以透支社会公共福利为代价实现的经济繁荣。这些宏观制度变革加剧了收入不平等、财富不平等、机会不平等之类的各种社会不公平现象；而金融监管的缺乏形成了资产泡沫，加大了金融系统的投资风险，从而导致次级贷款、有毒资产和金融债务激增，消费需求不足，生产大量过剩。

此外，对于第四个 SSA，学者们还提供了一些其他的术语：例如，米查洛夫斯基和卡尔森基于技术创新视角，将其命名为"计算机技术 SSA"（cybertech SSA）③，鲍尔斯等则基于跨国经济视角，将其命名为"跨国 SSA"（transnational SSA）④。虽然"空间化 SSA"和"新自由主义 SSA"

---

① David M. Kotz. The Rise and Fall of Neoliberal Capitalism, Cambridge：Harvard University Press，2015：198 – 199.

② David M. Kotz. The Rise and Fall of Neoliberal Capitalism, Cambridge：Harvard University Press，2015：197.

③ Susan M. Carlson and Raymond J. Michalowski. Crime, Unemployment, and Social Structures of Accumulation：An Inquiry into Historical Contingency. Justice Quarterly，1997，14（2）：209.

④ Samuel Bowles, Richard Edwards, and Frank Roosevelt. Understanding capitalism：competition，command，and change. UK：Oxford University Press，2005. 中文译本参见塞缪尔·鲍尔斯、理查德·爱德华兹、弗兰克·罗斯福著，孟捷等译：《理解资本主义：竞争、统制与变革》，中国人民大学出版社 2010 年版。

的理论阐述，都源自积累的社会结构学派，但是在各自演变过程中受到追随者思想的重构和再造，出现了理论分歧。厘清这种理论分歧是必要的，这有助于我们从不同理论视角透视当代资本主义变迁的本质，汲取二者的有益要素，结合资本主义劳动过程理论的新发展"修复"和"重构"当代SSA理论。

三、SSA学派的理论价值

（一）SSA理论的核心观点

SSA学派的基本主张在于，一个强劲的资本积累阶段要求存在"一套广泛的社会制度组合"来支持和促进积累过程，这个广泛的制度组合不仅包括经济方面，还包括政治和意识形态方面。一个可行SSA的产生，会迎来一个长波扩张。然而，长波扩张包含了自我毁灭的种子，最终SSA和积累自身都会崩溃，将迎来一个长波收缩。其结果是，一个新的SSA构建起来，积累过程重新开始。[①] 简单说来，SSA就是建立在资本主义生产关系基础上的，是由各种矛盾构成的制度系统，随着内在矛盾和外部环境的历时变化，一种积累体系会经历一个经济增长、繁荣、停滞、危机的发展过程并最终瓦解，直到一个新的SSA建立为止。这种经济制度的结构性变迁成为经济长波扩张与萧条交替的根源。

SSA理论强调"制度环境"（institutional setting）对经济增长和资本积累的重要作用。积累过程包含一系列步骤，每一个步骤都有不确定的结果，而SSA的功能在于调节阶级冲突和竞争，为快速积累创造投资的稳定性和可预见性前提。戈登等强调："除非资本家能够对预期回报率进行合理计算，否则他们不会进行生产投资。"[②] 而SSA如果能实现对劳动

---

① David M. Kotz. Long Waves and Social Structures of Accumulation：A Critique and Reinterpretation. Review of Radical Political Economics，1987，19（4）：16－38.

② David Gordon，Richard Edwards and Michael Reich. Segmented Work，Divided Workers，Cambridge：Cambridge University Press，1982：23.

过程的有效组织和控制以及最终需求的合理结构，将在很大程度上促使资本家进行大规模投资，产生快速积累。需要特别强调的是，构成一个SSA 的那些制度不可能"消除"工人和资本家之间的阶级冲突，因为阶级冲突是资本主义生产和交换关系的必然产物。SSA 的有效性在于"稳定"阶级冲突，并有效引导阶级冲突不对资本主义生产和积累造成过度破坏。SSA 理论认为，SSA 包含着会导致其崩溃的那些矛盾，同一个SSA 可能从支持资本积累转变为妨碍资本积累，可能从作为资本积累的"助手"转变为资本积累的"障碍"。当一个或多个构成制度开始崩溃，整个 SSA 将会失去有效性并停止运作，要改变这种形势，需要重大的制度变革。

（二）SSA 理论的方法论意义

"积累的社会结构"概念作为"中间层次"（intermediate level）的分析范畴，搭建了马克思主义抽象原理与具体现实之间的沟通桥梁，有助于马克思主义政治经济学的研究走向具体化。这种"中间层次"分析法类似于日本马克思主义理论家宇野弘藏（Kozo Uno）的"阶段论"分析法。宇野弘藏在其《经济政策理论》（1954）中提出了资本主义发展的阶段论：阶段论并非真实的历史发展阶段划分，它具有抽象的性质，其主要说明资本主义发展的每个阶段中的主导国家、起决定作用的资本形态、积累的形式以及国家的政策。[①]

罗斯多尔斯基在他去世前一个月发表的《评马克思〈资本论〉的方法及其对当代马克思主义研究的重要意义》一文中强烈呼吁，当代马克思主义的发展必须学会正确运用马克思《资本论》中极其丰富的方法，只有借助马克思的方法论才能够发现连接《资本论》中的抽象理论和当代具体现实的那些"过渡环节"。[②] 如果没有任何"过渡环节"，直接将抽象理论运用到直观世界，就会重蹈李嘉图学派破产的覆辙。其结果是，或者武断地

[①] 章文光：《宇野宏藏对马克思主义经济学的贡献》，载于《经济学动态》2003 年第 11 期。

[②] 罗曼·罗斯多尔斯基著，张开译：《评马克思〈资本论〉的方法及其对当代马克思主义研究的重要意义》，载于《教学与研究》2014 年第 4 期。

把经济现象直接归结到抽象原理之下，或者直接拒绝承认经济现象的存在。也就是说，必须构筑"中间层次"的范畴体系和分析范式，来连接抽象原理和处在不断变迁中的现实经济矛盾。积累的社会结构理论的"中间层次"分析法恰好回应了罗斯多尔斯基对马克思主义方法的呼吁。

改革开放以来，我国马克思主义政治经济学一度陷入了"边缘化"的困境，如何将马克思主义抽象原理运用到我国经济社会发展的具体现实中去，成为了亟待解决的问题。如果把马克思的"生产力—生产关系"作为抽象层次的概念组合，"积累的社会结构"理论所提供的"资本积累—积累的社会结构"则是该概念组合的具体化，为资本主义发展提供了一个"中间层次"的分析范式，补充了马克思关于资本主义发展的抽象分析，增强了马克思主义抽象原理对资本主义社会现实问题的解释力。

马克思通过阐述生产力和生产关系的辩证统一来揭示现代社会经济发展的内在规律。马克思认为，物质生产必然包含两个方面：生产力和生产过程中人与人的社会关系，二者缺一不可。关于生产力和生产关系的辩证关系，马克思在《资本论》中进行了充分的阐述："……生产条件的所有者同直接生产者的直接关系——这种关系的任何形式总是自然地同劳动方式和劳动社会生产力的一定的发展阶段相适应……"[1]　"生产力"和"生产关系"是辩证统一的，一定的"生产力"要求与之相适应的"生产关系"。马克思在 1859 年《政治经济学批判》序言中指出："社会的物质生产力发展到一定阶段，便同它们一直在其中运动的现存的生产关系或财产关系（这只是生产关系的法律用语）发生矛盾。于是这些关系便由生产力的发展形式变成生产力的桎梏。"[2]

同样的道理，发展不会在真空中进行，要求与之相适应的发展条件，"发展"和"发展条件"也是辩证统一的。"旧发展条件"和"旧发展"相适应，但是制约着"新发展"的产生。我们可以将"生产力—生产关系"这一对"抽象层次"的概念组合具体化为"新发展—新发展条件"这

---

①　中共中央编译局：《资本论》第 3 卷，人民出版社 2004 年版，第 894 页。

②　中共中央编译局：《马克思恩格斯全集》第 31 卷，人民出版社 1998 年版，第 412 页。

一具有"中间层次"意义的概念组合，也即是"高质量发展—支持高质量发展的制度结构"，正好对应于建设现代化经济体系两个"具体层面"的要求"产业体系—经济体制"，从而助力抽象的马克思主义经济原理应用于我国经济社会发展具体实际。

第三节　资本主义的历史演进

技术革命和产业变革推动社会生产力不断向前发展，技术逻辑和资本逻辑共同作用下促使资本结合新的生产关系和制度基础不断向新形态演进。资本主义体系自诞生以来一直经历着周期性的增长和衰退的循环，在不同阶段资本主义总会发展出最适合的生产方式来延续自身。本节将基于SSA理论的分析视角，以劳动过程、劳动市场结构、劳动控制体系的动态演变为线索，对资本主义历史演进的各个阶段进行划分，旨在探讨资本主义如何通过持续的技术革命和制度变革来适应生产力的发展，并最终进入数字资本主义阶段。

一、资本主义的历史演进

资本主义劳动过程的动态变迁推动着嵌入其中的"劳资关系"及其"劳动控制体系"也随之动态演进。基于SSA理论的分析视角，资本主义SSA的历史演进划分为五个阶段："最初的无产阶级化SSA""同质化SSA""分割化SSA""空间化SSA"[①] 和"数字化SSA"，每一个阶段都代表了劳动过程中资本和劳动结合起来的不同方式，其对应的占主导地位的劳动控制体系分别是："简单控制""技术控制""官僚控制""技术官僚控制"和"算法控制"，具体见表1-6。

---

① 关于资本主义第四个SSA的命名，本书采用空间化学派的理论界定，以重申资本主义劳动过程的研究传统。

表 1-6　　　　　　　　　　资本主义 SSA 的历史演进

SSA	大概时间	劳动过程和劳动市场结构	占主导地位的控制体系	控制体系的主要特征
最初的无产阶级化 SSA	1820s~1890s	1. 劳动过程未发生质变；熟练工人凭借"暗默知识"掌握劳动过程控制权 2. 劳动市场呈碎片化、高度分散化、孤立化特征	简单控制：企业主控制等级控制	企业主直接监督：工头权力任意强制纪律
同质化 SSA	1870s~二战	1. 劳动过程发生了质的变革；机械化应用从根本上改变了工作组织 2. 劳动市场呈同质化、统一性、竞争性特征	技术控制：驱动系统技术控制	福特主义流水线机器设定速度工人隔离去技能化劳动过程碎片化
分割化 SSA	1920s~1990s	1. 资本家建立结构化的规则和程序对劳动过程实施全面控制 2. 劳动市场分割为"一级劳动市场"和"二级劳动市场"，采取不同劳动控制方式	官僚控制	制定规则和程序工人精细分层专业化工作任务正向激励机制内部晋升阶梯
空间化 SSA	1970s~2000s	1. 劳动过程由"刚性劳动过程"转变为"弹性劳动过程"；劳动过程的空间重构是主要特征 2. 劳动市场结构两极分化趋势更加明显；劳动力供应向服务业转移；雇佣劳动临时化趋势凸显	技术官僚控制	劳动力两极分化官僚层级扁平化内部晋升阶梯退化文凭和资格证书壁垒技术专家的权威地位控制集中和工作分散
数字化 SSA	21世纪至今	1. 劳动过程弹性化、碎片化、异质化 2. 劳动市场结构不稳定化、两极分化 3. 劳动控制隐蔽化、多样化 4. 雇佣关系模糊化、临时化	算法控制	用数据说话凭数据决策劳动力的智能化监控劳动过程的精细化规划和调控权力关系的重新塑造

(一) 资本主义 SSA 的历史演进

资本主义生产的最初发展伴随着劳动的"无产阶级化"，雇佣劳动成为占主导地位的劳动形式。资本积累使大量人口失去生产资料，只能依靠出卖自己的劳动力来维持生活，从而进入雇佣劳动大军。雇佣劳动的增长并未使资本主义劳动过程和劳动市场结构发生质的变革，资本家只是将劳动力、生产资料、劳动工具等生产的基本要素聚集在一起组织生产，而熟练工人凭借生产的"手工技能"和"暗默知识"掌握劳动过程的控制权。劳动过程组织的多样性形成了一个碎片化、高度分散的、孤立的劳动市场结构。

随着"同质化"开始主导劳动过程，资本主义生产组织变得更加统一，越来越多的工作任务被简化为详细的、分散的、半熟练的操作。这一新制度加强了雇主对生产的控制，从而扩大了资本家对工人劳动的榨取。这一阶段劳动过程和劳动市场结构发生了质的变革，资本家通过应用新技术，从根本上改变了工厂的工作组织，劳动力越来越同质化。劳动的同质化，试图通过工人的"去技能化"来重新获得资本主义对劳动过程的控制权，这意味着劳动过程的碎片化、劳动条件的同质化、劳动力技能的同质化。与此同时，统一的劳动市场开始形成，劳动市场变得更具一般性和竞争性。

在"分割化"时期，由于垄断大企业的支配地位已经形成，经济日益二元化，处于核心企业的大公司在经济中处于支配地位，而边缘的中小企业的技术水平和生产力水平都较低。与经济的二元化相适应，劳动控制体系和劳动市场结构上也出现了分化。"同质化"倾向于在资本主义部门的工人中创造更为统一的工作条件，而"分割化"则逆转了这一趋势，在不同的工人群体中创造了越来越独特的工作条件。这一阶段劳动市场"分割"为一级劳动市场和二级劳动市场，而前者又细分为"独立的一级劳动市场"和"从属的一级劳动市场"两类市场形式。企业内部不同的控制体系构成了这三种劳动市场的制度基础：二级劳动市场以简单控制为主导；从属的一级劳动市场以技术控制为主导；独立的一级劳动市场以官僚控制为主导。

在"空间化"阶段，快速的技术变革打破了大规模生产时代的时间和空间壁垒，资本流动的空间无限地扩大，资本从一个国家领域渗透到另一个国家领域。随着资本的国际化和生产的全球化，资本主义劳动过程向

"弹性"转变，雇主通过工作的空间重构来重新获得对资本主义劳动过程的控制权。与此同时，劳动市场结构也出现了多重变革。经济的"去工业化"进程，使经济生产的重心转移，制造业生产相对下降，劳动力供应向服务业转移。这一转变将制造业劳动力分为一级劳动市场和二级劳动市场，临时工逐渐成为劳动市场的重要组成部分，劳动市场结构两极分化趋势更加明显。

在"数字化"阶段，随着云计算、大数据、物联网等数字技术体系的发展，基于互联网的数字化、智能化和网络化特征的新型劳动组织形式催生出"数字劳动"这一新型劳动雇佣形式，从而资本主义劳动过程和劳动市场结构也发生了新变革，主要呈现以下特征：劳动过程弹性化、碎片化、异质化，劳动市场结构不稳定化、两极分化，劳动控制隐蔽化、多样化，雇佣关系模糊化、临时化，数字平台的技术垄断和算法权力进一步深化了资本对劳动的控制程度和剥削程度，加速了劳动对资本的形式隶属转向实际隶属的过程。

（二）占主导地位的劳动控制体系的历史演变

伴随着资本主义劳动过程和劳动市场结构的历史转型，资本主义工作场所占主导地位的"控制体系"也随之历史地演变，每一次演变都是为了解决工作场所中不断加剧的"资本—劳动冲突"。对剩余价值的无穷追逐促使资本家要求掌握资本主义劳动过程的控制权，资本家不断地对劳动过程进行重构以解决工作场所的控制问题，迫使工人服从于资本主义积累的铁律。工作场所的劳动控制体系经历了从"简单控制""技术控制""官僚控制""技术官僚控制"到"算法控制"的演变过程，每一种控制形式都具有独特的特点和内在矛盾。

阶级斗争是推动资本主义劳动过程演变的主要因素，后一个阶段的劳动过程是前一个阶段阶级斗争的结果。在"最初的无产阶级化 SSA"阶段，熟练工人的手艺和技能使其控制着劳动过程，占主导地位的劳动控制体系为"简单控制"，包括两种控制形式：最初企业生产规模较小，资本主义企业主直接监督工人的日常工作，权力集中于企业主手中，即"企业主控制"；随着生产规模不断扩大，资本家难以全面直接监督和指挥工人生产，不得不将权力下放给其代理人"工头"，"工头"有充分权力雇佣、指导、奖惩、解雇工人，从而形成了"等级控制"。

随着生产越来越具有社会性，资本家对"控制"的需求逐渐上升，而企业规模不断扩大却导致工作场所"简单控制"的有效性下降，二者之间的矛盾引发了工作场所的"控制危机"。工厂的恶劣条件和工头任意行使权力激化了工头、资本家和工人之间的矛盾冲突，而熟练工人凭借对生产过程的"知识垄断"控制着工厂的工作速度和节奏，阻碍劳动生产率的进一步提升，劳动成本难以降低。为了赢得对劳动过程的控制权，处于核心地位的大型企业开始探索新的有效控制形式，主要包括三种：一是"福利资本主义"——核心企业为顺从企业的工人提供福利项目；二是"科学管理"——运用科学研究的方法来精确控制劳动过程；三是"公司工会"——在严格限定的范围内建立正式的申诉程序。然而，这几种控制形式都失败了，原因在于它们试图重建"简单控制"的条件，而不是从根本上改变工作场所内部的权力关系，未能真正解决工作场所的控制危机。这些探索最终产生了"同质化 SSA"。

"同质化 SSA"中占主导地位的劳动控制体系分为两个发展阶段：最初以"驱动系统"直接持续地监督工人达到提高劳动产出目的；随后，为了剥夺熟练工人因生产过程中的"知识垄断"而获得的控制权，资本家开始进行技术创新，采用机器替代工人，以便保持并加强其对劳动过程的速度控制，因而出现了"技术控制"，由福特主义和流水线组成。"技术控制"造成了劳动过程的碎片化和劳动力的"去技能化"，工人越来越无法理解和掌握生产，从而丧失了对资本主义劳动过程的控制权。技术控制的弊端在于，技术控制使相对同质的劳动大军捆绑在共同的工作节奏和工作模式之下，通过生产技术将他们联系起来，便于工人举行罢工活动、成立工会，从而将冲突扩大到整个工厂层面。

在多次劳资流血冲突的过程中，以雇佣劳动放弃对资本主义劳动过程的控制权为基石，劳资双方建立起集体谈判制度，出现了"官僚控制"。"官僚控制"最根本的特征，是将劳动过程内部等级权力的行使制度化，资本通过建立结构化的规则和程序对劳动过程实施全面控制。企业正式的"规则"或"程序"成为指导工作、考核工人绩效、执行奖惩、分配报酬的控制技术，管理者和工人同样受到规则和程序的约束，不能恣意监管工人，工人拥有申诉的权利，雇主一般会在管理规则下采取正面激励的方式管理工人。官僚控制建立在对工人进行精细分层的基础上，布置不同的专业化工作任务，采取"分而治之"策略，为核心工人设置内部晋升阶梯等正向激励，从而打破劳动力的同质性，分化工人的团结，抑制了工人以集体的形式进行斗争。但是"官僚控制"也孕育着矛盾的种子：首先，工人参与民主管理的无力使工人对工作产生了巨大的不满、怨恨、厌恶和挫折感，从而降低了劳动生产率；其次，核心企业为工人提供的长期就业保障使工资从可变成本变为固定成本，进一步降低了利润率，在经济衰退阶段更是如此；最后，官僚控制促进了私人部门和公共部门之间自然边界的"消失"，产生了对企业进行公共干预的新矛盾。"官僚控制"将工作场所的冲突扩大到政治舞台上的广泛斗争。

快速的技术变革打破了大规模生产时代的时间和空间壁垒，资本家为了保持其竞争优势，不得不向外扩张，从而进入了以劳动过程的空间重构为特点的"空间化 SSA"阶段，资本主义生产方式也进入"弹性生产"阶段。为了实现"弹性生产"的大规模定制和低成本化，资本家在工作场所借助于计算机化的控制体系来监控工人生产活动，运用计算机技术灵活调节劳动过程，形成了"技术官僚控制"。"技术官僚控制"主要包含以下核心特征：专家和非专家部门的两极分化、官僚层级的扁平化、内部职位晋升阶梯退化、内部劳动市场和基于资历的晋升被淡化、专业文凭和资格证书壁垒、技术专家占据权威地位、控制集中化、工作分散化。与之相伴随的是，雇佣工人面临着阶级能力弱化、永久性技能重构、性别和种族分化等不利局面，计算机化创造出新的工人反抗形式，工人的反抗引发的劳资冲突，构成了资本主义劳动过程变迁的根本动力，推动着工作组织的控制体系进一步演变。

在数字资本主义中，算法控制首先表现为对劳动力的智能化监控，资本家通过数字化设备和传感器实时收集劳动过程数据，监测工人工作状态和生产效率，实现了对劳动的精准评价和有效管理，其核心原则是"用数据说话，凭数据决策"，旨在最大化剩余价值的生产。其次，算法控制也表现为对劳动过程的精细化规划和调控。通过分析大数据，资本家能够更准确地预测市场需求，制订生产计划，并根据实际情况及时调整。这种精细化规划不仅可以减少生产过程中的浪费，还能够更好地适应快速变化的市场环境，提高市场竞争力。最后，算法控制还表现为对劳动过程中权力关系的重新塑造。传统上，资本家通过雇佣关系支配劳动力，但在数字化时代，算法成为一种新的权力体现。算法不仅仅是一种技术工具，更是一种规则和逻辑的体现。资本家通过设定算法，规范和约束劳动过程，使得工人在数字化的生产环境中更加容易受到管理和控制。

二、数字资本主义的兴起

由于生产社会化与生产资料私有之间的固有矛盾，资本主义在不同阶段总会遭遇危机或者界限。在面对增殖瓶颈和发展危机时，资本主义往往通过引入新的技术手段来进行自我调整，以寻找新的发展路径。[①] 在初期自由竞争阶段，市场危机常常表现为过剩生产，即生产力过于发达而市场需求相对不足。为了解决这一问题，资本通过技术创新、降低成本等手段寻求超越。从初期的手工业到机械化生产，再到大规模的工业化生产，资本通过不断改变生产方式来适应生产社会化的要求。垄断资本主义阶段，市场危机得到缓解，但随之而来的是垄断的失控。少数大企业的垄断地位导致资源的浪费和效率的下降，面对市场危机，资本通过扩大市场和国际化来寻求新的增长点，这表现为企业的兼并、收购和国际投资。金融资本主义阶段，金融泡沫、经济周期的加剧成为主要危机。随着金融体系的发展，资本通过金融工具的创新、对金融市场的操控来实现对生产资本的掌控，进而规避危机。机械化革命、电气化革命、数字化革命三者的交汇推动了资本主义的演进，从产业资本主义到金融资本主义，最终进入数字资

---

① 贾磊：《数字资本主义时代数据资本化的逻辑考察》，载于《华北电力大学学报（社会科学版）》2023 年第 5 期。

本主义阶段，数字技术成为资本主义扩张的新工具。

（一）初期资本主义和工场手工业

资本主义的经济起源可以追溯到手工劳动时代，特别是商业资本在这一时期发挥了关键作用。手工业生产是当时的主要生产方式，商业资本家则掌握了生产的控制权，通过手工制造来获取剩余价值。这种商业资本主导的经济体系促进了重商主义思想的盛行，并开始形成国际市场，对自然经济和封建制度产生了冲击。工场手工业，作为资本主义生产的一种形式，其特征在于资本雇佣劳动者。这一时期，资本主义性质的生产关系开始出现，雇佣劳动成为基本特征。工场手工业的兴起标志着从封建社会向现代工业社会的转变，这一过程中，资本主义生产关系逐渐成熟。劳动力转化为商品和生产资料转化为资本，标志着简单商品生产向资本主义生产的过渡。

（二）机械化革命与产业资本主义崛起

自 18 世纪 60 年代起，以蒸汽的发明为特征的第一次工业革命标志着生产方式的根本性变革，机器体系的广泛应用使得生产方式从手工业向机械化生产转变，生产的机械化应用标志着资本主义生产方式开始占据支配地位，与之相适应，占主导地位的资本形态从商业资本向产业资本演化。机器的运用提高了生产效率，为资本家创造了更多的相对剩余价值，这是资本主义得以快速发展的重要动力之一。蒸汽机、纺织机等机械设备的广泛应用使得生产规模大幅度扩大，劳动生产率大幅提升，资本主义迎来了一个新的阶段。机械化革命催生了产业资本主义，大规模工厂的建立使得生产过程更加集中化和规模化。资本家通过掌握生产资料和组织生产过程来获取剩余价值，形成了典型的产业资本主义的生产关系。在这一阶段，资本主要被投入到工业、农业、建筑业、采矿业等物质生产部门，以及交通运输业和某些特定服务业，工业总产值在发达资本主义国家超过了农业总产值，标志着产业资本主义的成熟。机械化革命和产业资本主义的崛起带来了社会结构和阶级关系的变化，工业资产阶级和工业无产阶级成为社

（三）电气化革命与金融资本主义的替代

电气化革命发生在 19 世纪末至 20 世纪初，标志着人类从蒸汽时代进入电气时代。电报、电话、无线电等通信技术的普及加速了信息的传递，使得信息在时间和空间上的传播变得更加迅速和广泛。流水线生产、电力技术等的应用使得生产方式更为集中化和规模化。大公司逐渐垄断市场，形成了垄断资本主义的特征。电气化革命在一定程度上加快了金融资本对产业资本的替代。信息的快速传递为金融市场提供了更加即时的信息，金融资本通过投机、套利等手段逐渐取代了传统产业资本在资本主义体系中的主导地位。

（四）数字化革命与数字资本主义的登场

自 20 世纪计算机和互联网的出现以来，人类社会进入了数字时代，数字化革命带来的大数据、5G、人工智能、量子通信等技术的快速发展，深刻地改变了资本主义的生产方式，成为资本主义自我调整的重要手段。这一系列技术手段的引入，为资本主义的新发展阶段——数字资本主义的兴起创造了条件。

第一，数字化革命的基础是计算机和互联网的兴起，其中二进制编码是信息传输和存储的基础。通过使用"0"和"1"两种状态，人类实现了信息的离散化表示，大大提高了信息的存储密度和传输效率。计算机的不断发展提高了信息的处理速度和规模。从最早的巨型计算机到今天的个人电脑和移动设备，计算机技术的进步为人们提供了更为强大的数据处理和计算能力，推动了数字化社会的崛起。

第二，大数据是指规模巨大、种类繁多的数据集合，其特征包括高速、多样、大容量、价值密度低。大数据的出现使得人类能够从庞大的信息中提取有用的知识，推动了数据驱动的决策和生产方式的演变。大数据技术作为信息采集与挖掘的新手段，使资本主义能够更加精准地了解市场需求、消费者行为，从而调整生产、营销策略，提高生产效率和市场竞争力。

第三，5G 技术作为第五代移动通信技术，具有超高速率、低时延、大连接等特点，为数字经济的发展提供了更为强大的通信基础。这种技术的飞速发展使得信息在全球范围内能够实现更加迅速的传递和交流。5G 技术的广泛应用推动了全球数字资本主义的深度融合。跨国公司通过 5G 技术能够更加便捷地进行全球性的信息交流、资源调配和市场开拓，加速了全球产业链的形成和运转。

第四，人工智能作为数字化革命的重要组成部分，经历了从弱人工智能到强人工智能的演变。机器学习、深度学习等技术的应用使得计算机能够模拟人类的智能，实现对复杂任务的自动化处理。人工智能在资本主义生产中的融合表现在智能制造、智能服务等方面。自动驾驶、智能工厂、智能客服等应用推动了生产效率的提升，同时也引发了对劳动力的重新配置和社会就业结构的变化。

第五，量子通信是信息传输的新境界，利用量子力学的原理，实现了信息传输的高度安全性和超越经典通信的速度。量子比特的超导和纠缠等特性为信息的传输提供了新的可能性。量子通信的安全性对金融资本的信息交流具有重要意义。在金融交易中，量子通信的应用能够有效防范信息泄露和黑客攻击，维护金融体系的稳定运行。

第二章　数字资本主义的核心范畴

数字资本主义以数据和算法为核心生产要素，通过数字技术对生产方式、生活方式和社会结构进行重新组织和再塑，成为资本主义自我调整的产物。在数字资本主义阶段，数字技术不仅是生产力的推动者，更是生产关系的再塑造者。数字技术的发展使得社会生产关系更加复杂、灵活，催生了数字资本主义的新特征。生产方式的数字重构、劳动过程的再塑、算法控制的兴起、数据资本的生成、数据垄断的强化，这些都构成了当代资本主义的数字化篇章。

第一节　数据要素与数字生产方式

进入 21 世纪以来，以大数据、云计算、物联网、区块链、人工智能为特征的新一轮数字化革命加速演进，数字技术与实体经济深度融合，生产组织形式与劳动组织形式向数字化、网络化、智能化演变，形成了具有高创新、强渗透、广覆盖特点的新型经济形态——数字经济，大量数据涌现并成为一种新的生产要素。数据作为一种新型生产要素，正在推动生产方式的变革，从传统的以物质资料和雇佣关系为核心的生产方式，向以数据资本和数字劳动为核心的数字生产方式转变。[1]

---

[1] 闫坤如、李翌：《西方数字资本主义的增殖逻辑及其批判》，载于《华中科技大学学报（社会科学版）》2023 年第 5 期。

一、数据成为新的生产要素

资本主义体系在其发展过程中有着极强的适应性和转化能力，能够塑造、改造并利用各种要素以适应其生产方式的需要。从古典经济学的"土地、劳动、资本"三要素论到"土地、劳动、资本、知识、技术、管理和数据"七要素论，生产要素理论经历了多层次、多维度的拓展，反映了生产关系和社会结构的不断演变。

（一）数据的历史存在

数据的存在几乎贯穿人类历史的始终，从最早的文字记录、商业账簿，到更为复杂的地理、历法等记录形式，数据一直在社会生活中发挥着重要作用。然而，在早期社会，由于技术限制，人们难以对数据进行长时期的记录和高效的加工处理，数据的使用受到了很大的制约。在资本主义社会之前，数据并非一个陌生的概念。古代社会也有各种形式的数据记录和信息传递，例如古埃及的纸张记载、古罗马的石刻碑铭，甚至更早的图画、刻痕等。通过文字、图像等方式记录了丰富的信息，包括农业生产、商业交易、人口统计等，这些记录形式是人类在生产和社会生活中所积累的信息的体现，为社会的组织和发展提供了基础。随着生产方式的演变，数据逐渐成为生产力的一部分。在封建社会和早期资本主义社会，数据的记录和利用开始呈现出新的特点。封建社会中，土地所有权、人口普查、税收等方面的数据记录成为封建领主统治的工具。这些数据用于维持封建统治秩序，服务于封建经济的需要。随着商品经济的发展，商业活动中的数据记录变得更为重要。商人通过账簿、交易记录等手段进行信息管理，这些数据成为商业决策和市场竞争的基础。

数字技术的发展为数据的生产要素化提供了关键的技术基础。从二进制系统的发明到电子计算机的诞生，再到今天的云计算、大数据分析，数字技术的崛起极大地拓展了数据的处理能力。数字化的特性使得数据能够以更为精确、高效的方式被记录、存储和传递。资本主义的崛起标志着生产关系的彻底变革，私有制、商品经济和雇佣劳动成为资本主义制度的基石。在这一变革中，数据的角色也发生了深刻的演变。资本主义私有制的确立使得生产资料变为私人所有，这包括了信息和数据的所有权。数据不再是共享的公共资源，而是成为特定个体或组织的私有资产。资本主义社会中，商品经济的充分发展使得数据变成了一种商品，能够作为交换的媒介。数据的交换不仅仅是为了满足使用需求，更涉及信息的买卖和利润的获取。资本主义在私有制的基础上，通过对生产关系的控制和优化，使得数据逐渐演变为一种牟利工具。在这一过程中，数据不再仅仅是记录和传递信息的手段，而是被纳入资本主义的剩余价值生产体系中。

（二）数据生产要素

与传统的生产要素不同，数据生产要素并非客观存在的自然物。数据的产生伴随着主体活动过程，是在人类社会实践中产生的结果。这使得数据具有特殊性，不同于土地、劳动、资本等传统生产要素。

首先，数据生产要素具有非物质性和虚拟性。它并不是像土地一样有形的物体，也不是像劳动一样通过身体的运动实现的。在传统的生产要素中，实物资源如土地、劳动力等存在着有限性和不可替代性。然而，数据要素不是直接可见的实物，而是一种虚拟的、数字化的存在，其特点在于它不占有物理空间，交换不受时空限制，能够在全球范围内进行实时的交流和共享。这一特性使得数据的流通更为迅速、灵活，打破了地理距离和时间限制，形成了一种全新的生产和交换方式。信息技术的发展使得资本主义生产的空间和时间得以重新塑造，网络空间成为数据存在和流通的媒介。

其次，数据生产要素具有可复制性和共享性。数据具有可复制性，一份数据可以被多次使用而不损耗，使其在生产和交换中更加灵活。这种特性使得数据能够被广泛共享和流通，促进了信息的传递和创新的快速发展。在传统的生产要素中，资源的使用通常是排他性的，一个实体的使用往往排挤了其他实体的使用。而数据的特点在于可以以低成本进行复制和传输，可以在不同实体之间进行多元共享。这种特性使得数据不再受限于特定实体的垄断，而可以通过共享形成协同效应，推动创新和价值创造。在数字化时代，多元共享性为形成开放、协同的生产关系提供了可能性，加速了信息的流通和交流。

再次，数据生产要素具有非竞争性和收益递增性。生产要素的非竞争性是指同一份生产要素可以被多次使用而不会减少其可用性。对于数据而言，一份数据在被分析和利用的过程中，并不会减少其在其他分析中的可用性。相比于有限的自然资源，数据的非竞争性使得它具备了更大的可再生性，可以不断地被重组、整合形成新的数据集，被多次使用而不损失其价值。数据要素的收益递增性是指数据的价值不会随着使用而减少，相反，通过不断地处理、分析和挖掘，数据可以不断得到新的价值。数据的不断更新和优化，使得其具有更强的灵活性和可塑性，同时也为资本主义经济提供了不断创造附加值的可能性。

最后，数据生产要素具有跨界融合性和智能即时性。数据在数字经济中不受传统产业界限的束缚，具有穿越不同领域的能力。数据可以从一个领域转移到另一个领域，进行跨界融合，形成新的创新和价值。这种融合性使得传统产业之间的边界变得模糊，促成了数字化、智能化产业的崛起。数据的跨界融合性使得不同产业间的信息能够相互渗透、互相借鉴，从而推动全球产业结构的重塑。智能即时性是指数据要素具备智能化和即时性的特征。数据要素中蕴含着丰富的信息，通过先进的技术手段，可以进行深度学习、模式识别等智能化处理，从而提取出有用的知识和洞见。与此同时，数据的传输和处理速度也在不断提升，使得数据的获取和利用变得更加即时化。这种智能即时性使得企业、机构等能够更加敏锐地洞察市场、调整生产、满足需求。数据的智能即时性是数字经济中迅猛发展的人工智能、物联网等技术的基础。

（三）数据的集聚效应

在数字经济时代，劳动者的日常活动、在线行为、消费习惯等都会通过数字平台留下独特的数据痕迹。个体数据可能是零散的、局部的，其独立的价值受限。例如，一个人在购物网站上的搜索记录本身可能不具备很高的价值，因为它仅仅反映了该用户的个人兴趣或偏好。然而，这些零散的个体数据痕迹一旦在社会范围内传播、共享，其价值就会逐步凸显。

首先，数据的社会化是个体数据痕迹形成价值的一个关键环节。在数字化时代，社交媒体、电商平台等成为了个体数据痕迹的集散地，而这些平台本身就是数据的社会化产物。用户在这些平台上的活动不仅仅是个体行为，更是社会化的数字互动。通过社交媒体，个体的数据痕迹可以迅速传播到整个网络社群中，形成数据的社会传播网络。数据的社会传播网络不仅扩大了数据的影响范围，也创造了新的数据交流方式。个体数据在社交媒体上的分享和互动，促成了数据的集体生产过程。例如，用户在社交平台上的点赞、评论等行为形成了对数据的二次加工，为数据赋予了更多的社会化属性。这种社会化不仅在数据的生成过程中发挥了重要作用，也在数据的使用和消费中成为重要的价值来源。

其次，个体数据痕迹在社会化传播过程中的运动过程决定了数据整体满足人们需求的可能性。数据并非静止的，而是在社会网络中不断流动、交互的。我们可以将数据的流动过程理解为一种特殊形式的资本运动：个体数据在社交网络中的传播和流通，就像是资本在生产和交换中的循环过程。在这一过程中，数据经历了不同阶段的加工、再生产，形成了新的数据产品，从而创造更多的价值。这种数据的循环运动强调了数据的动态性和多样性，是数据整体满足人们需求的基础。

最后，数据的整体满足人们需求的可能性与数据价值的实现密切相关。数据价值的实现并非仅仅停留在数据本身，更体现在数据的应用和创新上。在数字经济时代，数据驱动的创新成为推动经济增长的重要动力。通过对大数据的挖掘和分析，人们能够发现新的市场机会、优化生产过程、提高效率等，从而创造出更多的社会经济价值。数据整体满足人们需求的可能性取决于对数据的充分利用和创新。例如，通过对用户行为数据的分析，平台企业能够更好地满足用户的个性化需求，提供更精准的推荐服务。这种数据的应用不仅满足了用户的需求，也为企业创造了更多的商业价值。因此，数据的整体满足人们需求的可能性需要在数据价值的实现上找到平衡，促进数据的良性循环。

在马克思主义政治经济学的框架下，我们可以将这一过程理解为劳动产品的社会化。单个劳动者的个体数据痕迹如同分散的零部件，当它们在数字平台上相互联系、共享时，就形成了一种社会化的劳动产品。这种社会化使得数据得以更广泛地满足人们需求，具有了更强的生产潜力。例如，社交媒体上个体用户的行为数据，当被聚合和分析后，有助于平台企业更精准地了解用户需求、优化服务、提高用户黏性，实现个性化的产品研发、服务创新和广告定向，最终实现价值增殖。在数字经济时代，数据的价值不仅仅体现在它本身的内容，更体现在对数据的处理和分析上。因此，个体数据的社会化并不仅仅是数据的简单堆积，更涉及对大数据的挖掘和分析。这需要先进的数据分析算法、人工智能等技术的支持，同时也需要劳动者在这一过程中的参与和贡献。这种参与既包括劳动者个体的数据痕迹，也包括他们对数据的理解和处理能力，是对数字劳动关系的一种创造性的贡献。在这个价值创造机制下，劳动者不仅仅是数据的生成者，更是数据的创造者。通过对数据的处理和分析，劳动者参与了数据的再生产过程，赋予了数据新的含义和价值。

（四）数据要素的生产过程

在数字资本主义阶段，数据作为最基本的劳动对象参与到生产过程中，数字机器通过数据的处理和算法的匹配成为最具时代性的劳动资料。这一阶段的特征在于数据不再仅仅是信息的提供者，更是生产关系中的动力源。数字资本主义的兴起，使得生产关系发生了根本性的变革，数字化的生产方式成为主导。

数字资本主义时代的数据生产过程表现为数字劳动的集体化和社会化。数字资本主义的生产方式以数字劳动为核心，数字系统中积累的数据痕迹是个体劳动的产物。这些数据痕迹通过网络、社交媒体、电子商务等平台由不同个体生成，并在数字化的生产关系下得以集体化。这一集体化过程使得海量数据产生，成为数字生产的主要产出物。数字化时代中的数据生产正是体现了社会化生产的特征。数据的产生和积累不再是个体孤立的劳动，而是通过数字平台的互联互通，形成了一种集体的生产关系。数字平台上的用户行为、交互、反馈等数据痕迹汇聚成海量的数字劳动，这种社会化的数字生产方式成为数字资本主义经济体系中的一种显著特征。

在这一阶段，数据不再仅仅是一种被动的信息片段，更成为生产过程中的主体。大数据的涌现使得海量数据可以被用于训练机器学习算法，实现对现实世界的复杂情境的理解和应对。这种数据在数字机器的处理下，通过数据标注、机器深度学习和算法匹配等合力作用，被转化为能够指导实际交易决策的有效工具。数据产品的生产过程中，数据标注是至关重要的一环。数据标注是为了让机器学习算法能够识别和理解不同数据的含义，从而进行有针对性的分析和预测。这个过程本质上是一种劳动活动，涉及对数据的解释、分类和注释，需要劳动者运用自身的认知和判断能力，将抽象的数据转化为机器可理解的信息。因此，数据标注成为了数字资本主义中的一种新型劳动形式，劳动者不再仅仅是传统产业中的工人，更成为了信息时代的数据工人。

此外，在机器深度学习的过程中，数字机器对大量数据进行学习，不断提升自身的认知和分析能力。机器深度学习的核心是通过神经网络模拟人类的学习过程，使得机器能够从经验中不断积累知识，逐步提高对复杂任务的处理水平。这个过程涉及数据的提取、模式的识别和知识的积累，数字机器在其中扮演了主导角色，成为劳动资料的中心。在这个过程中，算法匹配也是至关重要的一环。算法是数字机器执行任务的具体步骤和规则，而匹配则是指根据一定的逻辑和目标，将数据与任务相匹配，得出相应的结论。算法匹配需要精准的逻辑推理和数据处理能力，劳动者通过设计和优化算法，使得机器能够更好地完成特定的任务。

（五）数据要素的流通过程

数据要素的流通过程在数字资本主义中呈现出高度复杂的特征。数据的流通不仅仅是信息的传递，更是价值的流转。数字平台通过汇聚、分析、交换数据，形成了一个庞大的数字生态系统。在这个系统中，数据的流通成为各种经济主体之间互动的基础，企业通过获取和利用这些流通的数据，实现价值的创造和传递。这种数字化的数据流通和交换过程反映了资本主义经济体系中商品的流通和交换的一般规律。在数字资本主义时代，数据作为一种虚拟的商品，其流通和交换也受到市场规律的支配。数字企业通过购买、交换、共享数据，实现对信息和知识的获取，进而指导其决策和行为。这种数字数据的交换和流通不仅促进了经济的发展，也为企业在市场竞争中获取优势提供了可能。

通过数字化的数据分析，企业能够更精准地洞察市场需求，更有效地满足消费者的期望，从而提高产品的市场竞争力。数字化的市场营销不再是盲目的推销，而是建立在大数据分析基础上的精准定位和个性化服务。数据不再仅仅是生产的手段，更成为资本主义经济体系中的一种新型资本。数字资本主义的特征在于通过对数据的搜集、分析和利用，实现对信息和知识的垄断积累。数字资本主义时代，企业通过掌握大量的用户数据，建立了自身的数据库，这将成为企业在市场中取得优势的关键。

二、数字生产方式的进阶

数据作为一种新型生产要素，正在推动生产方式的变革，从传统的以物质资料和雇佣关系为核心的生产方式，向以数据资本和数字劳动为核心的生产方式转变，具体见表2-1。数字生产方式突破了传统生产方式对物质资料和雇佣关系的依赖，使得生产的本质更加抽象和虚拟，呈现出更为灵活、去中心化的特征。数字生产方式推动了资本主义的演进，数字劳动和数字剥削成为了社会结构的重要组成部分。数字生产方式导致数字劳动生产社会化与数字生产资料资本主义私人占用之间的矛盾愈加突出。

表 2-1　　　　　　　传统生产方式与数字生产方式的比较

对比维度	传统生产方式	数字生产方式
生产资料核心	物质实体（土地、劳动力、机器设备、工厂）	数字化要素（数据、算法、软件）
生产过程依赖	物质实体的组织和协调	数字化要素的组织和协调

续表

对比维度	传统生产方式	数字生产方式
劳动关系	雇佣关系，劳动者出售劳动力，资本家获取剩余价值	数据资本和数字劳动，劳动者创造数据价值，资本家积累数据财富
劳动成果形态	有形产品，通过体力和脑力劳动创造	虚拟资产，通过数据采集、处理和分析创造价值
生产与消费边界	明确，生产和消费分离	模糊，生产和消费融合，用户参与创造
生产场所	工厂为中心，受地理位置限制	不受地理位置限制，网络化生产
生产网络	集中、有组织，以工厂为单位	分散、灵活，基于数字平台，形成全球生产网络
生产资料可复制性	较难复制，传播和共享受物理限制	易于复制、传播和共享
劳动过程特征	直接的体力和脑力劳动，受限于工厂模式	数字化劳动，包括编码、算法设计等，劳动过程社会化
生产关系	资本主义生产关系的象征，以物质资料和雇佣关系为核心	数字资本主义生产关系，以数据资本和数字劳动为核心
劳动者地位	工资劳动者，在工厂体系中有明确地位	数字劳动者，地位相对弱势，劳动成果被转化为数据资本
社会不平等影响	劳动与资本对立，主要体现在物质生产资料的所有权上	数据掌握成为财富积累手段，加剧社会财富分配不平等

（一）传统生产方式

传统生产方式的基本特征是以物质资料和雇佣关系为核心。在这种生产方式下，生产资料主要包括土地、劳动力、机器设备、工厂等物质实体，生产过程依赖于对这些实体的组织和协调。雇佣关系是资本家和雇佣劳动者之间的基本劳动关系，劳动者通过出售自己的劳动力获得工资，而资本家则通过占有并控制生产资料实现剩余价值的获取。传统的工业社会中，工厂是生产的中心，劳动者在工厂内进行有组织的生产，通过直接的体力和脑力劳动创造有形的产品，而工厂本身也成为资本主义生产关系的象征。

在传统资本主义社会，剩余价值的生产过程是资本家和雇佣工人之间相互作用的核心。资本家通过雇佣工人来进行生产，雇佣劳动是资本主义生产方式的基本形式之一。资本家购买劳动力的价值，这是工人所必需的生活成本，即工资。通过雇佣劳动，资本家将劳动力引入生产过程，使生产过程变为商品生产和交换的基础。在生产过程中，资本家不仅购买了劳动力，还购买了生产资料，如原材料、机器设备等。这些生产资料和劳动力在生产中都会转移其价值给最终产品。劳动力的价值转移到最终产品中，形成了使用价值，而生产资料的价值也以这种方式转移到最终产品中。

资本家购买的劳动力在生产过程中创造的价值不仅包括用于维持工人生活的价值，还包括超过这个价值的一部分，即剩余价值。剩余价值是由工人在工作中创造的，但资本家却将其占有。资本家的目标是在劳动力的价值支付后，剩余价值最大化，从而实现价值的增殖。整个过程涉及价值形成过程向价值增殖过程的转变。价值形成过程是指生产过程中各要素（生产资料、劳动力）的价值形成。然而，真正关键的是在生产过程结束后，通过将最终产品卖出，实现剩余价值的价值增殖。这个增殖过程是通过商品的交换和市场竞争来实现的，资本家通过卖出产品获取货币，从而实现对剩余价值的占有。资本家通过雇佣工人，强迫工人进行剩余劳动，是整个过程的核心。工人在工作中不仅仅创造了足以支付自己工资的价值，还创造了超过这个数值的剩余价值。资本家通过占有这部分剩余价值来实现自身的利润。

（二）数字生产方式

数字生产方式的核心在于数据资本和数字劳动。首先，在数字生产方式下，生产资料主要表现为数据、算法、软件等无形的数字化要素。数字化的特性使得这些生产资料能够更容易被复制、传播和共享。在数字资本主义中，数据作为虚拟的资产在经济中发挥着重要作用。数字企业通过对这些虚拟数据的利用，实现了无形资产的增值。这种虚拟数据的剥削构成了数字资本主义实现价值增殖的重要内容。数字企业通过掌握和利用个体产生的大量数据，实现了对信息的垄断和资本的积累。个体劳动者在数字化时代中产生的数据痕迹虽然在个体层面上未必直接具有价值，但随着这些数据的积累和整合，形成了巨大的虚拟数据资本，为数字资本主义的发展提供了新的动力。

其次，数字劳动成为数字生产方式中的核心要素，通过对数据的采集、处理和分析，劳动者创造出新的价值，这种价值创造方式与传统生产方式下劳动者出售劳动力的方式存在根本差异。数字生产方式以数字劳动为核心，标志着生产关系和生产力的新阶段。在传统的工业社会中，劳动主要是以物质生产为基础的，而在数字资本主义中，劳动的核心转移到了数字领域。数字劳动不仅包括在信息技术、互联网等领域从事编码、算法设计等高度数字化的工作，还包括个体在数字平台上的各种行为，如搜索、点击、评论等。这些数字化的劳动成果，以数据的形式存在，成为了新的生产资料。

再次，数字生产方式模糊了生产与消费之间的边界。数字技术的崛起使得生产和消费之间的关系更加紧密，数字产品和服务的生产往往直接与用户的个体消费和参与相联系。例如，用户在社交媒体上产生的内容，既是一种参与和创造，同时也是数字生产的一部分，这种数字化的生产和消费过程使得二者之间的界限变得模糊不清。数字化时代中，数字生产方式的兴起导致了生产与消费之间的深度融合，数字产品和服务的生成和使用不再是线性的、单向的关系，而是形成了一个动态的、互动的过程。

最后，数字化技术使得生产不再受制于特定的地理位置，劳动过程不再受限于传统的工厂模式，数字资本主义中的生产关系更加分散、灵活，劳动过程从工厂转移到整个社会，这一转变反映了数字生产方式的本质特征。数字化技术使得信息可以在瞬息之间传播，生产者和消费者之间的联系不再依赖于传统的中介机构。数字平台的兴起使得生产者和消费者可以在虚拟空间中直接进行交流和互动，形成了更加分散的生产网络。在这个网络中，劳动不再受制于特定的工厂或生产场所，而是在整个社会中展开。数字化技术的广泛应用使得人们可以在全球范围内进行合作和交流，劳动关系变得更加复杂而分散。

在促进社会生产力极大发展的同时，数字生产方式也产生了社会不平等问题。首先，数字生产方式使得数据的掌握成为数字资本家获取巨额财富的手段。通过对用户行为、喜好等数据的分析，数字资本家能够更精准地定位市场需求，制定个性化的营销策略，实现对市场的垄断和控制。这使得数字资本家在数字资本主义社会中拥有更大的财富积累和社会影响力，而数字劳动者在数据生产中所得到的报酬相对较少，导致社会财富分配的不平等。其次，数字资本主义社会中数字生产资料的私有占用也进一步加剧了社会中的劳动与资本之间的对立。尽管数字生产方式形成了数字社会化的一面，但在数字资本主义的框架下，这种社会化并不意味着数字劳动者对数字生产资料的民主掌控。相反，这些数字资本主义私人占有，数字劳动者在这一过程中处于相对弱势的地位。数字劳动者所创造的社会化数据被转化为数字资本家的私有财富，而数字劳动者本身却难以分享相应的社会财富。在这一过程中，数字劳动者成为数字资本主义生产关系中的无产阶级，他们在数字生产中的社会性劳动成果被数字资本家无偿占有，而数字资本家通过私有占用这些数据资本获取了财富。这一过程不仅违背了数字生产方式中社会化的初衷，也导致数字社会中的阶级矛盾进一步加深，社会不平等的问题更为显著。

第二节　数据商品与数据资本

从数据的初级形态作为"数据要素"开始，到通过特定的社会关系转化为具有使用价值和价值的"数据商品"，最终发展为兼具生产力和生产关系特征的"数据资本"，这一过程演绎着技术逻辑和资本逻辑的相互渗透，反映出在数字化时代中资本主义生产关系对于数据的新型统治。

一、数据商品

（一）数据商品的二因素

商品是资本主义社会经济生活的基本单位。马克思认为，商品是用于交换并且依靠自身属性来满足人的某种需要的劳动产品,[①] 不仅是有使用价值的物品,更是具有交换价值的商品。数据商品则是以数据为主要生产要素,凝结着一定量的数字劳动,能够满足人们一定需求并用来交换的数据产品。[②] 在这一定义中,数字劳动是数据商品的基础,而满足需求和交换则是其作为商品的两个基本特征。数据作为商品的特殊性在于,它不同于传统的物质产品,而是信息的抽象表达,通过互联网平台的提取、储存,以及数据工程师的收集、加工和分析,才得以转化成具有交换价值的形式。数据作为商品需要具备使用价值和价值,并最终是为了交换的劳动产品。这一过程不仅涉及技术层面的数据收集和加工,更深层次地揭示了资本主义生产关系中对信息和知识的占有与支配。

首先,数据作为商品,必须具有使用价值。使用价值是商品能够满足人类某种需要的属性,数据商品表现为凭借自身数字化属性来满足用户特定需要的劳动产品。这些需要可能包括商业广告中的目标市场分析、科学研究中的实证数据支持、社交媒体平台中的用户个性化推荐等。因此,数据的使用价值体现在其能够满足特定需求、为人类活动提供支持的能力上。

其次,数据作为商品,必须具有价值。在马克思主义政治经济学的理论中,价值是由劳动赋予商品的,是商品所包含的社会必要劳动时间的量度。数字劳动者产生的海量而零散的数据并非都能自发地具有价值,数据信息作为劳动对象,在具有使用价值的前提下,还必须经过互联网平台的提取和储存,以及数据工程师的收集加工和分析之后,有抽象一般人类劳动赋予其上。这一过程体现了生产者与数据之间的社会关系,也反映了数据作为商品所包含的社会劳动的数量和质量。数据商品的价值形成既包括了原材料、机器设备等传统生产资料的旧价值,也包括了在生产过程中数

---

① 参见《资本论》第 1 卷,人民出版社 2004 年版,第 47 页。
② 白永秀、宋丽婷:《数据商品及其二因素、劳动二重性的政治经济学分析》,载于《经济纵横》2022 年第 2 期。

字劳工所创造的剩余价值。[①]

最后，数据作为商品，必须是为了交换的劳动产品。马克思主义政治经济学认为，商品的交换是劳动产品之间的交换，是生产者之间的社会关系。各种用户生成的内容只是海量的、杂乱的和零散的数据，虽然具有使用价值，但并不是所有数据都是为了交换。只有为了满足别人的需要、为了交换的劳动产品，才是商品。在数据领域，这可以体现为各种数据资源通过交易、共享、出售等方式进行流通，进而成为资本主义市场中的一种交换媒介。

数据的商品化不仅仅是一种技术进步，更是资本主义生产关系深化的产物，体现了信息化时代对于劳动、价值和交换关系的重新定义。从劳动价值论的角度看，数据的生产与加工涉及数据工程师等劳动者的活动。这些劳动者通过在互联网平台上提取、储存和分析数据，为数据赋予了一定的价值。这里的价值并非物质产品的直接体现，而是通过对信息的抽象劳动而实现的。数据工程师的劳动，就像其他生产者的劳动一样创造了价值。数据的商品形态是这些劳动在社会中交换的结果，是社会分工和协作的产物。

(二) 数据商品的形成

在传统资本主义中，生产要素主要包括劳动力、土地和资本。数字社会中，大量的数据涌现为一种新的生产要素。这些数据来源于人们的日常活动、社会交往、经济交易等，形成了数据要素的基础。在数据资本的演化中，数据最初是一种潜在的、原始的、未经加工的"数据要素"，类似于土地、矿产等生产要素。这里的数据要素指的是未经加工、未被充分利用的数据，尚未被纳入资本主义交换关系之中。在数字资本主义时代，商品化的逻辑向人与自然领域扩展。人的行为在互联网空间中产生的痕迹成

[①]　有学者分析了数据商品的价值构成：一是生产数据产品过程中劳动资料转入的价值；二是数据这种劳动对象转入的价值；三是生产数据产品过程中劳动力创造的新价值。参见闫境华、朱巧玲、石先梅：《资本一般性与数字资本特殊性的政治经济学分析》，载于《江汉论坛》2021年第7期。

为了可交换的商品。个人特征如年龄、性别、地点、婚姻状况、兴趣、话语、社区和交流等被转化为数据，并成为广告商竞相争夺的"原材料"。社交媒体、搜索引擎等数字平台通过收集、分析用户行为数据，将用户的注意力、喜好、习惯等转化为数据商品。这种过程中，人的个体特征被抽象化、标准化，从而成为了可交换的价值。资本主义的生产关系要求不断寻找新的途径来获取利润，数据的广泛采集和利用成为了一种新的资本生产途径。数据的商品化反映了资本主义对于信息和知识的占有与支配。数据作为一种新的生产力，其交换和流通同样会带动新的剩余价值的产生，从而维系着资本主义的生产关系。

数据要素是如何成为数据商品的呢？在技术逻辑与资本逻辑的交织演绎下，数据从原始堆积状态开始，经历挖掘、分析、加工等处理环节后，转化为凝结着一定量的数字劳动、能够满足人们一定需求并能参与市场交换的"数据商品"，使用价值和价值的统一是数据商品作为商品的重要特征。数据要素具有特殊的使用价值，即通过对用户行为偏好等数据的收集分析和标准化处理，为企业提供洞察市场、精准定位用户、优化运营等方面的信息，这种使用价值使得数据要素成为一种特殊的商品从而能够在市场上流通和交易。

数据商品生产的关键并不在于使用价值，而在于交换价值。数据本身并不直接创造价值，只有当借助数字平台的加工与流转，在市场上明码标价进行交易时，才能具有价值和交换价值。因此，数据带来利润的前提是流转而非提取储存，有学者将平台这一盈利模式称为"数据—流量"模式。[①] 数据商品的交换不仅涉及数字产品的买卖，更涉及对数据的所有权和控制权。在数据资本主导的网络环境中，用户个人数据是一种生产资料，而平台企业通过对数字平台和网络的垄断和数字专利等资源的排他性占有，将这些生产资料集聚在自身平台上，从而更好地控制数据的使用、流通和变现。

数据商品实现交换价值具有三种主要途径：首先，生产领域中与技

---

① 参见蓝江：《数据—流量、平台与数字生态——当代平台资本主义的政治经济学批判》，载于《国外理论动态》2022 年第 1 期。

术、资金等其他生产要素协同作用，共同创造新的价值。其次，流通领域中通过大数据分析和算法模型对市场潜在消费需求进行精准分析，从而将广告和产品信息推送给特定的受众群体，提高广告的点击率和转化率。最后，消费领域中通过互联网平台推出付费服务直接满足消费者的需求。例如，通过购买某应用的高级服务、订阅特定平台的会员服务等形式，消费者直接支付以获取更多、更高质量的数据服务。这三种途径不是孤立存在的，而是相互联系的。数据商品进入生产领域创造新价值后，通过流通和消费的途径实现其价值的实现和增殖。然而，这三种途径之间也存在一定的矛盾。生产领域创造的新价值是否能够顺利流通、被消费，以及消费领域的需求是否能够精准地反馈到生产领域，都是数字资本主义发展的动力和矛盾所在。

（三）　数据商品的特殊性

数据商品的特殊性反映了生产关系的新变革，信息技术的发展不仅改变了生产要素的组织和配置，也重塑了商品的本质和价值。数据作为一种特殊的商品，在使用价值和价值方面都与传统的物质性商品有着本质区别。

首先，从使用价值的角度看，数据商品的独特之处在于其具有生产性服务的特征。与传统商品不同，数据商品的使用价值在于服务性质，它们通过提供各种数据相关的功能、服务、洞察，以满足企业、个人等主体在生产和决策过程中的需求。例如，数据分析工具、用户画像服务、智能推荐系统等都是数据商品的实际表现。这些商品的使用价值是直接与数据的分析和应用相关的，为用户提供了更高效、智能的生产工具和服务。然而，与一般信息产品不同，数据商品的使用价值生产和消费具有产消同一性。这意味着在数据商品的使用过程中，商品流通过程自然融为一体，消费过程在很大程度上与价值的生产过程交织在一起。数据商品的使用不仅满足了用户的实际需求，同时也促成了新的数据生成、采集，形成了一个循环的过程。在这个过程中，数据商品的使用不断地促使新的数据产生，进而又成为新一轮数据商品的生产要素，形成了产消同一的现象。

其次，从价值的角度看，数据商品的价值生产过程和价值实现过程融为一体。传统的商品价值生产过程包括劳动过程和剩余价值的实现过程，而在数据商品的情境下，这两个过程的界限变得模糊。数据商品的生产不仅包括数据的收集、整理、加工等劳动过程，还包括数据的应用、分析等阶段。这样的价值生产过程与数据的应用和实现过程相互交织，形成了一个紧密连接的关系。在平台经济中，数字平台充当了数据流通的中介，通过提供数据交换的场所和服务，使数据产生、流通、实现的全过程在平台上得以完成。因此，数字平台实际上成为了数据商品的交易场所和中介，通过数据的中介交换而获得盈利。数字平台在这一交易过程中并没有直接参与到数据的生产过程进行实质性的价值创造，而是通过数据的流通和中介服务获得了盈利。由于平台掌握了大量用户数据，并通过数据的垄断地位牢牢地把握住整个数据流通链条，这一垄断地位使得数字平台成为数据商品的关键中介和交易平台，进而获得了数据流通和中介服务的丰厚利润。

二、数据资本

数据资本产生于技术逻辑和资本逻辑相互耦合、相互渗透的历史演进过程中，当数据开始作为核心生产要素贯通社会生产、消费、流通和分配全过程时，资本逐渐向数字领域扩张和延展，"数据资本"[①] 概念应运而生。当数据成为一种蕴含价值的生产要素时，数据必然逃脱不了被资本化的命运。数字技术的发展使得数据能够以资本的形式被占有、流通和增殖，在资本逻辑的渗透下，数据不仅仅停留在作为商品的层面，而是演化

---

① 也有学者使用"数字资本"这一概念，如蓝江：《数字资本、一般数据与数字异化——数字资本的政治经济学批判导引》，载于《华中科技大学学报》（社会科学版）2018 年第 4 期；蔡万焕：《从金融资本到数字资本：当前美国阶级结构变化的新动向》，载于《山东社会科学》2022 年第 6 期；吴媚霞、王岩：《数字资本化与资本数字化的学理考察及其启示》，载于《思想教育研究》2022 年第 9 期；等等。但是笔者认为用"数据资本"概念来概括当前资本最新形态的特征更为准确和具体，数据作为生产资料、可货币化和可交换的对象，及其与剩余价值生产和创造的紧密关系，使得"数据资本"这一概念更加贴近资本的本质。

为具有资本特征的"数据资本"①。

（一）数据资本产生的历史前提

技术在资本主义中被视为资本的工具，是提高劳动生产率、获取更多剩余价值的手段。数字技术的广泛应用使得生产更加自动化、智能化，有力地服务于资本逻辑。数字资本主义是数字技术与资本逻辑深度融合的产物。通过数字技术，资本家能够更好地掌握和运用数据，实现对生产、市场、劳动力等方面的精准控制，从而获取更多的剩余价值。随着科技的迅猛发展，数字化技术成为社会生产和交往的新平台，数据资本作为一个新的历史范畴崛起。数据资本主要以信息、数据为基础，通过对大规模数据的获取、分析和应用实现剩余价值的增殖，这一过程的历史前提正是资本主义私有制的存在和发展。

资本主义的本质是资本家通过对生产资料的所有权，剥夺工人对生产过程的控制权，并从中获取剩余价值。在数字资本主义中，这一特征得到了新的表现。首先，在数字社会中，信息和数据成为新的生产资料。企业通过收集用户的数据，分析市场信息，提高生产和服务的效率，从而实现资本增殖。其次，数字技术本身也成为了私有制的对象。大型科技公司通过专利、知识产权等手段垄断了关键的数字技术，使得它们能够在数据资本化的过程中取得巨大的竞争优势。数据演变为一种资本，其所有权和控制权越来越集中在少数大型科技公司手中，数字技术的发展使其对数据的控制变得更加精密和深入。最后，数字化的生产方式使得企业能够更加精细地掌握生产过程，通过数据的分析和利用，实现更高效的剩余价值生产。

在数字资本主义中，数据不仅是信息的载体或集合，更是一种能够实现增殖的资本形态。数据资本的形成关键在于资本家对数据的占有。通过数字技术、算法等手段，资本家能够垄断、控制大量的数据，使之成为数

---

① 有学者对"数据资本"概念进行界定：如徐翔将其定义为"以现代信息网络和各类型数据库为重要载体，基于信息和通信技术的充分数字化、生产要素化的信息和数据"；宋宪萍认为，"作为商品化的数据，若能实现增殖，则成为数据资本。"参见徐翔、赵墨非：《数据资本与经济增长路径》，载于《经济研究》2020年第10期；宋宪萍：《数据资本的利润来源及其极化效应》，载于《马克思主义研究》2022年第5期。

字资本主义的生产资料。一旦资本家占有了大量的数据，就能够通过数据分析、挖掘潜在价值，实现数据资本的扩张。这一过程不仅是数据商品价值的实现，更是数据资本逐步形成的过程。数据商品的交换价值实现是数字资本主义的起点，而资本扩张则是其发展的方向。

（二）数据资本的概念界定

数据资本本质上是基于数字技术、平台和工具所形成的特殊资本形态，以占有数据为手段，以实现价值增殖为目的，兼具促进生产力提升和重构生产关系的特征。在生产力方面，数字技术的引入打造了更智能、更高效、更高技术含量的新型生产工具，培养了熟练掌握这些生产工具、具备知识快速迭代能力的高素质劳动力，拓展了劳动对象的范围、种类和形态，形成了以数据作为新型劳动对象、与其他生产要素相结合共同创造价值的新型劳动过程；在生产关系方面，数字化平台和技术的崛起深刻改变了经济体系的运行方式，形成了以数据生产和算法控制为核心的数字化生产关系，重塑社会生产、消费、流通和分配全过程。

数字技术是指以数字为基础，利用计算机、互联网等工具，进行信息的获取、存储、处理和传递的技术体系，其核心在于将信息数字化，以二进制形式进行处理。数字技术的革命性在于它彻底改变了信息处理和传递的方式：计算机的出现使得大规模的数据处理成为可能，互联网则让信息的传递突破了时空的限制，使得全球范围内的信息能够实现即时交流。在数字技术的背景下，数据一开始是处于技术范畴中的。它是作为信息的表达形式存在，被广泛用于科学研究、工程设计、信息管理等领域。在这个阶段数据更多作为一种工具，服务于人类的技术活动。随着社会的发展，数据逐渐完成了从技术范畴到资本范畴的过渡。这一转变的关键在于数据不再仅仅是为特定目的而生成和利用，而是成为资本家用来获取剩余价值的一种重要手段。数据作为一种生产要素进入了资本的运作体系，成为资本主义生产关系中的新型组成部分。

数字技术作为革命性的力量，推动了数据从技术范畴向资本范畴的过渡。而数据资本反过来通过驱动数字技术的创新，形成了一个良性循环。

数字技术的不断发展为数据资本的生成提供了基础：更先进的计算机技术、更快速的互联网传输、更智能的算法等，使得数据能够更大规模、更高效地生成和处理，从而为数据资本的形成创造了条件。反过来，数据资本也推动了数字技术的创新：资本家为了更好地利用数据，不断投入研发数字技术，以提高数据的采集、分析、利用效率，这种需求驱动下的技术创新，使得数字技术能够更好地服务于资本的目标。

（三） 数据资本的生成

资本主义的发展是一个不断推陈出新的过程。旧有的生产方式和资本形态在时间的推移中将会被更新、蜕皮，并以技术上更加完善的形式再生。这种周期性的变革不仅仅是为了保持资本主义体系的稳定性，更是为了追求更高的效益和利润，数据资本的生成是资本形态最新一次的嬗变。在技术逻辑的渗透下，数据是如何演变成资本的呢？数据资本的形成经历了三个阶段。第一阶段是数据资源的生产过程和数据要素的提取过程。数据资源指最初的、原始的数据形态，这些数据不再是单纯的信息载体，而是潜在价值的源泉。零散的单个数字劳动者产生的数据痕迹经由算法捕捉和搜集，借助数字平台进行传播和聚合，为平台企业提供了大规模的数据要素储备库，数据的集聚效应赋予了这些大量原始数据更大的生产潜力和价值。数字平台采用各种技术手段对原始的数据资源进行清洗、标注、脱敏、脱密和标准化等操作，使之成为高效的数据要素，具有更直接、更明确的应用性。

第二阶段是数据要素转化为数据商品的过程。数据商品是指经过市场交换、买卖流通的数据形态。海量数据要素通过加工、整理和分析转化为具有交换价值的商品形式，表现为平台企业将其拥有的数据信息以各种形式推向市场，如通过数据交易、广告、个性化推荐等方式实现数据的变现。这一环节是数据资本化过程中的关键步骤，通过将数据以商品的形式在市场上进行买卖，实现了数据的货币化。数据商品的市场交换为数据的资本化提供了基础，因为只有在市场上得到价值认可、通过交换获得货币表征，数据才能真正成为资本的一部分。

第三阶段是数据商品转化为数据资本的过程，也是整个演变过程的顶峰。在这一阶段，平台企业引入算法控制（algorithmic control），将数字技术与管理实践相结合，以更加精确和细致地控制劳动过程，进而实现数据资本的积累（见图2-1）。数据资本的生成，意味着数据信息、数字劳动力等生产要素在数字平台的中介作用下进入生产过程，参与剩余价值的生产和增殖，最终服从于资本积累的铁律。从数据的初级形态"数据要素"开始，转化为具有一定使用价值和价值的"数据商品"，最终发展为具有资本特征的"数据资本"，这一过程反映了在数字化时代中资本逻辑对于数据的新型统治。

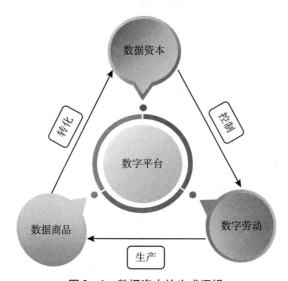

图2-1　数据资本的生成逻辑

（四）数据资本的特殊性

数据资本是一种结合了资本家意志和高效算法的新型资本。传统的不变资本主要包括生产工具、机器设备等，而数据资本则通过智能化技术、算法分析等，将资本家的意志和数据的智能结合在一起。这种结合使得数据资本更具灵活性和个性化，能够更好地适应市场需求和变化。在数据资本中，资本家的意志不再仅仅体现在经济计划和市场决策中，更融入了高效算法的运算过程。通过数据分析、机器学习等技术，数据资本能够更加智能地响应市场变化，实现资本家意志的高效表达和执行。这种有机结合使得数据资本不仅仅是传统资本的延伸，更是对资本关系的重新定义。对比传统资本，数据资本在积累速度、能力强化等方面呈现出显著的特点。这种变革主要体现在劳动者数量、劳动时间与强度、价值增殖量以及资本价值增殖速度等方面，彰显了数字化时代资本主义生产关系的新特征。

首先，劳动者数量的庞大是数据资本积累的一项关键特点。在传统资本积累中，雇佣劳动者的数量相对较少，而在数字化时代，用户生成内容的产生者成为了庞大的后备军。这主要表现在用户对互联网平台的使用中，通过产生各类数据，包括文字、图片、视频等形式的内容，为平台提供了巨大的劳动力资源。这一大规模的数字足迹遗留者群体，成为了用户生成内容的生产者，拓展了劳动群体的覆盖范围。马克思主义认为，劳动力的数量和规模对于资本积累具有重要影响，数据资本通过巨大的用户群体形成了庞大的劳动力储备，从而推动了资本的快速积累。

其次，劳动时间与强度的改变是数字化时代下数据资本积累速度更快的一个方面。在传统资本主义中，劳动时间通常受到工作与闲暇的明显划分，而在数字化时代，这一界限变得模糊。对于用户生成内容产生者而言，由于数字化媒体的普及，工作与生活的边界变得模糊，闲暇时间被数据资本剥夺，实际劳动时间在强制或激励机制下被大大延长。这使得用户在平台上产生数据的同时，无形中为平台提供更多的劳动时间，加速了价值的创造。对于平台雇佣的数据工程师而言，全天候、无间断的"数字监督"机制下，劳动者在工作中的任何懈怠都可能被监测到，劳动强度因此大幅度增强。[1] 这种劳动时间与强度的变化对于数据资本的快速积累起到了重要作用。

再次，价值增殖量的变化是数字化时代下数据资本积累速度更快的另一个方面。在传统资本主义中，剥夺性占有价值的范围主要限制在雇佣劳动关系领域，而在平台经济中，数据资本剥夺性占有价值的范围拓展到了

---

[1] 宋冬林、田广辉：《平台经济中数据垄断的根源、途径与治理策略》，载于《苏州大学学报（哲学社会科学版）》2023 年第 1 期。

非雇佣劳动关系领域。用户生成内容产生者的无偿劳动，包括社交媒体上的分享、评论等行为，为平台提供了大量的价值，而这些劳动并未得到直接的报酬。这种无偿劳动的形式扩大了资本剥夺性占有的范围，增加了价值的积累。在数字化时代，价值增殖的方式更加隐蔽，通过用户无感知的行为提供的数据成为了资本增殖的关键。

最后，资本价值增殖速度的提升是数字化时代下数据资本积累速度更快的另一体现。基于数据与数字技术的通用性与普及性，数据资本的流通时间大大缩短。数字化的特性使得数据能够在全球范围内迅速传播，进而在市场中更快地流通。这种流通的速度远远超过了传统资本主义时代，使得数据能够更加迅速地转化为资本，实现资本的快速增殖。数字技术的全球普及以及信息传播的迅猛发展使得数据资本的交往与流通成本大幅度降低，加速了价值的转化，形成了数字化时代下资本的新特征。

（五）数据资本与不变资本

数据资本作为现代互联网技术推动下的一种新型资本形态，其本质在于作为不变资本的一部分，它并没有超越马克思主义政治经济学中关于资本主义生产方式的基本规律。从根本上看，数据资本的增殖仍然依赖于劳动者创造的剩余价值。

在马克思主义政治经济学中，资本一般分为可变资本（劳动力）和不变资本（生产资料）两大类。数据资本之所以被归类为不变资本，是因为它本身不能直接创造价值，而是依托于其他生产过程中已经创造的价值。不变资本在生产中不改变其价值，但通过生产过程，它却能转化为商品的一部分价值。在数据资本的情境下，计算机、软件、数据采集工具等被投入数据要素的生产，这些构成数据资本的不变资本。这些资本的价值在数据要素生产过程中不发生变化，但通过数据要素的加工和流通，最终实现了价值的增殖。数据要素作为数字化商品，承载了之前生产过程中的不变资本的价值（它所体现的价值主要源自之前的生产过程中已经创造的价值），在这一点上，数据要素生产的逻辑仍然受制于传统生产关系，依赖于其他生产环节对剩余价值的创造。

在数据要素的生产过程中，它最终以商品形态存在，并在数据资本运动中体现为一种特殊的商品。这种商品形态需要通过货币化过程实现其在市场中的交换和流通。在这个过程中，数据要素作为不变资本的一部分，具有自身的价值，同时也体现了包含在其中的剩余价值。货币化是数据商品的必然过程数据要素的货币化过程是数据资本执行商品资本职能的必然步骤。通过货币化，数据要素能够在市场上得到确认并实现其价值。这也是数据资本从生产阶段进入市场流通阶段的关键转折点。

与传统的不变资本一样，数据资本形成后并不是永恒不变的，其在生产过程中也存在"有形磨损"和"精神磨损"。有形磨损指的是数据技术的陈旧和过时，例如硬件的老化、软件的更新等，这会导致原有的数据资本在技术上的贬值；精神磨损则指的是数据的时效性和准确性随着时间推移而减弱，因为现实事物本身在发生变化。这使得原有的数据在反映现实事物时产生了偏差，降低了其价值。面对这种"磨损"，数据资本需要不断进行更新和维护，才能不断适应和回应现实世界的变化，保持其在资本主义生产关系中的有效性。

（六）数据资本对传统资本的继承

在当今数字化时代，数据资本成为经济体系中的重要组成部分，其特征既包含固定资本的某些属性，表现为需要依附于具体的物理载体；又具有虚拟资本的某些属性，体现在其不同于传统生产资本的运作方式。

首先，我们从固定资本的角度来分析数据资本的特征。固定资本是指在生产过程中不立即消耗，而是在多个生产周期内逐渐消耗的资本形式。与流动资本不同，固定资本需要在生产工具、设备或基础设施等物理载体上进行投资。数据资本在这一方面与传统的生产资本相似，它需要依附于数据基础设施、数字化设备或数据产品等物理载体，以提升其性能持久性和稳定性。[①] 例如，建设和维护数据中心、云计算设备、网络基础设施等都需要大量的资本投入。这些物理载体不仅提供了数据存储和处理的场

---

① 刘震、张立榕：《数据资本形成及其特征的政治经济学分析》，载于《学习与探索》2023年第9期。

所，也是数据资本运作的基础。这种投入与传统资本投入在设备、工厂等方面的投资有着相似之处，都是为了提高生产力和数据资本的使用效率。

机器在生产中的地位从马克思主义的角度被定义为固定资本。在人工智能时代，这些机器包括了嵌入了先进算法技术的计算机系统，它们能够执行高度复杂的任务，从图像识别到自然语言处理。随着算法技术的不断提升，机器的性能也在不断增强，使得它们在生产过程中具有更大的灵活性和适应性。人工智能的发展离不开大量的数据。算法技术需要大量的样本数据来进行学习和优化，以更好地执行任务。这种学习过程被称为机器学习，而这正是将大量数据纳入人工智能生产过程的一个关键环节。随着人工智能的发展，数据由于其在训练算法中的重要性逐渐转变为商品。公司通过收集、整理和销售数据来获取经济利益，将其转化为一种商品形式。这个过程就是数据的商品化。在数据的商品化过程中，数据逐渐成为固定资本的一部分。通过投资于数据采集、存储和处理的基础设施，公司将数据作为一种资本形式进行积累和投入。这使得数据不仅仅是商品，更是一种能够在生产过程中创造价值的资本。

数据与机器的结合是数据成为固定资本的关键一步。通过将大量数据输入机器学习算法，机器不断优化自身的性能，提高在生产过程中的效率。这种结合使得数据不再是一个孤立的商品，而是与机器一同构成了生产关系中的固定资本。数据作为固定资本的特殊性在于，它不仅仅是为了生产过程中的某个阶段，而是贯穿整个生产链。从数据的采集、存储到处理和应用，数据一直在不同环节中发挥着关键作用，体现了其固定资本的全方位属性。数据的特殊性在于其应用可以在相对较短的时间内发生变化。在人工智能和技术不断进步的背景下，算法的优化和更新频率很高，导致数据的应用也需要快速适应。相较于传统的固定资本，数据的更新速度更快，应用更为灵活，其变化速度与技术进步紧密相连，从而资本周转速度更快。

其次，我们从虚拟资本的角度来分析数据资本的特征。传统的生产资本主要体现在实体工厂、机械设备等实物上，而数据资本更注重信息、算法、软件等虚拟的概念。一方面，数据是以 0 和 1 的形式存在的，通过这种基本的数字编码，计算机可以存储、处理、传输和呈现各种信息。数据的本质决定了它可以被数字化、复制和传播，而且在这一过程中不会丧失其原始性质。另一方面，与传统的实物商品或生产资料不同，数据是无形的。它没有质量、体积、重量等物理属性，而是以信息的形式存在。这种无形性赋予了数据极大的灵活性和可塑性，使其能够在数字环境中自由流通和变动。通过互联网和数字化技术，数据可以迅速传输，实现全球范围内的共享和交流。

数据资本在流动过程中部分依赖于虚拟资本。虚拟资本是指在资本主义体系中，通过金融衍生品等虚拟工具进行交易和投资的资本形态。数据资本通过数字平台的生产过程中，可以将其价值以虚拟资本的形式体现，这种体现更多是一种权利的证书，而非实体资本的具体形态。传统的生产资本在生产过程中直接参与，而虚拟资本更强调对信息、数据流和算法的掌控。数据资本的所有权和运作往往更注重在流通和交换的阶段，而非直接的实物生产过程。

最后，数据资本也同产业资本、商业资本和生息资本范畴相联系。一方面，数据资本通过投资数据基础设施、技术研发等手段，参与到数字产业链的生产过程中，从而延续了传统产业资本的逻辑，实现着对数据产业的控制和利润的获取；另一方面，数字平台通过商业化用户数据，将其转化为商品，实现了商业资本的运作。广告、推荐系统等商业手段成为了数据资本变现的方式。数据资本也表现为一种生息资本，通过数据的不断流通和交换，实现对数据的持续盈利。用户的数据成为了数字平台能够持续获取利润的资本形式，这类似于生息资本通过资金的循环实现增殖的机制。

第三节　数字劳动与数字平台

在数字资本主义时代，数字劳动成为资本主义发展的新形态，标志着劳动形态从实体化物质劳动向数字劳动的转变。数字劳动的特点在于其无形性、虚拟性、数据驱动和算法化，它不受时间和空间的限制，能够在全球范围内进行高效的协同。数字平台作为数据加工和生产的中介，通过算法和数据控制用户行为，实现对用户的间接控制，同时平台企业通过垄断数据资源，剥夺了用户对个人数据的所有权，造成数据的生产者与所有者相分离。这种控制进一步加深了数字劳动者的异化，使得用户在数字平台上的劳动变得更加无意识和被动。

一、数字劳动

（一）数字劳动的兴起

技术革命和产业变革推动社会生产力不断向前发展，技术逻辑和资本逻辑共同作用下促使资本结合新的生产关系和制度基础不断向新形态演进。资本主义在不同阶段对劳动的需求和组织形式都有所不同，数字劳动的兴起是资本主义发展的必然结果。资本形态变化决定了劳动形态的历史演变，从商业资本下的实体化物质劳动、产业资本下的实体化物质劳动、金融资本下的非物质性劳动，最终演变为数据资本下的数字劳动。

在商业资本主义阶段，经济活动主要集中在商品交换上。这一时期的劳动主要是实体化的物质劳动，即直接生产商品的劳动。劳动者通过实际的生产过程直接加工原材料，生产出可以交换的商品。而商业资本家并没有直接介入生产，其劳动主要表现为商品的流通、分配等环节的劳动，通过市场交换获得利润。随着工业革命的兴起，产业资本成为资本主义的主导形态。产业资本通过实际的生产活动，掌握了生产资料，直接介入生产过程。在产业资本阶段，劳动形态仍以实体化的物质劳动为主，但生产过程更加工业化、机械化。劳动者在工厂中操作机器，大规模生产商品，劳动的分工和专业化程度提高。产业资本主要通过控制生产过程来获取剩余价值。在金融资本主义阶段，资本的形式更加抽象化，金融资本开始在经济发展中发挥越来越重要的作用。金融资本不再直接参与实体生产，而是通过金融手段（如贷款、投资等）牵制实体经济。金融资本下的劳动形态开始呈现出非物质性的特征，例如金融服务、管理、咨询等领域的劳动，这些劳动形式不直接生产物质商品，但为资本增值提供了重要服务。随着数字技术的发展，数据资本崭露头角。数据资本主要通过掌握和运用大规模数据来获取剩余价值，数据成为其积累的主要形式。在数据资本主导的时代，劳动形态进一步演变为数字劳动，包括数据处理、分析、编程、网络维护等。数字劳动者通过处理、分析、运用数据来为资本家创造价值，而这种价值的创造更加强调信息处理和数字技术的应用。数字劳动的特点是高度的知识密集和技术密集，劳动成果往往是无形的服务或信息产品。

（二）数字劳动的概念界定

"数字劳动"（digital labor）的概念最早可追溯到意大利学者蒂齐亚纳·泰拉诺瓦（Tiziana Terranova）提出的"免费劳动"（free labor）一词，即自愿参与并被无偿剥削的生产性活动。[1] 此后，德国学者尤里安·库克里奇（Julian Kücklich）提出"玩劳动"（playbour）概念来描述互联网用户的无偿劳动。[2] 英国学者克里斯蒂安·福克斯（Christian Fuchs）对"数字劳动"一词的界定更具代表性："包括创造数字使用价值的所有活动，涉及数字媒体技术、数字媒体内容和数字媒体产品的广泛类别。"[3] 这一定义实际上把"数字劳动"概念的边界扩大到了与数字信息通信技术相关的全部劳动。从马克思主义政治经济学分析范式看，生产商品的劳动具有抽象劳动和具体劳动的二重属性，抽象劳动形成商品的价值，具体劳动生产商品的使用价值。[4] 在数字经济中，生产"数据商品"的劳动同样包括抽象劳动和具体劳动两个方面。抽象劳动，指撇掉一切具体形式而言的劳动力在生理学意义上脑力和体力的耗费，有学者用"数据劳动"一词指代数字劳动的抽象形式，[5] 即看不见、摸不着、但表征数字劳工创造数字价值

---

① See Tiziana Terranova, Free Labor. Producing Culture for the Digital Economy, Social Text, 2000, 18（2）：33。

② See Julian Kücklich, Precarious Playbour. Modders and the Digital Games Industry, Fibreculture Journal, 2005（5）：1。

③ Christian Fuchs. Digital Labor and Karl Marx, New York：Routledge, 2014：352.

④ 参见《资本论》第1卷，人民出版社2004年版，第60页。

⑤ 参见温旭：《对数字资本主义的马克思劳动价值论辨析》，载于《思想理论研究》2022年第6期。

的一般尺度。具体劳动，指生产一定使用价值的具体形式的有用劳动，从这个意义上来讲，"数字具体劳动"即运用数字化生产资料（如计算机网络、数字技术、数据信息、数字平台）进行生产的具体劳动形式。①

劳动的本质是人类通过自身的体力和脑力，改变自然物质，创造出符合人类需求的产品。这一基本特征在数字劳动中仍然得到体现，与传统的体力劳动或者物质劳动相比，数字劳动的特殊性在于其劳动对象是数据、知识和信息。劳动者通过数字平台和软件等工具，运用自身的智力进行信息处理、分析、创新，从而生产出非物质的数字产品。数字劳动是指在数字技术和网络平台的支持下，通过进行与数字化相关的工作而创造出的价值，包括但不限于在数字平台上的信息创造、数据生成、算法开发、数据分析等。数字劳动的特点在于它的无形性和高度社会化。与传统工业劳动不同，数字劳动不受时间和空间的限制，能够在全球范围内进行高效的协同。同时，数字平台的兴起使得个体的日常行为都成为了一种潜在的数字劳动。用户在社交媒体上的点赞、分享，搜索引擎中的检索行为，都被资本转化为潜在的价值，人们的思维、行为、社会关系全都变成标准化和可视化的数据，服务于数字资本主义的数据积累过程。

（三）数字劳动的类型

数字劳动的兴起推动了社会分工的进一步细化和扩展，雇佣数字劳动和非雇佣数字劳动作为资本积累的"蓄水池"，共同构成了数字资本主义下的数字劳动类型。数字劳动凸显了数字资本主义作为资本主义的新形态

① 有不同学者对数字化时代的具体劳动形式进行了划分。如韩文龙等（2020）将"数字劳动过程"概括为四类表现形式：传统雇佣经济领域下的数字劳动过程、互联网平台零工经济中的数字劳动过程、数字资本公司技术工人的数字劳动过程、非雇佣形式的产销型的数字劳动过程。余斌（2021）将"数字劳动"概括为五种类型：一是互联网和手机上通过数字技术软件进行的购物、社交和游戏等方面的活动；二是运用数字技术开发软件、设计制造硬件、收集和加工数字信息产品，以及进行其他生产的劳动；三是生产信息通信设备和开发相关软件、提供数字内容以及铺设信息通信网络等方面的劳动；四是劳动对象为数字化对象的劳动；五是与信息通信相关但本身并不使用数字技术也不生产数字产品的劳动。参见韩文龙、刘璐：《数字劳动过程及其四种表现形式》，载于《财经科学》2020年第1期；余斌：《"数字劳动"与"数字资本"的政治经济学分析》，载于《马克思主义研究》2021年第5期。

仍然继承和发展了资本主义的剥削本质，数字资本家通过数字劳动的榨取实现了对剩余价值的无限扩张。

首先，雇佣数字劳动是在数字平台或公司内，资本家雇佣劳动者从事专业性、生产性的数字劳动，如软件开发和维护、编写代码、设计图像、软件应用、网站设计、数字媒体内容、数据分析等。这种关系基于劳动力的出卖，数字劳动者通过执行任务或项目获取报酬，而资本家则获取其数字劳动所创造的价值。在数字资本主义的框架下，雇佣数字劳动成为数据资本积累的核心，尤其是各类工程师对网站设计、App 程序编制与开发，以及平台非技术人员从事的管理工作。雇佣数字劳动本质上仍然属于马克思笔下传统雇佣关系的延伸，只不过数字化技术的引入使得资本家对雇佣工人的劳动强度、劳动节奏的控制和监督更加有效，工人处于数字化、自动化、网络化的监督系统之下不断为资本家创造剩余价值。数字平台通过资本家与数字劳动者的雇佣关系，将大量数字劳动置于资本的支配之下，加速数据资本的积累过程。

马克思指出，在商品社会中，生产劳动指的是生产商品、形成物质产品中的价值的劳动；而在资本主义社会中，只有生产资本和生产剩余价值的劳动才是生产劳动。马克思在《资本论》第 1 卷中写道："资本主义生产不仅是商品的生产，它实质上是剩余价值的生产。工人不是为自己生产，而是为资本生产。……只有为资本家生产剩余价值或者为资本的自行增殖服务的工人，才是生产工人。"[①] 从生产性劳动范畴来看，雇佣数字劳动属于生产性劳动，劳动结果直接属于数据资本家。他们的劳动过程同样受到数字监控的限制，要求按照平台设定的规范和要求进行工作。这种雇佣劳动关系使数字资本家能够更直接地操控和榨取劳工的价值创造。雇佣数字劳工的数字资本家购买了劳动力的价值，但并没有购买劳动产品的全部价值，因此数字劳工创造的超过其自身价值的价值被数字资本家无偿占有。

其次，在数字资本主义时代，非雇佣数字劳动成为了一种普遍存在的劳动形式，主要包括两类：一是依附于数字化平台和数字化生产资料开展

---

① 《资本论》第 1 卷，人民出版社 2004 年版，第 582 页。

的劳动，例如借助手机 App 接单派单的外卖小哥、快递小哥或代驾的具体劳动。这一类劳动又被称为"在线零工"（online gig work），数字化平台工人逐渐成为零工经济中的一颗颗"螺母"，在日复一日漫无止境的工作中丧失自己的主体性，得到的却是微薄的劳动报酬、高密度的工作强度以及不稳定的工作环境。二是集产销于一体的非雇佣劳动，这一类又被称为"玩劳动""无酬劳动""免费劳动"。用户在互联网平台上观看视频、浏览商品、打游戏、社会交往、听音乐等用户活动，虽然看似是消费行为，实际上属于非雇佣数字劳动。用户在这些平台上的行为产生了海量的数据，为平台提供了用于分析用户行为和消费习惯、改进算法、提升广告精准度、优化推荐系统等方面的信息。用户自发自愿地通过平台制作并发布的各类短视频、文字、图片等，这些内容不仅吸引其他用户的关注，也为平台提供了用户生成内容（user-generated content，UGC），为平台的内容生态和粘性贡献了重要的一部分。在数字资本主义时代，数字平台通过激发用户的参与性和创造性，引导用户在平台上生成和分享内容，从而形成了一个庞大的用户生成内容的生态系统。这些内容包括但不限于社交媒体上的帖子、评论、点赞，视频分享平台上的创作等。

用户在互联网平台上的各种活动产生的数据，包括点击记录、搜索历史、行为轨迹等，是非雇佣数字劳动的产物。这些数据被平台收集、分析，形成了用户画像，为平台提供了精准的广告投放、个性化推荐等服务。用户在享受数字产品和服务的过程中，通过生成内容、参与社交互动等方式，为数字平台提供了用户生成的价值。用户在平台上的行为都成为了平台上的数据商品，这些商品被加工、分析、用于广告投放等，最终为平台带来了经济回报。因此，数字劳动在数字平台中不再只是一种自发的社交行为，更是资本家获取剩余价值的手段。数字平台作为媒介打破了工作与闲暇的时空界限，平台用户免费自愿地为平台创造可商品化的数据信息，且成为这些数据信息的生产者、传播者和消费者。随着数字技术的不断发展，非雇佣数字劳动的形式也在不断演变。新的应用、新的平台不断涌现，用户在数字空间中的劳动活动将会呈现出更多样化、复杂化的特征。传统的生产性劳动是为了创造商品和服务，为资本家创造剩余价值，而消费性数字劳动主要是为了个体的自我满足和享受。这种劳动的特点在于，用户在数字平台上的活动往往是自主的、自发的，不受外界的直接强制，但在这个过程中产生的消费数据成为数字资本主义的关键资源。

（四）数字劳动的特点

传统的工厂社会化主要体现在工业化时代，工人在大规模的工厂中进行有组织的生产，劳动时空受到明确的限制，工人需要按照固定的工作时间和空间进行劳动。然而，随着数字技术的飞速发展，生产方式发生了根本性的变革。数字生产方式使得劳动不再受制于传统的时间和空间限制，工作可以随时随地进行，通过社会工厂化的形式，将劳动融入日常生活的方方面面，实现了劳动时空的自由化和灵活化。与传统劳动相比，数字劳动具有一些新特点：一是无形性和非物质性，传统劳动中工人的劳动对象和劳动资料都是有形可见的实物形态；数字劳动的核心是数据信息的收集和处理，而不是物质产品的制造，其劳动对象多是符号化的无形数据，劳动资料主要包括数字技术、算法和平台基础设施。二是虚拟性和数字化，传统劳动在实体工作场所中进行，且生产、流通、消费环节具有时空界限；数字劳动在虚拟空间中发生，不受传统物理工作场所的限制，数字技术和平台使劳动形式更加灵活，资本将生产活动的方方面面转化为可量化的数据，从而更便于监控和管理。三是数据驱动和算法化，数字劳动涉及数据的处理、分析和利用，以及算法和人工智能技术的应用，数据驱动的决策和自动化流程成为数字劳动的重要组成部分。

二、数字平台

数字平台是指通过数字技术构建的、用于组织和管理各类数字资源的虚拟空间。这些平台包括社交媒体、电商平台、搜索引擎等，它们通过连接用户、企业和数据，形成庞大的信息交换网络。

（一）数字平台的中介作用

在数字资本主义时代，数字平台成为人们生活中不可或缺的一部分，为用户提供了丰富的数字产品和服务，包括社交媒体、在线购物、视频分享等。如果说数据是数字社会的原材料，那么数字平台就是对数据进行加工、生产的中介场所，数据的商品化过程乃至资本化过程都是经由数字平台这一中介才得以完成的。在数字平台上，用户的每一次点击、搜索、购物等行为都留下了宝贵的消费数据。这些消费数据是用户在满足自身需求过程中的衍生品，形成了数字资本主义中特有的劳动形式。用户在数字平台上的消费行为产生了剩余价值，而数字资本家无偿占有了这部分价值。数字资本家通过占有和垄断消费数据并将其资本化，获取了更多的市场信息和广告效应，从而实现了对用户的间接控制。

数据和算法是数字平台运行的两个核心要素，用户的一切数字行为痕迹被算法提取并转化为数据生产活动，形成了庞大的数据集群。活跃在数字平台的用户和商家作为买卖双方在这片数字空间中进行交易，商品逻辑渗透到日常生活和娱乐当中。与传统的经济模式相比，数字平台打破了生产时间和固定空间的限制，模糊了生产者和消费者之间的界限，不管是工作时间还是休息时间、无论是生产还是生活，每一个数字用户都有可能在数字平台上参与到生产和创造价值的过程中，为资本创造价值增殖。例如，社交媒体上的内容创作者、网上交易平台上的个体商家、参与开源软件开发的志愿者等都可以被看作数字劳动者的一部分。数字化技术的普及和数字平台的发展使得劳动主体的范围变得更加广泛和多元。

（二）数字平台的垄断属性

随着数字技术不断迭代发展，数字平台规模不断扩张，凭借其对数据和算法的统治地位进行排他性竞争，从而引发了平台企业资本无序扩张、市场地位滥用等垄断现象。出于对"数据—流量"盈利模式的渴求，平台企业本身就具有对数据资源的独占欲和将数据信息私有化的倾向。数据一旦私有化，数据商品生产集中和资本集中的趋势必然促使数字平台走向垄断。数字平台的私有化为数据资本的形成奠定了基础，数字平台成为资本主义数据掠夺的主要场所。数字平台的兴起标志着生产关系的变革，平台通过私有化数字技术和信息流通渠道，形成了对数据资源的垄断。大数据技术的出现使得平台能够更加高效地收集、处理、分析庞大的数据集，为数据的大规模应用提供了基础，推动了数据在生产中的新角色。云计算技术通过将计算和存储资源从本地迁移到云端，为平台提供了更为灵活和强大的计算能力，使得数字平台能够更好地进行数据资本化，将数据更加高效地转化为资本的一部分。

在数字平台上，用户的数字劳动从注册开始。用户为了能够使用平台的服务，必须提交一系列基本数据，包括但不限于姓名、年龄、职业、收入等。这一过程中，用户不得不向平台提供个人信息，否则将无法享受平台服务。在用户自愿注册并使用平台服务的前提下，平台通过24小时不间断地隐秘采集，获取用户的各类数据。这些数据包括用户的浏览行为、搜索习惯、社交关系、消费记录等，形成了庞大的数据储备，构建了对用户的全方位了解。这种数据垄断让平台掌握了用户的行为模式，为其进一步的数据资本化提供了基础。用户通过提交个人信息、进行搜索、点击广告等行为，为平台提供了有价值的数据，而这些数据构成了数字劳动的产品。用户生成的数据具有交换价值，平台通过市场化的手段将这些数据转化为自身的资本。用户数字劳动的本质是为平台创造了数据价值，而平台通过数据的资本化实现了对用户数字劳动的剥削。数据垄断使得平台能够在市场上获取更多的数据，用户数字劳动的价值远远超过了平台提供的服务所需，因此形成了剩余价值。这一剩余价值的产生表明用户数字劳动被平台充分剥削，是平台经济盈利的基础。

（三）数字平台的算法控制

在数据资本主导的网络环境中，用户个人数据是一种生产资料，而平台企业通过对数字平台和网络的垄断和数字专利等资源的排他性占有，将这些生产资料集聚在自身平台上，从而更好地控制数据的使用、流通和变现。这种集聚效应剥夺了用户对个人数据的所有权，造成了数据的生产者与所有者相分离：个体用户作为数据的生产者，却无法充分享有和掌控自己产生的数据所创造的价值；而平台企业通过隐私协议等方式将用户产生的数据纳入了自己的所有权范围，用户在数字平台上的每一次点击、评论、分享等行为都被纳入了算法的计算中，以实现对用户的精准控制。

平台作为数字化的生产关系形式，成为资本家实现对数据控制的工具。通过提供各类服务，平台能够获取用户在平台上产生的海量数据，为资本家提供原始积累的新途径。超级平台崛起于搜索引擎、社交网络、电商等多个领域，形成了综合性的数字生态系统。谷歌、脸书、苹果、亚马逊等超级平台凭借其强大的技术和市场份额，成为数字经济中的主导力量。超级平台在数据获取方面拥有独特的优势。首先，其庞大的用户基数为数据的获取提供了丰富的来源。其次，通过高度个性化的服务和算法，超级平台能够深入挖掘用户需求和行为，实现对用户数据的精准掌握。超级平台通过技术创新形成了对数据的垄断，包括先进的搜索算法、社交网络分析、人工智能等。这种技术垄断不仅提高了数据的获取效率，也使得超级平台在数字资本主义中拥有更为强大的竞争力。

在数字平台上，既有从事平台运营的员工，也有作为用户在平台上产生数据的个体，这两者构成了活劳动资源库的主体。平台员工通过工作为平台创造了巨大的数据价值，而用户则通过在平台上的活动为平台提供了丰富的数据。平台员工和用户的活劳动资源库的形成使得他们不得不依附于数字平台。数字资本主义中的数字平台通过设计各种功能、奖励、互动等机制，包括算法推荐、个性化广告、社交互动等，提高用户的粘性和忠诚度，诱导用户持续参与数字劳动。平台通过不断改进用户体验、提供更加吸引人的内容，以及通过激发用户的社交需求等方式，使用户在平台上花费更多的时间，产生更多的消费数据。例如，平台通过推送个性化内容、设置点赞、评论等互动方式，增加用户在平台上的停留时间；还有无尽滚动、新消息通知等功能，也让用户沉浸在平台上难以自拔。这种通过诱导用户进行数字劳动的手段实质上是基于算法技术的劳动控制，旨在实现劳动主体的持续参与和增强劳动强度的目的。这种控制进一步加深了数字劳动者的异化，用户在数字平台上的劳动变得更加无意识和被动。

第三章 劳动过程的数字重构

数字技术的引入改变了传统生产关系和劳动形式，劳动者在平台上的活动、消费、生产等方方面面都被数字化地记录和分析，形成了一种新的生产逻辑和劳动控制方式，对劳动力的控制、剥削方式和剩余价值的获取都产生了深刻影响。

第一节 数字劳动过程与数字劳动市场

作为适应互联网信息技术发展潮流的工作组织新形式，数字资本主义运用现代互联网技术搭建了广泛采集信息和传递信息的社会化平台，改变了传统的生产组织方式和雇佣劳动方式，缩短了商品生产的社会必要劳动时间，信息传播得以瞬时突破时间和空间限制，使生产和消费精准对接，实现了基于平台向多主体提供差异化服务，极大提高了商品流转速度和货币流通速度，节约了商品流通费用。数字资本主义下劳动雇佣形式主要呈现以下特征：劳动过程弹性化、碎片化，劳动市场结构不稳定化、两极分化，劳动控制隐蔽化、多样化，雇佣关系模糊化、临时化，数字平台的技术垄断进一步深化了资本对劳动的控制程度和剥削程度，加速了劳动对资本的形式隶属转向实际隶属的过程。

一、数字劳动过程

（一）数字劳动过程的特征

数字化的生产关系导致了劳动形式的变革，"数字劳动过程"成为劳动组织的新范式，其核心特点是数据驱动和技术中介。数字劳动者通过数字技术平台获取和处理数据，使用专业软件、编程语言、数据分析工具等技术手段对大规模的数据进行操作和分析，最终实现信息知识的生产、处理和传递。与传统劳动过程相比，数字劳动过程表现出弹性化、去雇主化、人机协作、一人多点等新特征。

首先，数字劳动过程作为数字化时代资本剥削劳动的新方式，通过互联网信息技术颠覆了传统工厂式的雇佣劳动形式，利用数字平台的高度灵活性，规避了正式的劳动雇佣关系，摆脱了企业对工人的劳动保障支出，降低了企业的劳动雇佣和管理成本，将对劳动过程的弹性化管理发挥到极致。消费者在数字平台线上下单，而平台注册的劳动者通过竞争来获取订单，并在给定时间内完成相应工作，类似优步（Uber）、脸书（Facebook）这样基于数字信息网络平台的线上劳动催生出了计件工资这一"最适合资本主义生产方式的工资形式"。计件工资反映出数字化平台劳动的碎片化特点，工作任务和工作时间都是碎片化的，平台注册的劳动者只需要利用其空闲时间即可完成每单工作任务交易，而数字技术的支持大大提高了劳动的供需匹配效率，为计件工资的实行提供了技术保障。数字劳动逐渐模糊了劳动与闲暇、生产与消费的界限，在资本积累的驱动下强制人们将自己碎片化的休息时间转变为创造剩余价值的劳动时间，传统的显性工厂劳动转变为了隐性劳动，工人被剥削的形式更加隐蔽化。

其次，劳动过程的"去雇主化"表现为互联网平台企业逐步放弃对员工的直接管理。这种趋势在数字化时代变得尤为明显，通过分包和众包策略，企业将工作任务分散到不同的个体或小团队，从而降低了对大量长期固定员工的编制责任。这种"去雇主化"不仅使企业从雇佣关系中解脱出来，降低了管理成本，同时也扩大了利润空间。企业可以更加灵活地根据项目需求雇佣和解雇劳动力，更好地应对市场的波动。这种"去雇主化"是资本主义体系下生产关系的一种演变。企业倾向于最大限度地利用劳动力而不负担过多的雇佣责任，这符合资本主义体系中资本家对于最大化利润的基本追求。通过数字技术的应用，企业可以更加精确地匹配任务和劳动力，从而更有效地组织劳动过程。

再次，劳动过程的"人机协作"表现为数字技术与人力的深度结合。在数字化时代，机器学习、人工智能等先进技术在劳动过程中得到广泛应用，使得工作不再是纯粹的人力劳动，而是数字技术和人力的有机协同。例如，在互联网平台上，算法可以智能地匹配任务和劳动者，提高了工作效率和灵活性。通过数字技术的引入，企业可以更加高效地利用资源，提高生产效率，但同时也引发了新的劳动关系问题。机器对传统工人的替代可能导致一部分劳动者失业，从而加剧了社会的阶级分化。

最后，劳动过程的"一人多点"表现为劳动者可以同时在不同的场所从事多个工作。数字技术的发展使得远程工作成为可能，劳动者可以通过互联网平台在不同的项目中兼职或从事自由职业。这种灵活性和弹性使得劳动者在时间和空间上更加自由，但也带来了新的问题。数字化技术为劳动者提供了更多的选择，但与此同时，也可能削弱劳动者在劳动过程中的集体组织和权益保障。这种"一人多点"的劳动模式可能导致劳动者的孤立化，难以形成有效的集体行动，进而影响他们在零工经济中的地位。

然而，尽管零工经济的工作经常伴随着自由、灵活和个性化创业的新自由主义言论，实际上，这些工作者仍然受到客户评级和算法的压力和监视。在数字化时代，员工的上下班时间、互动痕迹、网络行为、出行信息、状态反映等都会被互联网平台全时段、全方位、全天候地监控和追踪。[1] 企业通过数字技术的应用，实现了对劳动过程的精密控制，从而削弱了劳动者在生产关系中的地位。客户评级和算法的运用使得劳动者不仅在工作中面临着实际的生产要求，还受到了客户和平台的评判，这使得劳动者更加依赖于平台，容易受到不公平待遇。

（二）数字劳动过程的三个基本要素

马克思在《资本论》第 1 卷中，首先分析了一般劳动过程："制造使用价值的有目的的活动"[2]，"人的活动借助劳动资料使劳动对象发生预定

---

① 宋宪萍：《数据资本的利润来源及其极化效应》，载于《马克思主义研究》2022 年第 5 期。
② 《资本论》第 1 卷，人民出版社 2004 年版，第 215 页。

的变化"①，一共包含三方面要素：活劳动（劳动本身）、劳动对象和劳动资料。数字劳动过程是数字劳动者将自己的劳动力和生产资料经由数字平台来组织的劳动过程，同样继承了以上三方面的基本要素，见图 3-1。

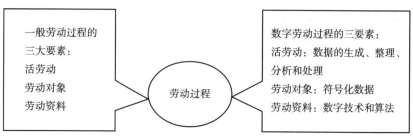

一般劳动过程的
三大要素：
活劳动
劳动对象
劳动资料

劳动过程

数字劳动过程的三要素：
活劳动：数据的生成、整理、
分析和处理
劳动对象：符号化数据
劳动资料：数字技术和算法

图 3-1　一般劳动过程与数字劳动过程的比较

首先，活劳动指的是劳动者通过实际的劳动活动创造出的价值。在平台企业中，活劳动表现为劳动者通过对数据的生成、整理、分析等数字化活动，为平台企业创造出新的价值。这种活劳动不同于传统工业时代的实物劳动，更注重的是对信息和数据的处理和运用。通过用户的点击、浏览、搜索等行为，劳动者不断地为平台企业提供新的数据，从而为数据资本的生成和增殖创造了可能性。劳动是价值创造的源泉，而在平台企业中，这种劳动的特殊性在于其虚拟性和无形性。劳动者在数字平台上的活动产生的是信息和数据，而非实物产品。这种无形的劳动为数据资本的生成提供了基础，驱动着平台企业的运作。在这一过程中，平台企业通过激励用户的参与，引导用户产生更多的数据，进而提高活劳动的产出，实现数据资本的积累。

活劳动的再生产是分析平台企业数字化劳动过程的重要视角。在传统的工业时代，劳动过程中活劳动的再生产主要表现为劳动者的再培训、再学习，以适应新的生产工艺和技术。而在数字经济时代，活劳动的再生产更加强调数字技能、算法理解和数据分析等方面的培训。劳动者需要不断更新自己的数字技术知识，以适应平台企业中数字化劳动关系的不断发展

---

① 《资本论》第 1 卷，人民出版社 2004 年版，第 211 页。

和变革。这一过程中，平台企业通常会投入资源培训劳动者，以确保他们能够更加高效地利用数字技术进行劳动，从而提高劳动生产力。活劳动的再生产不仅涉及单个劳动者，也牵涉整个社会对于数字化劳动力的培养和培训。因此，在数字劳动过程中，劳动者的再生产是保障劳动力适应新兴技术和生产方式的重要环节。

其次，劳动对象是指劳动者在劳动过程中所处理和改变的对象。在平台企业中，劳动对象主要是用户数据。用户在平台上的各种行为，如浏览、购物、社交等，产生了大量的数据，这些数据成为劳动者进行活劳动的对象。在数字化时代，劳动对象从实物产品转变为信息和数据，这使得劳动的特殊性和复杂性更加突显。劳动对象的数字化特点使得平台企业能够更精准地了解用户需求、行为习惯、偏好等，从而更好地调整产品或服务，提高用户满意度。劳动者通过对劳动对象进行数字化的处理，将用户行为转化为可量化的数据，这种数据不仅是劳动过程中的中介，更是平台企业实现数据资本价值增殖的基础。因此，劳动对象的数字化特性对于数据资本生产的劳动过程至关重要。

最后，劳动资料是劳动过程中用以改变劳动对象的物质资料。在平台企业中，劳动资料主要包括数字技术、算法和平台基础设施。数字技术和算法作为劳动资料，通过对劳动对象进行处理，实现了对用户数据的提取、分析和挖掘。平台基础设施包括云计算、大数据存储等技术支持，为劳动者提供了进行数字化劳动的工具和平台。劳动资料的作用是在劳动过程中传递和转化活劳动，使劳动能够对劳动对象产生影响。在平台企业中，劳动资料的数字化特性使得劳动过程更为高效、精细。通过先进的数字技术和算法，劳动者能够更准确地对劳动对象进行处理，实现数据资本的增殖。数字化的劳动资料不仅提高了劳动过程的生产力，也改变了传统工业时代对于劳动资料的理解和应用。

（三）劳动过程的数字化重构

数字平台作为劳动过程的组织者和管理者，通过引入先进的数字技术和算法，将劳动过程进一步标准化、极简化和规训化。平台规训化生产的特点在于将数字劳工的工作分解成一系列简单、可重复的任务，以提高生产效率和降低成本。这种劳动过程的规范化不仅体现在任务的细分和标准化上，还表现为对数字劳工的行为和表现进行严格的规定和控制。数字平台通过算法监测、评价和奖惩机制，强化了对数字劳工的规训，使其更好地适应和服从数据资本家的生产需求。

首先是劳动资料标准化。在传统的工业社会中，生产过程中使用的工具和设备往往具有较高的标准化程度，以提高生产效率和降低生产成本。而在数字资本主义社会，数字劳动的标准化主要体现在数字劳动资料的统一规格和通用性上。例如，几乎所有的数字劳动者都需要使用电脑、手机、互联网等标准设备进行工作，这种标准化的数字劳动资料不仅使得数字劳动过程更加高效，也方便了数据资本家对劳动过程的管理和控制。数字劳动资料标准化使得数据资本家更容易实施对数字劳动过程的监控和控制。在数字资本主义社会中，数字平台作为数字劳动的主要组织者和管理者，通过标准化的数字劳动资料可以更精准地监测和评估数字劳动者的工作表现。例如，数字平台可以通过算法分析数字劳动者在标准化工具上的使用情况，评估其生产效率和工作质量，进而进行奖励或惩罚。这种监控和控制的机制在一定程度上削弱了数字劳动者的主体性，使其更加受制于数据资本家的统一管理。

其次是劳动方式极简化。相较于传统的体力劳动和复杂的操作方式，数字劳动者在数字资本主义社会更加依赖于数字设备和数字平台提供的简便操作界面。这种极简化的数字劳动方式使得劳动过程更加高效、迅速，降低了技能门槛，让更多的人能够参与到数字劳动中来。数字劳动者在进行劳动时主要需要掌握基本的数字技能，如文档编辑、数据处理等，而无须深入了解复杂的生产工艺或机械操作。数字设备的普及和数字平台的发展使得数字劳动者能够通过简单的手势完成复杂的工作任务。例如，使用电脑和手机的用户可以通过滑动鼠标、敲击键盘、点击屏幕、触摸拖拽等方式轻松地进行文档编辑、信息检索、在线交流等活动。数字平台通过提供直观、友好的用户界面，简化了数字劳动的操作流程，使得劳动者能够更加专注于任务的实质性内容，而不必过多关注操作的技术细节。这种简便的数字劳动方式加速了信息的传递，形成了庞大的数字劳动力网络。

数字资本主义倾向于将劳动过程分解为简单、可重复的任务，通过数字技术的协同作用，将这些任务分配给不同的数字劳动者完成。这种分工和协同的方式使得整个数字劳动过程更为流程化和高效，每个劳动者只需完成其熟悉的、简单的任务，而不需要过多关注整个生产链的复杂性。这种数字化的协同劳动方式为数字资本主义提供了更为灵活和高效的生产组织形式。数字劳动方式的极简化背后反映了数字资本主义社会生产关系和技术发展的特殊路径。这种方式的出现并非偶然，而是数字资本主义生产关系对劳动过程进行重新设计的结果。数字资本主义通过数字化、自动化技术的引入，实现了对劳动过程的高度控制和规范。数字劳动方式的极简化使得数据资本家更容易实施对劳动过程的监控和管理，同时也降低了数字劳动者的技术门槛，扩大了数字劳动者的招募范围。

最后是劳动控制规训化。相较于传统的被迫性劳动，数字劳动者参与数字劳动的过程更具自主性，无须他人强制监督和管理。数字平台通过奖励、激励机制，创造了一种愉悦的劳动环境，使得数字劳动者愿意主动参与并贡献自己的劳动。数字劳动的自觉性和愉悦性吸引了大量用户积极参与，形成了一种自发的、自我规训化的劳动状态。在数字资本主义社会中，数字平台通过提供金融奖励、虚拟奖励、社会声望等多种形式的激励，激发了数字劳动者的劳动积极性。数字劳动者在平台上获得的奖励不仅包括金钱方面的回报，还包括虚拟社交中的赞誉、声望等，这些激励成为数字劳动者自我规训化的重要手段。数字平台的奖励机制不仅促使数字劳动者更加努力地投入劳动，也在一定程度上影响了他们对劳动的主观体验和认知。

数字资本主义的生产关系强调市场机制和竞争原则，数字平台作为资本家的代理人，通过激励机制来吸引和驱使数字劳动者为其提供数字劳动。数字平台通过奖励机制使得数字劳动者愿意在平台上花费更多的时间和精力，提高了数字劳动的生产效率。技术的发展使得数字平台能够更加精准地监测和评估数字劳动者的劳动贡献，从而实现更有效的激励和奖励。数字技术的进步为数字资本主义提供了更为精密的管理手段，使得数字劳动者更容易被激励和规训。

（四）平台经济的生产过程

平台经济是一种以数字化平台为基础，通过连接供需双方，实现交易和服务的经济形态。典型代表包括优步（Uber）、爱彼迎（Airbnb）等。平台经济的生产过程不仅限于传统实物的生产，而且包括数据资本的价值增殖过程，实物与虚拟的交融共同塑造了平台企业的生产本质。

首先，平台企业的生产过程包含了实物层面的一般劳动过程。在这一过程中，实体产品或服务被制造、提供或交付。这可能涉及物理产品的生产，例如电商平台上的商品，也可能是服务的提供，例如共享经济平台提供的交通服务或住宿服务。这部分生产过程依然延续了传统的资本主义生产方式，涉及劳动者对物质资源的操作，使用实际的生产手段，以及生产过程中对劳动力的利用。然而，平台企业的独特之处在于，实物生产只是其生产过程的一部分，而非全部。与传统工业时代相比，平台经济更加注重信息和数据的处理、分析、运用。

其次，平台企业的生产过程还涵盖了数据资本的价值增殖过程。在数字经济时代，数据不再仅仅是一种生产要素，更是一种能够创造价值的资本形式。数据资本的价值增殖过程包括对数据的收集、分析、挖掘和运用。通过对用户行为、偏好、社会趋势等数据的深入分析，平台企业能够更好地理解市场，精准定位产品或服务，提高用户粘性[1]，进而创造更多的价值。在这个阶段，平台企业通过算法和数字技术，将数据转化为可交换的商品或服务，实现了从数据的价值潜能中抽取剩余价值的过程。通过个性化推荐、广告定向投放等方式，平台企业能够更有效地满足用户需求，提高用户点击率，从而在数据的运用过程中实现更为灵活、高效的资本积累。

再次，在平台企业中，实物生产和数据资本的价值增殖过程并非孤立的，而是相互关联的。实物生产所产生的实体产品或服务，通过数字化的

---

[1]　用户粘性是指用户对平台服务的黏附力，包括使用频率、使用时长等。通过提供更加便捷、个性化的服务，平台企业增加了用户粘性，使其更难割舍。

手段被纳入数据资本的价值链中。例如，一家电商平台的商品实体生产只是整个价值链的一环，其价值在于通过对用户行为、购买历史等数据的分析，为用户提供个性化推荐，从而提高购买转化率。这种数据资本的价值增殖过程反过来也影响实物生产的方向和效率，形成了实物和虚拟的生产互为支撑的关系。这种实物和数据的交融，使得平台企业的生产过程更加复杂且多元。

最后，平台企业的生产过程中，实物生产和数据资本的交融还涉及对劳动过程的重新塑造和控制。在传统工业生产中，劳动过程主要围绕着物质产品的制造展开，而在数字经济时代的平台经济中，劳动过程的核心不仅仅是实体产品的制造，还包括了对数据的生产和处理。在平台企业中，劳动者的活动不仅仅体现在传统的实物制造过程中，更涵盖了对数据的生成、整理、分析等数字化劳动。例如，社交媒体平台上的用户通过发布信息、点赞、评论等行为，实际上是在为平台生产和贡献数据。这种数字化劳动的产生和利用，成为平台企业实现数据资本价值增殖的重要环节。

二、数字劳动市场

在数字资本主义时代，劳动市场经历了深刻的变革，表现为劳动市场两极分化和计件工资制度的变化，以及零工劳动和网络众包的兴起。劳动市场两极分化体现在数字化对常规性任务和中等技能劳动力需求的减少，导致中等技能职业的就业份额显著下降，劳动市场中的劳动力出现分化。计件工资制度在数据资本主导的时代具有独特的意义，它体现了数字技术对传统计件工资形式的重新赋能，反映了平台对劳动强度的一种固化的、预定的控制，同时也突显了数字泰勒主义的特点。零工劳动和网络众包成为资本家对于剩余价值获取方式的创新，通过精准匹配和高效安排，资本家在保持相对较低计件工资的同时，通过更灵活的雇佣方式获取更多的剩余价值。

（一）劳动市场两极分化

劳动过程的弹性化造成了劳动市场结构的不稳定化，临时工只有在被需要的时候才进入劳动过程，缺乏劳动合同保障，工人的流动性大大增加。在数字化劳动过程中分割出一个知识型劳动力市场，平台通过"众包"革命将知识型劳动者的创造性劳动纳入了资本增殖过程。数字平台企业的正常运行在极大程度上依赖于"程序化"的技术管理平台，通过成熟的卫星定位技术和先进的智能通讯技术可以实现派单接单，这就催生了极少数掌握编程与算法的专业知识型技术工人直接操控着数字平台的运行①，而依赖于平台接单的低技能工人就被同质化，工作内容和工作程序被简化，概念与执行的分离程度进一步加深。

数字化对劳动市场的影响在于其对常规性任务和中等技能劳动力的相对需求的变化。随着信息技术的不断发展，数字化降低了完成常规性任务的成本，尤其是那些可以通过自动化和算法完成的任务。这导致了对中等技能劳动力的需求减少，因为相对简单的任务可以由数字化技术取代。这一趋势使得中等技能职业的就业份额显著下降，劳动市场中的劳动力出现分化。随着生产方式的升级，生产关系中的分工和技术要素的变化，导致了对劳动力的新要求。那些能够适应数字化、具备高技能的劳动者因其在生产过程中的重要性而获得更高的收入和地位，而相对于常规性任务和中等技能劳动力来说，他们的地位则相对较低。

数字化产生了数量众多的低技能、低工资工人。尽管数字化提高了对高技能劳动力的需求，但相对应地，对低技能劳动力的需求并未显著增加。一些传统的、重复性的低技能工作在数字化的过程中可能被自动化取代，从而导致这部分劳动者的就业困境。这种情况进一步加剧了劳动市场的二元化，形成了高技能和低技能工作者之间的明显差距。资本主义体系下，资本家通过剥夺劳动者对生产资料的掌控权，从而实现对劳动力的剥削，获取剩余价值。数字化的发展加剧了这种剥削关系，因为数字化技术

---

① 肖潇：《"分享经济"背景下劳资关系的演变趋势探析》，载于《探索》2018 年第 2 期。

更容易取代劳动力，使得资本家更加强大。这种数字化导致的低技能工人的劣势地位，也反映了资本主义发展的矛盾。数字化带来了高效生产和高技能劳动者的需求增加，但却没有为低技能劳动力提供足够的机会。这一矛盾在资本主义体系中常常表现为社会的不平等和阶级的分化。

因此，数字信息技术造成的劳动退化现象使劳动市场结构两极分化趋势更加明显：掌握现代计算机与移动互联网等先进技术的高技能劳动者逐渐成为了平台企业的核心员工，在平台企业的内部劳动力市场中居于主导地位；而其他平台企业的边缘劳动力和以服务提供者为代表的大量临时性工人则继续从事替代性较强的工作[1]，并且不断将生产率较低的边缘劳动者排斥出来到劳动力蓄水池中，劳动者之间的相互竞争使资本家能够尽可能地降低工资，边缘劳动者面临着工作模式、工作机会和工资水平的不稳定化。

（二）计件工资制度

"计件工资给个性提供的较大的活动场所，一方面促进了工人个性的发展，从而促进了自由精神、独立性和自我监督能力的发展；但另一方面也促进了他们之间的互相竞争。"[2] 马克思在《资本论》第一卷中的这一观点揭示了数字平台赋予劳工的自主权所赖以实现的基础——计件工资。[3] 计件工资制度是一种按照完成的工作量支付工资的方式，即劳动者根据完成的任务数量或生产的产品数量来获得报酬。这种制度通常与生产效率直接相关，劳动者的收入与其劳动的产出成正比。计件工资制度在数据资本主导的时代具有独特的意义。

首先，计件工资制度体现了数字技术对传统计件工资形式的重新赋能。传统上，计件工资制度是指按照完成的工作量来支付工资，这一制度主要强调劳动的产出，而非劳动的时间。在数字化时代，随着生产方式和

---

[1] 肖潇：《"分享经济"背景下劳资关系的演变趋势探析》，载于《探索》2018 年第 2 期。
[2] 《资本论》第 1 卷，人民出版社 2004 年版，第 639 页。
[3] 胡莹：《论当代资本主义社会在线众包平台劳工的劳动过程》，载于《政治经济学研究》2023 年第 2 期。

劳动关系的变革，计件工资制度得到了进一步的发展，数字技术的引入为其注入了新的灵活性。平台通过计件工资制度实现对劳动过程的精准度量，将劳动量与劳动者的收入直接挂钩。这一机制从表面上看，似乎提高了劳动者的灵活性，但其背后仍然隐藏着对劳动过程的深度控制。数字化使得劳动过程的监控、计量和报酬的计算更为精确和高效。互联网平台上的零工经济，特别是与大数据相关的工作，更容易通过计件工资来衡量劳动的价值。在马克思主义政治经济学的理论中，工资是劳动力价值的表现形式，而计件工资制度则更加直接地将劳动力的价值与实际的劳动成果联系在一起。这种制度使得资本更加有效地通过支付完成的工作来获取劳动的价值，而不是仅仅依赖于雇佣劳动力的时间。因此，计件工资制度在数据资本主导的体系下成为强有力的工具，可以更加灵活地激励劳动力，提高劳动生产率。

其次，计件工资制度反映了平台对劳动强度的一种固化的、预定的控制。在传统生产中，劳动者的工资通常与工作时间挂钩，社会必要劳动时间是劳动价值的一个重要度量尺度。然而，通过计件工资制度，平台将服务量的确定性与劳动强度紧密联系在一起，将预先规定的服务量中的劳动时间视为社会必要劳动时间。这种劳动价值的固化和预定使得劳动者在获得报酬时更受限制，劳动强度的控制也更为刚性。劳动者的劳动时间本质上是为了维持生存而进行的，而超过维持生存所需的时间则成为剩余劳动时间。在传统的工资制度下，这一剩余劳动时间通常是由雇主支配的，而在计件工资制度下，劳动者被迫将整个一生的时间都投入到为资本运动的劳动中。这种转变导致了劳动者在劳动实践中的实际隶属关系发生了变化，不再仅仅是受雇佣关系的支配，更深层次地成为资本运动的一部分。数字技术的引入并没有改变劳动过程的实质，而是使其更为隐秘和有效。

最后，计件工资制度也凸显了数字泰勒主义的特点。数字泰勒主义强调的是通过科学管理和标准化来提高劳动效率，实现对劳动过程更为精确、细致、隐秘的控制，从而最大程度获取剩余价值。计件工资制度被视为一种能够激发劳动者主动性和积极性的奖励机制，平台通过算法对任务的匹配、排序和分配进行精确控制，将服务量与劳动时间的计算方式标准化。这一制度通过激励劳动者追求更高的产出，实际上是将劳动者的积极性和主动性纳入了资本的逻辑之中。劳动者为了获取更高的收入而不断努力，却往往忽略了在这一过程中资本对他们的实际掌控。这种数字化的管理方式让数据资本能够在背后更为隐秘地对劳动进行规训和控制。数字技术的引入并没有消除劳动过程中的不对等和剥削关系，反而通过数字化的方式将劳动强度的控制变得更为精密和隐秘，使劳动者更难以意识到自身的劳动价值。

（三）零工劳动与网络众包

在数字资本主义的时代，传统的计件工资制度经历了深刻的演变，表现为零工劳动和网络众包等新的形式。这种演变不仅通过精准匹配工人方式提高了效益，降低了资本家的生产成本，同时也在一定程度上使劳动者为了争取工作机会而不得不接受较低的工资，努力缩短劳动时间的间隙。零工劳动是指劳动者通过短时、零散的工作完成特定任务，而非传统的长期雇佣关系。在数字资本主义的时代，零工劳动成为一种灵活的就业形式，计件工资制度在这一背景下经历了演变。资本家通过在线平台精准匹配雇主和劳动者，使得零工劳动的工作内容和时长得以更加精细化地安排。这种匹配方式提高了劳动效率，使得劳动者可以更加高效地完成任务，从而为资本家带来了降低生产成本的好处。

通过零工劳动和网络众包，资本家通过精准匹配的方式将任务分解为小的工作单元，通过合理安排，可以更好地调动劳动者的积极性，提升生产效率。这种精准匹配不仅降低了信息传递的成本，也缩短了劳动者之间的沟通时间，从而更加高效地实现了价值创造。在零工劳动和网络众包的背景下，为了争取工作机会，劳动者通常面临接受较低工资的选择。由于平台通过精准匹配的方式，为资本家提供了更多的选择，劳动者为了能够在竞争中脱颖而出，往往愿意接受较低的计件工资。这种竞争导致劳动者在接受低廉工资的同时，努力缩短劳动时间的空隙，以提高自己的竞争力。零工劳动和网络众包的演变可以被视为资本家对于剩余价值获取方式的创新。通过精准匹配和高效安排，资本家在保持相对较低计件工资的同时，通过更灵活的雇佣方式获取更多的剩余价值。这种变革不仅反映了数字资本主义对于生产关系的深刻影响，也使得剩余价值的获取更加精细和巧妙。

第二节　数字化劳动关系

在数字经济时代，社交媒体、电商平台等数字平台成为了个体数据痕迹的聚合和交流的场所。通过这些平台，个体数据得以传播到更广泛的群体中，形成了数据的集聚效应。这一过程不仅是数据的传播，更是数据的社会化，从而赋予了这些数据更大的生产潜力和价值，成为了数字化劳动关系中的重要组成部分。

一、数字化劳动关系的特殊性

在数字经济时代，劳动者的角色已经超越了传统劳动力的范畴，转而表现为知识劳动者和创造者。这种转变体现在数字劳动关系中，其中劳动者的智力和创造力成为了价值创造的关键因素。数据在不同用户之间的传播和分享，构建了一种数字化的社会劳动关系。这种关系在某种程度上类似于传统工业时代的合作劳动形式，个体的数据痕迹通过互联网等平台汇聚，共同形成了一种社会性的劳动产品，这不仅增强了数据的生产力，也凸显了数字劳动关系的集体性和社会性。

数字化劳动关系的特殊性表现在剩余价值的实现方式上。在传统工业时代，剩余价值主要通过压低工资、延长工作时间等手段实现。而在平台企业中，通过对用户行为的精准算法控制和对数据的高度利用，平台能够更加灵活地实现对剩余价值的获取。通过提升劳动粘性、强化劳动监督等方式，平台企业能够在不同程度上实现对剩余价值的最大化获取，而这与传统工业时代的劳动关系存在明显差异。在数字化时代，劳动关系不再仅限于劳动者与资本家之间的直接对抗，更加呈现出一种复杂的、通过数字技术中介的关系。平台企业通过对数据的掌控和算法的运用，形成了一种新型的数据雇佣关系。在这一关系中，劳动者不仅为资本家提供实际的劳动，更为资本家创造和贡献数据，成为数据资本的直接生产者。

在这种背景下，无偿劳动时间成为数字劳动关系的一个重要特征。劳动者在数字平台上进行的各种活动，如社交媒体互动、内容创造、数据生成等，往往未获得相应报酬。这些自愿参与的行为被平台的算法和设计所引导，目的是延长用户时间、提高用户粘性、增加广告曝光等，从而为数据资本家提供无偿劳动。马克思关于资本主义剥削本质的观点在数字资本主义中得到了新的体现，即通过无偿劳动时间的剥削，数字平台垄断用户数据，为资本主义的延续注入了新的动力。

进一步来说，数据劳动的无偿生产在数字化社会中尤为显著。人们使用数字化设备在互联网平台上产生的海量数据，如个人偏好、行为轨迹、社交互动等，都是无偿提供的。尽管用户没有得到直接的经济补偿，数字化平台却能通过这些数据变现，例如通过广告收益和中介费用。平台通过分析用户数据提供精准广告服务，或充当中介促成交易，从而获得经济利益。这种模式虽然表面上提供了"免费"服务，实际上却隐藏了数字劳动者的价值。用户的日常行为，如搜索、点击、浏览，都是一种无形的劳动，但这种劳动往往被模糊为"自愿"和"自发"的行为，而不是被视为有偿劳动，这导致了数字劳动者在价值生产链中的地位相对较低。

二、数据资本积累过程中的劳动关系

在数据资本积累的过程中，劳动关系经历了深刻的变革，表现为劳动粘性的提升与强化控制、工作时间的灵活性与剥削、收入结构的不稳定性、风险保障的缺失、隐蔽的雇佣关系以及数据资本的无偿占有与算法控制。这些变化共同导致了劳动者地位的削弱，劳动过程的技术性剥削加剧，以及劳动者权益的进一步边缘化。数字化时代下的生产关系重塑了劳动者的角色，使得他们在平台经济中更加容易受到雇佣方的支配，而平台企业则通过精密的数据和算法技术，实现了对劳动力的最大化利用和剩余价值的获取。

(一) 劳动粘性提升与强化控制

在数据资本主导的生产关系中，劳动者的劳动粘性受到极大的控制。平台企业能够通过精确的算法控制劳动者的工作过程。首先，通过对劳动者的个体数据的实时监测、分析和反馈，平台企业能够更好地调整和优化工作过程，实现对工作量的动态加码，最大程度地提高劳动生产率。这种技术性的控制使得劳动者的离职、抵抗变得更加困难，形成了一种劳动粘性，劳动者几乎无法摆脱平台企业的束缚。劳动粘性的提升使劳动者更为依附于平台企业，降低了劳动者的流动性，从而增加了平台企业对劳动力的控制力。这一过程是数字化时代对劳动关系的重新塑造，使得劳动者在平台经济中更加容易受到雇佣方的支配。其次，通过对劳动者生产活动的实时监控，及时发现违规或低效行为，实现对劳动者生产周期的压缩和对劳动行为的精准惩罚。这种非人格化的监督方式不仅提高了劳动生产率，也进一步降低了平台企业的劳动成本，推动了剩余价值的最大化。

(二) 工作时间的灵活性

数据资本的积累过程中，工作时间更为灵活，劳动者可能随时被调动，甚至在非正常工作时间进行劳动。这种灵活性的工作时间模式虽然给予了劳动者一定的自主性，但更多的是为了适应数字经济的运作需要。在这一背景下，平台企业通过灵活的工作时间安排，更有效地利用了劳动力，并进一步强化了对劳动者的剥削。与传统生产关系中固定的工作时间不同，数字资本主导的平台企业更注重按需调配劳动力。这种灵活性为平台企业提供了更高的生产效率，但同时也使得劳动者的工作时间更为不规律，增加了其生活的不确定性。

(三) 收入结构的不稳定性

在数据资本主导的生产关系中，劳动者的收入结构表现出不稳定性。平台企业通常采用基于任务的计酬模式，劳动者的收入往往取决于完成的任务数量和质量。这种不稳定性使得劳动者难以稳定地预测和规划自己的收入，增加了其经济上的不确定性。在传统生产关系中，工资通常以固定的月薪形式发放，相对稳定。而在数字资本主导的平台经济中，劳动者的收入波动较大，且难以通过固定的工资保障。这使得劳动者在经济上更加脆弱，降低了其在生产关系中的地位。

（四）风险保障的缺失

由于劳动者往往以个体的形式参与平台经济，与传统的企业雇佣关系相比，他们缺乏相应的社会保障和福利。缺乏社会保障的劳动者在面临疾病、事故等风险时，更容易陷入困境。平台企业通常将劳动者定义为独立承包商或自由职业者，从而规避了对其提供全面社会保障的责任。这种缺乏风险保障的劳动关系使得劳动者更加脆弱，容易受到外部风险的冲击，进一步削弱了其在劳动关系中的地位。

（五）隐蔽的雇佣关系

虽然在数据资本的积累过程中，劳动者的劳动被技术性控制和剥夺，但这种雇佣关系更为隐蔽。传统生产关系中，雇佣关系通过明确的劳动合同和工资制度进行规范。而在数字资本主导的生产关系中，雇佣更为隐蔽，表现为对劳动者行为的技术监控和对数据的无偿占有。这种隐蔽性使得劳动者往往难以意识到自己的劳动被剥削，降低了其对劳动关系的自觉性。

（六）数据资本的无偿占有与算法控制

在数据资本主导的生产关系中，平台企业通过对劳动者生成的数据进行无偿占有，实现了大量剩余价值的获取，同时通过算法技术性手段对劳动者的行为进行精密控制，从而精细化管理劳动过程。劳动者的行为、偏好等信息转化为数据资本的一部分，平台企业通过分析和运用这些数据，不仅实现了对劳动过程的精密控制，而且确保了劳动者达到最大的生产效率，进而获得了更多的剩余价值。这种无偿占有和技术性控制成为数字资本主导下劳动关系的一个突出特点，使得劳动关系相较于传统生产关系中的直接人际管理和劳动合同管理更为隐蔽和深入，导致劳动过程更加规范化和标准化。

三、数据要素的生产性集中

作为最为关键的生产要素之一，数据在数字资本主义中展现出生产性集中的显著特征。这种集中体现在数据的双重角色上：一方面，数据作为劳动对象是数据产品生产的"原料"；另一方面，作为劳动资料，数据通过数字机器的"喂养"成为其生产、运转和算力提升的不可或缺的"燃料"。

（一）数据作为劳动对象

从劳动对象的角度看，数据被视为数据产品生产的"原料"。在数据垄断资本主义中，数据的生产过程是一种"二次加工"的过程，其中源源不断的人类生产生活信息被加工转化为各种功能各异的数据产品或服务。这个过程类似于传统工业中对原材料的加工和转化，但在数字经济中，原材料的特殊性质使得数据在劳动对象方面具有独特的地位。劳动对象的数据在进行"二次加工"时，通过数据标注、机器深度学习和算法匹配等技术手段，被转化为机器可以理解和处理的信息。这个加工过程涉及人工劳动，需要数据工人通过自身的认知和判断能力来解释、分类和注释数据。数据工人的劳动为数据产品的产生提供了基础，他们在这个过程中不仅仅是信息的生产者，更是生产关系中的一部分。

此外，数据的生产性集中体现在数据的使用价值上。数据产品的产生可以提升运营效率、降低生产成本、减少经营风险等方面。企业通过对大量数据的分析，可以更好地理解市场需求、优化生产流程、制定更精准的营销策略等，从而提高企业的竞争力。因此，作为生产的"原料"，数据在数字经济中的价值不仅仅在于其数量，更在于其被充分利用的能力。

（二）数字机器作为劳动资料

从劳动资料的角度看，相比于工业时代的机械性机器，数字机器在数据垄断资本主义中脱胎于海量数据的人工训练。数字机器的生产、运转和算力提升都需要持续的数据"喂养"才能得以实现。这种数据作为数字机器的"燃料"是数字经济中劳动资料的一种新形式。数字机器通过学习大量的数据，特别是通过机器深度学习，使得机器能够模拟人类的认知和学习过程。在这个过程中，数据的作用不仅仅是为了提供信息，更是为了培养机器的智能。数据被输入到机器中，通过算法的处理，机器可以逐渐提升自身的识别、分析和决策能力。这种"喂养"过程直接影响着数字机器的性能和效能。

这种数字机器的"喂养"过程与传统机械设备的操作有所不同。传统机械设备在生产过程中通常只需要能源（如电力）作为运行的"燃料"，而数字机器则需要大量的数据来训练和提升自身的智能水平。因此，数据在这个过程中不仅仅是简单的能源，更是对机器智能的塑造和培养的重要组成部分。在数字资本主义中，数字机器的智能水平直接关系到企业在市场上的竞争力。通过海量的数据"喂养"，数字机器可以更好地适应复杂多变的市场环境，更加灵活地应对各种挑战。因此，数据作为数字机器的"燃料"在数字经济中的劳动资料中扮演了至关重要的角色。

综合而言，作为最为关键的生产要素之一，数据在数字资本主义中体现出生产性集中的双重特征。从劳动对象看，数据作为"原料"参与到数据产品的生产过程中，通过人工劳动进行"二次加工"；从劳动资料看，数据作为"燃料"为数字机器的生产、运转和算力提升提供了必要的支持。这种双重集中的数据生产关系是数字经济中生产关系的重要组成部分，对于数字资本主义的运作起到了关键作用。

第三节　数字泰勒主义

从20世纪70年代开始，资本主义生产方式发生结构性变革，从"标准化大规模生产"转变为"弹性生产"，资本主义劳动过程由"刚性劳动过程"转变为"弹性劳动过程"，资本积累模式日益显露出"弹性积累"

（flexible accumulation）特征。① 在弹性积累模式作用下，资本和劳动的天平更加向资本一方倾斜，资本家可以自由确定工作条件、灵活调整工人工资、裁员或将全日制工人转变为临时工，从而服务于资本的弹性积累。这一弹性模式在数字资本主义下进一步得到强化，有学者将其称为"数字泰勒主义"（Digital Taylorism），② 将泰勒的科学管理原理应用于数字化工作环境中，通过数字技术和算法对劳动过程进行精细监控和管理，这种精细监控管理使"八小时工作制"完全失去了存在的条件，实现了"技术遮蔽"，算法替代传统的人格化资本家成为数字劳工的全方位全天候"督工"，转移了传统的劳资冲突。

一、数字泰勒主义的兴起

数字泰勒主义是数字资本主义时代对传统泰勒主义理念的延伸和升级。泰勒主义起源于 19 世纪末，由美国工程师泰勒提出，其核心思想是通过标准化、统一化管理机制提高生产效率。在传统泰勒主义中，工人的劳动过程被细化为一系列简单而标准化的任务，以实现生产过程的机械化和规模化。而数字泰勒主义则在数字资本主义的框架下，通过数字技术和算法的引入，将泰勒主义的理念发挥到了新的高度。数字泰勒主义不再仅仅强调生产过程的机械化和规模化，更加注重数字化和智能化。通过引入先进的数字技术，数字泰勒主义使得劳动过程更加灵活、高效，并进一步降低了生产成本。这种对泰勒主义的更新使得数字资本主义得以更好地应对复杂多变的市场需求和竞争压力，实现了数字化生产方式的进一步升级。

概括来讲，数字泰勒主义是指在数字资本主义时代，数字平台通过算法和数据的运作，对劳动者进行更为细致、个性化的规训和监控，以提高劳动效率和获取更多的剩余价值。数字泰勒主义的核心在于通过数字技术

---

① 也有学者将 "flexible/flexibility" 等词译为"灵活性"，如"灵活生产""灵活积累""灵活就业"等。

② Philipp Staab and Oliver Nachtwey, Market and Labour Control in Digital Capitalism, Triple C, 2016, 14（2）: 468.

对劳动过程进行更为精准的管理和控制，以达到最大程度的剩余价值产出。在数字泰勒主义的框架下，平台对劳动者进行细致的监控和规训，以确保他们按照预定的标准和节奏进行工作。通过对大量数据的分析，算法可以识别出劳动者的个体差异，进而制定出更为个性化的规训计划。这种规训不仅包括对工作内容和流程的监督，还包括对劳动者的心理和行为的调控。平台通过数字技术的应用，实现了对劳动过程的更为精密的控制，使得劳动者的工作更加规范和高效。数字泰勒主义的实施实际上是对劳动过程的进一步压榨，旨在通过更为精密的管理和规训，获取更多的剩余价值。

数字泰勒主义强调数字企业管理层与普通数字劳工相分离。在传统泰勒主义中，管理者与劳动者之间的分工明确，但数字泰勒主义进一步强调了这种分离。数字企业管理层通过数字平台和算法对劳动过程进行全面监控和管理，而普通数字劳工的工作则被细化成一个个离散的任务。这种分离使得管理者更加抽象化，更多地依赖于数字技术和算法来进行决策和控制，同时数字劳工的工作变得更加碎片化和易于被替代。这种分离不仅加强了管理者对数字劳动的控制，也进一步减弱了普通数字劳工的议价能力。

二、数字泰勒主义的实践方式

数字泰勒主义的盛行在数字资本主义社会中是合乎其逻辑的产物。通过平台规训化生产，数字泰勒主义强调了数字企业管理层与普通数字劳工的分离[①]，通过数字技术和算法对劳动过程进行细致的管理和控制。这一过程既延续了泰勒主义的核心理念，又在数字资本主义的背景下进行了新的演绎和升级。数字泰勒主义的实践方式表现为劳动过程算法控制的三个环节：事先控制、事中控制和事后控制。

首先，事先控制在众包平台中表现为对劳动者的分级和任务分派。在

[①] 闫坤如、李翌：《西方数字资本主义的增殖逻辑及其批判》，载于《华中科技大学学报（社会科学版）》2023 年第 5 期。

数字泰勒主义的逻辑下，平台通过算法和数据分析对劳动者进行评级，并将不同级别的任务分配给对应级别的劳动者。这种分级制度不仅依赖于平台算法对劳动者能力的评估，也可能基于对历史工作表现和客户评价等多个因素的综合考量。通过事先控制，平台企业能够更加精准地将任务匹配给适应程度较高的劳动者，提高整体的劳动效率。

其次，事中控制体现在算法设定完成任务的标准和方法。在众包平台劳动中，数字化的算法通过精确的设定任务标准，规范了劳动者完成任务的方法。这种标准和方法的设定可能包括任务的时间要求、质量标准、完成路径等方面，由算法提前设定并强制执行。劳动者在这一过程中成为了执行标准的工具，算法则通过技术手段对劳动过程进行精密控制。事中控制的实施使得劳动过程更趋向于机械化和标准化，降低了劳动者对于工作流程的主动权。

最后，事后控制通过服务打分评价系统来规范和激励劳动者的行为。在众包平台中，客户通过对完成任务的评分、评价和评论来对劳动者的表现进行反馈。这些反馈数据不仅用于事中控制中的任务标准设定，也在事后成为劳动者绩效和信誉的一部分。高分者可能会获得更多和更优质的任务，而低分者可能会受到任务减少、限制或降低薪酬等处罚。服务打分评价系统形成了对劳动者行为的事后监督机制，通过激励和惩罚来引导劳动者更好地适应平台规则。

三、数字泰勒主义的消极影响

数字泰勒主义对众包平台劳工的劳动控制产生了深刻影响。一方面，通过算法的"数字化泰勒主义"实践，平台企业实现了对劳动者的高效管理，提高了任务的分配和执行效率；另一方面，劳动者在这一过程中逐渐失去了对于工作的掌控权，被动地接受平台算法的指导。这种数字化的泰勒主义劳动控制方式带来了一系列问题，包括劳动过程的全面控制、工人技术性失业危机、劳动过程的机械化和劳动者自主性的削弱以及社会矛盾的激化。

首先，数字泰勒主义的盛行是数据资本家追求剩余价值的必然结果。数据资本家通过数字平台、算法等先进技术手段实现对数字劳动的标准化和规范化，从而更加精准地掌控和操纵数字劳动的生产过程。数字泰勒主义借助技术的力量，将生产流程切割成简单、可控的任务，以提高数字劳动的效率。在这个过程中，数据资本家通过追求更高的生产效率，实现了对数字劳动者的剩余价值的极大榨取。通过数字泰勒主义的盛行，数据资本家能够更加精准地规定数字劳动者的劳动时间和强度，最大程度地获取剩余价值。在数字泰勒主义的框架下，劳动者在数字化的劳动过程中经历了从前期的评级、任务分配，到中期的标准设定与监控，直至后期的评分与反馈的全过程控制。这一系列的控制机制旨在使劳动者适应平台的规范，提升整体的劳动效率。然而，数字泰勒主义也带来了劳动过程的不透明性，劳动者难以全面了解整个工作流程，算法成为了一种不可知的"他者"，对劳动过程进行单向透明的监控。

其次，数字泰勒主义的盛行对普通工人产生了技术性失业危机。数字泰勒主义通过将复杂的数字劳动过程拆解成简单的任务，使得一些传统工作可以被数字化、自动化。这导致了一部分普通工人在数字泰勒主义的生产模式下逐渐失去了就业机会，因为他们的工作被更为高效的数字劳动所替代。技术性失业的出现使得这些工人面临重新适应市场的压力，而其重新就业的可能性并不乐观，因为数字泰勒主义要求的技术素养和能力对他们提出了更高的要求。

再次，数字泰勒主义的盛行可能导致劳动过程的机械化和劳动自主性的削弱。在数字泰勒主义的劳动控制下，生产过程被规范化和标准化，平台劳工的工作自主性受到了削弱，劳动过程逐渐被规范化和机械化。劳动者失去了对于劳动过程的掌控和主动性，成为算法和平台体系的被动执行者。这种数字化的泰勒主义劳动控制方式使得劳动者更加易于被数据资本主导，工作变得更为单一、重复和缺乏创造性，使得劳动者逐渐沦为数字劳动的"奴隶"。服务打分评价系统的实施也让劳动者的工作不仅仅受到了算法的控制，还受到了客户的主观因素的干扰。客户的评价可能受到主观偏见、个人情感等多种因素的影响，从而导致评价体系的不公正。劳动者为了获取更多工作机会和更高薪酬，可能被迫迎合客户的期望，影响了劳动者在工作中的自主性。

最后，数字泰勒主义的盛行将进一步激化社会矛盾。随着技术性失业危机的加剧和创新力的弱化，社会将面临更大的不平等和分化。那些掌握高级技术的数据资本家和从事高度标准化、规范化数字劳动的精英群体可能会更加富裕和强大，而普通工人和技能相对较低的人群则可能陷入贫困和边缘化。这种社会分化可能引发更多的社会矛盾，包括阶级矛盾、经济矛盾等，进而影响社会的稳定与和谐。

第四章　劳动控制的算法权力

数字资本主义下，算法成为资本对劳动过程进行控制的新形式。随着数字技术的发展，劳动过程变得更加碎片化和可控，数据成为资本获取剩余价值的重要途径。资本家通过算法实现对劳动过程的精细化控制，算法系统实时监控和分析劳动者的行为，通过算法评分对劳动者进行排名和评估，从而影响他们在平台上的工作机会和收入水平。这种算法控制不仅提高了生产效率，还使得工人在数字资本主义下更容易成为资本的工具。数字技术的应用在提高生产力发展的同时，也引发了劳动过程的更深层次和更广泛的控制。

第一节　数字资本主义算法控制的兴起

数字技术的快速发展和大数据分析的广泛应用，催生了算法控制作为数字资本主义劳动控制的新形态①，进一步深化了资本对劳动的支配和剥削。在数字资本主义中，互联网平台和 App 等数字化工具充当了新的生产要素，形成了虚拟的生产网络。这些平台通过在线交互，将劳动分割为不同的任务和岗位，使得劳动过程变得更加碎片化和可控。用户在平台上完成的各项任务和活动产生了数据，这些数据成为资本获取剩余价值的重要途径。

---

① 黄再胜：《算法控制、"自我剥削"与数字劳动的时空修复——数字资本主义劳动过程的 LPT 研究》，载于《教学与研究》2022 年第 11 期。

一、劳动控制手段的进化

实践表明，每一次重大技术进步在推动资本主义生产方式革新的同时，也带来了资本对劳动的监督和控制方式的嬗变。历史上的工业革命、信息革命等技术革新都引发了生产关系和劳动组织的深刻变化。例如，在工业革命时期，蒸汽机的引入使得工厂生产取代了手工业生产，大规模工业化生产模式催生了新的劳动组织形式，资本家对工人的控制也变得更为严密。在数字化时代，互联网、人工智能等先进技术的广泛应用使得生产过程更加数字化和智能化。资本家通过监视软件、智能设备等手段实现对工人的实时监控，而新的劳动形式如平台经济也带来了灵活雇佣和弹性劳动关系的变革。这些技术的应用不仅提高了资本的控制能力，同时也改变了工人的劳动条件和生活方式。

数字资本主义的崛起在一定程度上加剧了资本主义社会中生产关系的基本矛盾。技术的发明和引入本身的作用是提高劳动生产率、减轻劳动负担和增加财富。然而，在资本主义生产方式中，技术的应用体现为资本关系的物化，机器成为资本家提高劳动强度、奴役支配工人劳动的工具。机器作为资本剥削属性的物质承载体，使工人阶级最初的反抗资本主义剥削表现为破坏机器的行动。马克思强调"工人要学会把机器和机器的资本主义应用区别开来"[1]，我们批判的不是物质生产资料本身，而是物质生产资料的社会使用形式。数字技术本身是中性的，随着社会生产力的大幅提升和生活方式的数字化重构，数字技术展示出其作为经济加速器和推动力的潜力。技术发展为数据的产生和利用提供了前所未有的便利：大数据技术的发展使得人类能够处理和分析海量的数据，从而揭示出隐藏在数据背后的模式和规律；人工智能的应用使得机器能够通过学习和模仿的方式不断优化自身的处理能力，从而更加高效地利用数据；云计算技术的普及使得数据能够在不同的地点、设备之间实现快速的共享和传递，促进了数据的全球化。然

---

[1] 《资本论》第1卷，人民出版社2004年版，第493页。

而，一旦与资本主义制度相结合，数字技术就成为资本剥削劳动的工具。

马克思认为，资本是依靠对活劳动的剥削而自行增殖的价值，活劳动在生产剩余价值过程中具有决定性作用："资本是死劳动，它像吸血鬼一样，只有吮吸活劳动才有生命，吮吸的活劳动越多，它的生命就越旺盛。"[1] 在资本主义剩余价值生产中，资本家为了最大程度地吮吸活劳动，采用各种手段来管理和控制劳动过程。其中，管理技术和监视手段成为资本家实现对劳动的支配的重要工具。在技术进步的推动下，资本家不断更新和升级生产工具，进而改变劳动的性质和组织形式。重大技术进步不仅推动了生产方式的革新，也引发了对劳动的监督和控制方式的演变。随着科技的发展，资本家逐渐引入了自动化、信息化等先进技术，从而实现对生产过程的更加全面和精细的监控。监视手段的不断升级，使得资本家能够实时获取有关工人劳动状态、效率和产出的信息，从而更加灵活地调整生产组织和劳动力分配，以最大程度地压榨劳动者的潜在能力。此外，资本主义剩余价值生产中的监督和控制方式也表现为对劳动过程的规训。资本家通过对工人进行培训、教育和纪律的形式，使其更好地适应新的生产要求。规训不仅仅是对技术和操作的培训，更是对劳动者思想和行为的塑造。通过规训，资本家能够在工人中灌输工作纪律、竞争意识和服从精神，从而更好地满足资本的利润追求。

在数字资本主义条件下，数据资本通过数字技术和算法控制对活劳动的统治和剥削来实现价值的自行增殖。[2] 随着信息技术的飞速发展，数字化、云计算、大数据等现代数字技术的广泛应用，使得生产过程更加智能和高效。在这个过程中，资本家通过引入算法控制，将数字技术与管理实践相结合，以更加精确和细致地控制劳动过程，从而实现更大程度的剩余价值生产。算法控制的核心在于将人类的决策和指挥权力转移到计算机程序和算法之上。资本家不再仅仅依赖于人的主观经验和判断，而是利用大数据分析和机器学习等技术，通过对海量数据的处理和模式识别，制定更加科学、精准的生产计划和管理策略。这种算法控制不仅能够提高生产效

---

[1] 《资本论》第 1 卷，人民出版社 2004 年版，第 269 页。

[2] 杨黎、吴学琴：《数字资本主义时代的劳动异化：现实表征、生成机理与破解路径》，载于《昆明理工大学学报（社会科学版）》2023 第 2 期。

率，还能够更好地适应市场变化和消费需求的波动。综上所述，数字技术的应用为生产力发展提供新动力的同时，也引发了对劳动过程更为深入和广泛的控制，使得工人在数字资本主义下更加容易成为资本的工具。

二、算法控制的兴起

互联网平台和 App 作为虚拟生产网络的"生产流水线"在数字资本主义中具有显著的特征。用户在平台上的每一个点击、每一次搜索、每一次交易都会留下数字痕迹，形成海量的用户行为数据。这些数据成为资本家获取有关用户喜好、行为模式等信息的重要基础，从而更好地定位市场、推动广告、提高产品精准度，最终实现剩余价值的生产。在这一过程中，算法控制成为关键的工具。由于数据量庞大，传统的管理手段已经无法应对。算法通过对大数据的分析和机器学习的应用，能够从海量数据中提炼出潜在的模式和规律，为资本家提供更为精确的市场洞察。这种算法控制不仅包括对用户行为的预测，还包括对平台内部运营、资源配置等方面的优化。算法的迅速发展使得虚拟生产网络更加智能和高效，从而更好地实现对劳动的控制和操纵。在传统的生产过程中，资本家通过雇佣劳动力来支配劳动，而在数字资本主义中，算法成为新的支配手段。算法不仅通过对用户的行为进行监测和分析，还通过实时的数据反馈，不断调整平台的运营策略和资源配置，以追求更大的剩余价值。这种对劳动的智能化和精确化的控制使得资本家能够更好地适应市场的变化，更灵活地实现对劳动的操控。

在资本主义生产关系中，劳动力被视为商品，而劳动的实质是创造价值的过程。资本家通过雇佣劳动力，将一部分劳动价值以工资的形式支付给工人，而剩下的部分则作为剩余价值流入资本家的口袋。算法控制的出现，实质上是为了更有效地提取和最大化这一剩余价值。在数字劳动力市场兴起的背景下，人们的劳动活动逐渐由传统的实体劳动场所转移到数字平台上。这一过程中，大量的数据产生并被记录，包括用户行为、偏好、反馈等。算法控制正是基于对这些海量数据的分析和挖掘，实现对劳动过程的更为精细和智能的控制。通过对劳动者的数据进行分析，算法可以生成对工作指挥、绩效评价和行为规范的自动决策，从而提高劳动力的利用效率和剩余价值的生产。

　　算法控制的崛起不仅源于数字劳动力市场的兴起，更得益于产业的数字化和生产组织的平台化。随着技术的进步，生产过程中的数据不断增多，而传统的管理手段已经难以胜任对这些庞大数据的处理和分析。算法作为一种数据驱动的自动决策系统，能够快速而准确地分析大数据，提取有用信息，并作出相应的决策。这使得资本家能够更好地理解和预测市场需求，更灵活地调整生产组织和劳动力分配，以适应市场的变化，实现更大程度的资本积累。在数字资本主义中，大量的数据被采集和分析，而算法能够通过对这些数据的深度学习和模式识别，进行精确而准确的决策。算法的精准化决策使得资本家能够更好地理解和预测市场需求，更有效地进行生产组织和资源配置。这也意味着资本家能够更准确地调整劳动力的使用和管理，以最大化剩余价值的生产。随着算法在劳动过程中的广泛应用，工作任务能够在极短的时间内被分配和执行。算法能够实时监测和反馈工作的进展，使得生产过程更加高效和迅速。这种即时化的执行使得资本家能够更灵活地应对市场的变化，更迅速地调整生产计划和资源分配，从而更好地满足资本积累的需要。

　　在数字资本主义中，算法控制表现为对劳动力的智能化监控。资本家通过数字化的设备和传感器，实时收集有关劳动过程的数据，监测工人的工作状态、生产效率等各个方面。这种实时监控使得资本家能够更加迅速地作出决策，调整生产流程，优化资源配置，以最大化剩余价值的生产。此外，算法控制也表现为对劳动过程的精细化规划和调控。通过分析大数据，资本家能够更准确地预测市场需求，制订生产计划，并根据实际情况及时调整。这种精细化规划不仅可以减少生产过程中的浪费，还能够更好地适应快速变化的市场环境，提高市场竞争力。在数字资本主义中，算法控制还表现为对劳动过程中支配关系的重新塑造。传统上，资本家通过雇佣关系支配劳动力，但在数字化时代，算法成为一种新的支配手段。算法不仅仅是一种技术工具，更是一种规则和逻辑的体现。资本家通过设定算法，规范和约束劳动过程，使得工人在数字化的生产环境中更加容易受到管理和控制。

三、算法控制的"双刃剑"作用

算法控制作为一种新型的劳动控制手段，既带来了生产效率的提升，也带来了对劳动者权益的挑战，我们需要在数字资本主义的发展中寻找平衡点，确保劳动者权益的保护和算法技术的合理应用。

（一）对传统控制体系的优化

数字经济的兴起导致了控制体系的演变，从传统的直接控制、技术控制和官僚控制逐渐演变为以算法为核心的控制体系。算法管理通过互联网平台应用的智能化技术，实现了对数字劳动者的监控、任务分配和绩效评估等方面的精密化控制。相对于传统的控制体系，算法控制更加高效、迅速，能够更好地适应数字经济中快节奏、高竞争的特点。算法通过大数据的分析和机器学习的应用，可以更精准地匹配任务和劳动者，提高劳动过程的效率，实现资本的快速积累。然而，算法控制并没有真正消除纵向冲突，反而使得冲突的表现形式更为隐蔽。在传统控制体系中，纵向冲突常常表现为雇主与员工之间的权力对抗，而在算法控制中，数字劳动者更多感受到的是对数字平台算法权力的不满。算法权力使得平台系统通过智能算法决定数字劳动者的任务分派、工作评价和曝光度等方面的事务，数字劳动者因此失去了对自身劳动的一定掌控权。

在传统的直接控制中，管理者的决策可能受到主观意识、个人情感、主观判断等因素的影响，从而导致管理决策的不确定性和不稳定性。而算法控制基于大数据和机器学习等技术，通过对海量数据的分析，自动形成决策规则和模型，使得管理决策更为客观、科学。算法控制的决策过程具有可量化、可计量的特点，排除了管理者主观意愿的干扰，提高了决策的准确性和稳定性。算法控制通过持续地系统优化，克服了传统技术控制和官僚控制的相对僵化。[①] 传统的技术控制往往基于固定的规则和程序，对

---

① 黄再胜：《算法控制、"自我剥削"与数字劳动的时空修复——数字资本主义劳动过程的 LPT 研究》，载于《教学与研究》2022 年第 11 期。

变化的适应性相对较弱，而官僚控制则可能受到制度、规章制度的束缚，难以灵活调整。相比之下，算法控制具有自适应性和灵活性，能够不断地根据实时数据进行优化和调整。算法通过学习和适应，能够更好地适应复杂多变的劳动环境，提高管理的灵活性和效率。

数字经济之所以能实现快速扩张，是因为数字资本主义改进了劳动过程中资本对劳动的控制形式和剥削手段，并且使雇佣劳动者自觉接受并认同这种方式。数字化时代信息技术的资本主义应用并未改变资本逐利和剥削的本质，只是改变了资本攫取剩余价值的方式，资本对劳动的控制和剥削更加隐蔽化、虚拟化。在金融危机引致的经济低迷不振背景下，大量全职工人陆续失业成为临时工或就业不稳定的自由职业者，而处于数字经济下的平台企业吸收了大量的自由从业者进入雇佣劳动大军，并借助各种网络媒体进行营销和宣传，渲染企业的自愿选择加盟、随时选择退出、客户利益至上和劳资平等合作的经营理念，淡化了企业逐利和剥削的资本主义色彩，使得劳动者充分认可了企业本身是一个只要付出就有回报的公平交易的雇佣劳动平台，为其提供劳务工作不仅可以实现自己的自由职业理想，还可以实现劳资"双赢"的良好合作。例如，"分享经济"宣扬的核心理念是"使用权高于所有权"（access over ownership）和"不使用即浪费"（value unused is waste），从而将剩余价值的实际生产过程隐蔽化。[1]"分享经济"的典型企业之一 Uber 就宣称创办企业的主要目的在于通过帮助闲置的私家车进入市场发挥其价值，使私家车司机获得一种弹性的、可灵活选择的工作和生活方式。在这样的宣传包装下，劳动者不再认为自己在为别人工作，而是"自己的老板"，成为自己时间的管理者，还能在闲暇时间获得相应劳动报酬，无法直接体会到平台的监督和控制。[2]

在掩盖剥削本质的同时，平台企业对劳动的控制形式更加多样化。对于劳动市场的知识型工人，平台企业给予工人较高的工资水平、稳定的中

---

① 吴清军、李贞：《分享经济下的劳动控制与工作自主性——关于网约车司机工作的混合研究》，载于《社会学研究》2018 年第 4 期。

② 亚历克斯·罗森布拉特：《优步：算法重新定义工作》，郭丹杰译，中信出版社 2019 年版，第 16 页。

长期劳动合同以及良好的社会福利待遇；而那些对平台依赖性较强的外围劳动者，平台企业则凭借其技术和市场信息垄断，以终止合作为威胁强迫劳动者"自愿"延长工作时间。数字平台企业常用的控制手段有两种：一是用户意见反馈，通过消费者用户进行评分、工人等级评定等多种形式来考核监督工人。通过这一制度，消费者对劳动过程的参与程度得到了增强，平台企业让渡了一部分对劳动过程的监督权给消费者一方，不但节省了企业的监督成本，而且强化了对劳动的监督效果。二是制定奖惩制度，对于达到一定业绩标准或完成更难的工作任务的雇佣工人进行奖励，而对于不遵守规则的雇佣工人（例如私自与客户联系接单）则实施严厉的处罚措施。通过这一有效的奖惩激励制度，雇佣工人的劳动强度和劳动效率被完全发挥到最大化，完全服从于资本家的指挥。

（二）算法控制的消极影响

在传统的劳动过程中，管理者和劳动者之间的交互往往是基于人工的沟通和指导，而在算法控制下，这种交互变得更为智能化和自动化。算法能够通过对大量数据的分析，为管理者提供更为准确和全面的信息，使得管理者能够更科学地制订工作计划、绩效标准和激励机制。这也使得劳动者在与算法交互的过程中更加容易受到精准的工作指导和绩效评价，同时也更容易受到激励和惩罚。算法系统的运行过程对于普通劳动者来说往往是不透明的，难以被理解和解释，这种"黑箱化"使得算法系统成为一种高度专业化的工具，需要专业的技术人员来维护和操作。这也使得劳动者难以对算法系统的决策过程提出质疑或进行干预，降低了劳动者对于自身劳动条件的掌控能力。

数字资本主义的算法控制强调数据在劳动过程中的价值和作用。通过数据的记录、收集和处理分析，算法能够更精准地衡量和评价劳动，实现更有效的管理和控制。因此，"用数据说话、凭数据决策"成为算法控制的核心原则，[①] 旨在最大化剩余价值的生产。然而，过度依赖数据和算法使得劳动者更易被视为冷冰冰的数据集合，而非有着独特需求和体验的个

---

① 黄再胜：《算法控制、"自我剥削"与数字劳动的时空修复——数字资本主义劳动过程的LPT 研究》，载于《教学与研究》2022 年第 11 期。

体。过于强调"用数据说话、凭数据决策"可能导致对非量化因素的忽视，无法全面考量人类的创造性、创新性等非直观的贡献。

（三）人工智能的局限性

首先，机器学习系统的"智能"是按照一定程序输入才得到的。智能在这里被视为一种隐喻，即机器学习系统能够通过处理大量数据、学习模式和规律，执行特定的任务。然而，这种智能是基于预设的算法和输入数据的，而非真正的意识、理解或主观判断。在马克思主义政治经济学中，智能的产生是通过人的劳动来实现的，而机器学习系统的智能是建立在人工设定的规则和算法之上。在资本主义生产关系中，商品的价值是通过人的劳动创造的，而劳动赋予了商品以特定的社会意义。机器学习系统无法理解或创造这种社会意义，因为它缺乏对社会、历史、文化等方面的深刻理解和主观经验。

其次，人工智能是先有"人工"才有"智能"。这意味着机器学习系统的智能是建立在人类设计、开发和维护的基础上的。人的高阶劳动，即对知识、经验、判断等方面的深度参与，是机器学习系统得以运行和不断优化的关键。马克思主义政治经济学中关于劳动的价值创造和创新的观点，可以解释为何机器学习系统的"智能"依赖于人类的高级智力劳动。机器学习系统的设计和改进需要人的创造性、主观性和对复杂问题的理解能力。虽然机器学习可以通过大规模数据的训练获得某种程度的"智能"，但这种智能仍然是基于人工设定的目标和规则，并不能超越人的高级智力和创造性劳动。因此，即使机器学习系统在某些任务上表现出色，它并不具备人类的全面理解、判断和创新的能力。

第二节　数字资本主义的权力重构

大数据时代的到来改变了数据的商业利用方式，使得数据成为资本主义生产的核心动力，这导致了市场和劳动关系的深刻变化。算法推荐在数字资本主义中扮演了重要角色，通过个性化推荐，数据资本家能够更精准地操控劳动者，影响他们的行为和决策。[①] 然而，这种控制也带来了消极影响，如劳动者的选择权受限，以及过度依赖数据和算法可能导致对非量化因素的忽视。数字资本主义中的权力重构，包括劳动过程中的算法权力、从"血汗工厂"到"技术囚笼"的转变，以及从"肉体规训"到"精神驯化"的转变。

一、大数据和数字算法

从"小数据"到"大数据"，数据成为资本主义生产的核心动力，深刻影响着数字劳动关系。以数据为基础的劳动成为主流，强调灵活性和自由性，但也带来劳动者权益的不稳定和劳动过程的隐匿。算法通过大数据分析，深入挖掘个人信息，生成数据肖像，实现对劳动者的精准操控。劳动者在算法推荐下，逐渐丧失选择劳动的权利，成为算法支配下的被动执行者，面临信息不对称和依赖算法的困境。

（一）大数据和小数据时代的差异

在资本主义发展的历史进程中，数据的商业利用经历了由"小数据"到"大数据"的演变。这一过程不仅加速了资本主义生产关系的垄断，也深刻改变了市场和劳动关系。在"大数据"时代，数据不再是辅助性的工具，而是资本主义生产的核心动力之一，这为我们深刻理解数字化时代的资本主义特征提供了有力的分析框架。

回顾"小数据"时代，数据的商业利用主要受到两方面因素的制约，即数据收集成本和数据处理分析能力。在这个阶段，由于技术水平相对较低，数据的获取和处理相对困难，资本主义生产流通中的数据利用主要体现在一些基础领域，如劳动过程控制、直接营销、会员计划、信用评级和保险、金融风险管理等。数据在这个阶段主要是被用于提高效率、优化市场运作以及

---

① 唐铮、段景文、严云依：《双重驯化与人技混合：驯化视角下的算法再定义》，载于《学术研究》2022年第4期。

更精准地进行风险管理。这种情境下，数据的商业利用更侧重于服务于传统产业的运营和管理，而不是对整个社会生产关系的深刻改变。随着科技的飞速发展，特别是计算机技术和互联网的普及，社会进入了"大数据"时代。在这个阶段，数据的商业利用发生了质的变化。数据不再是孤立的、零散的信息片段，而是以海量、高维度、多样化的形式存在。这为资本主义生产关系的再塑和加速垄断提供了新的可能性，主要包括以下方面。

一是数据作为生产资料的角色增强。在"大数据"时代，数据不仅是商品，更是生产资料。它是一种被资本直接使用、能够创造价值的生产要素。与传统生产要素相比，数据的特殊性在于其无限重组和循环利用的能力，使得资本能够更加高效地进行生产过程的管理和决策。二是数据的资本化与垄断加速。数据作为一种特殊的商品，具有使用价值和交换价值。而在资本主义中，只有具有交换价值的商品才能成为资本，从而实现增殖。通过数据的商业利用，特别是在互联网平台的运营过程中，数据被资本积聚，进而加速了资本的集中和垄断。三是数据对市场关系的深刻改变。在"大数据"时代，数据不再仅仅服务于传统产业，更在数字化经济中成为主导力量。互联网平台通过对大数据的分析，能够更好地了解用户需求，实现精准广告投放，从而推动了数字广告市场的蓬勃发展。这种数据主导的市场关系使得市场变得更加个性化、精准化，同时也强化了数字经济中的垄断效应。四是数据对劳动关系的重新塑造。随着数据资本的崛起，劳动关系也发生了深刻变化。在互联网平台经济中，以数据为基础的劳动成为主流，劳动者在平台上通过生产数据内容、参与数据加工和分析等方式参与劳动。这种劳动形式与传统的雇佣关系不同，更加强调灵活性和自由性，但也伴随着劳动者权益的不稳定和劳动过程的进一步隐匿。

（二）算法推荐的个性化和劳动控制

数字算法通过大数据的积累和处理，能够深入挖掘数字劳工的个人信息、行为轨迹和喜好。这种算法的运用使得人类认识的范围和深度发生了质的变化。传统上，人们获取认识主要依赖于直接的观察、经验和交流，而在数字资本主义时代，算法分析使得大规模的数据得以快速而准确地分析和挖掘。数字算法的运用为人们提供了一种全新的获取认识的途径，使得人们能够更加深入地了解个体的行为、喜好和特点。然而，这种获取认识的新途径并非无关紧要。在数字资本主义中，算法分析不仅仅是为了满足科学研究或人类了解的需求，更是为了实现对劳动者的更加深入和巧妙的控制。通过对数字劳工个人信息和行为轨迹的准确刻画，算法生成了"数据肖像"（data portrait），即对个体的全方位描述。这种数据肖像包括了个体的兴趣、习惯、行为倾向等方面的信息，构建了一个数字化的个体形象。

数据资本家通过算法生成的数据肖像实现了对劳动者的更加精准的操控。[①] 算法不仅仅是通过观察和记录，更是通过对数据肖像的分析和预测，实现了对个体行为的精准引导。在数字资本主义社会中，这种操控主要体现在对劳动行为的诱导和支配上。通过算法的个性化推荐，数据资本家能够预测和引导劳动者的行为，使得劳动者在数字空间中的活动更加符合资本家的利益。这种精准的引导和支配让劳动者逐渐丧失了选择劳动或不劳动的能力和权利，而是在算法的指引下执行着预设的劳动行为。

在数字资本主义中，个性化算法推荐通过对大量的个体数据进行分析，预测个体的喜好和需求，为每个劳动者提供个性化的服务和信息。这种个性化推荐不仅出现在商品的推荐中，也延伸到了劳动的领域。数据资本家通过算法的个性化推荐，诱导劳动者在特定的工作、项目或任务上投入更多的时间和精力。这种推荐是基于对个体行为的深入分析，能够精准地满足劳动者的个性化需求，从而更有效地引导劳动者的行为。数字资本主义通过大数据和数字算法对用户进行统计分析，实际上是在通过生产关系的调整来达到对社会的控制。在传统的资本主义社会中，生产关系主要通过生产资料的私有制和雇佣劳动来决定，而在数字资本主义社会，生产关系不仅包括对物质生产资料的掌控，更加涉及对信息、数据这一新型生产资料的掌控。通过对用户数据的统计分析，数据资本家能够更精准地了解用户的消费能力和身份地位，从而在生产关系中对不同群体进行有针对性的调整和剥削。

---

① 谢小芹：《数字监控与平台经济中的劳动控制》，载于《理论学刊》2024年第1期。

（三）算法控制的自我进化和数字劳工的困境

大数据和数字算法的运用使数字资本主义中的数字权利具有了等级化、个性化的特征。在传统资本主义中，由于生产力水平的限制，广大劳动者的生产关系相对均衡。然而，在数字资本主义社会，大数据和数字算法的广泛应用使得数据资本家能够更加精准地对用户进行分类和个性化管理。通过对用户的消费行为、社交网络活动等进行全面分析，数据资本家能够将用户划分为不同的群体，对其数字权利进行差异化配置。例如，通过大数据杀熟，数据资本家能够在虚拟市场中提高某些商品的价格，实现对高消费能力用户的剥削。通过外卖小哥送餐时间的极致压缩，数据资本家能够迎合那些对时间要求极高的高消费能力用户，提高其数字服务的质量。这种等级化、个性化的数字权利配置进一步加剧了社会中的不平等。

在传统的劳动关系中，劳动者通常具有一定的选择权，可以根据个人的兴趣和能力选择适合自己的工作。然而，在数字资本主义中，个性化的算法推荐使得劳动者在选择工作时更加受限。在算法分析的时代，人们不再仅仅依赖于自身的经验和直觉，而是更加倚重于数据的分析和算法的推断。这种转变使得人们在认知和思考问题时更加依赖于技术工具，同时也更容易受到技术工具的影响。算法的预测和推荐往往会成为人们决策的重要参考，影响着个体的选择和行为。这种对算法的依赖和信任，使得人们在认知和决策中逐渐失去了对传统思维方式的依赖，对算法的决策更为盲从。

算法通过对个体的行为数据进行深入分析，推荐那些更符合个体兴趣和能力的工作，但同时也限制了个体的选择范围。这种个性化推荐的背后是对个体行为的深入挖掘和分析，使得个体在选择劳动时更加受到算法的引导和干预。这种情境使得劳动者感受到数字劳动似乎是一种不可或缺的需求，而非真正的自由选择。数字劳动者逐渐失去了在数字资本主义社会中主动选择劳动方式的权利，而成为算法推荐和引导的被动对象。由于个性化的算法推荐和精准的服务，数字劳工往往会感受到一种个体需求得到满足的愉悦和满足感。在这种情境下，数字劳工更容易接受数字劳动作为一种"自由自愿"的活动，因为他们在与算法的互动中感受到了个体需求得到尊重和满足的体验。然而，这种"自由自愿"实际上是建立在数字劳工被算法控制和引导的基础上的虚假自由。数字劳工在数字资本主义社会中并非真正拥有对自身劳动的自由决策权，而是受制于算法的引导和规训。

在数字资本主义社会，用户被赋予了在数字平台、应用软件上自由活动的权利，然而，这种自由是在数据资本家设定的算法控制的框架下实现的。数据资本家通过对用户数据的垄断，掌握了市场上大部分的信息资源，形成信息垄断。用户以为自己是在自由访问的过程中主动选择和决定，但实际上，用户只能获取到被数据资本家所选择和过滤的信息，他们的选择和决定是在数据资本家精心设计的算法监控体系中被引导和操纵的结果。用户在数字空间的自主性被数据资本家通过算法监控剥夺，数据资本家通过这种方式实现对用户的控制和剥削。

数字算法具有自学习和自适应的能力，能够通过大数据的不断积累和分析来不断优化和升级自身的算法模型。这种"自我进化"使得算法在服务质量上不断提升，更加精准地满足用户的需求。随着算法不断进化，其对数字劳工的引导和控制也变得更加巧妙和有效。劳动者在与算法交互的过程中，往往会感受到算法的"智能"和"个性化"，这进一步强化了数字劳动的看似"自愿"性质。随着算法服务质量的提升，数字劳工在使用数字工具和平台的过程中往往感受到更高效和便捷的服务体验。这使得劳动者更容易接受和适应算法的引导，减轻了他们对数字劳动的反感和抵制。由于算法的不断优化，数字劳工在与算法互动的过程中逐渐形成对算法的依赖，使得他们更难以觉察到潜在的数字剥削和对抗的可能性。这种"自我进化"机制实际上削弱了数字劳工的抗争意识，使得他们更容易屈从于算法的引导和支配。

随着算法强大的"自我进化"功能，越来越多的人沦为"数字奴隶"，无偿进行数字劳动。数字奴隶的概念表达了数字劳动者在数字资本主义社会中被剥削的无奈和无权。由于算法的引导和规训，数字劳工逐渐失去了对自身劳动的掌控权，成为算法支配下的被动执行者。这种数字奴隶的现象并非因为外在的强制，而是在劳动者自愿参与数字劳动的前提下，被数据资本家无偿占有和剥削。这种"自愿"屈从于算法支配的情境使得数字劳动者沦为数字资本主义体系中的弱势群体，不断为数字资本主义的增殖逻辑提供源源不断的数据资本。

二、数字资本主义的权力重构

在数字资本主义的时代，数据和算法不仅成为新的生产要素，而且成为重要的控制手段。数据资本利用算法对劳动过程进行精细化管理，实现了对劳动者的高度控制。这种劳动过程的演变，从显性的"血汗工厂"转变为隐性的"技术囚笼"，通过智能监测设备对劳动者进行全方位的监控。数字劳动者面临着算法权力的垄断，被平台算法系统严格监控和管理，从而失去了劳动自主权。在这种背景下，数字资本主义中的规训焦点也从劳动者身体转向了精神和思维，通过算法和数字化工具对劳动者进行精神上的驯化。

（一）劳动过程中的算法权力

在数字资本主义中，数据被认为是一种新的生产要素，而算法则是对这些数据进行深度分析和决策的工具。通过大数据技术和机器学习算法，数据资本能够从劳动者的行为、偏好、能力等多个方面进行全面的挖掘和分析。这使得数据资本能够实现对劳动过程更为精细化的管理和控制，形成了前所未有的算法权力。

首先，数据资本通过算法能够对用户的身份、信用、历史行为等进行综合评估，从而实现对平台准入的精准管理。通过分析用户的数据，算法可以判断用户是否符合平台的要求和标准，进而自动地进行账号管理。这种算法决策的准入机制使得数据资本能够更好地掌握平台上的参与者，确保平台的安全和稳定运行。其次，数据资本通过算法分析劳动者的技能、经验、工作效率等信息，实现对任务需求和劳动力供给的智能匹配。算法能够根据任务的性质和紧急程度，匹配最合适的劳动者，以提高任务完成的效率和质量。这种优化匹配的算法权力使得数据资本能够更好地满足市场需求，提高生产效率。再次，数据资本通过算法分析市场供需关系、用户行为以及竞争对手的价格策略等因素，实现对服务价格的实时调整。算法能够根据市场的变化和用户的需求，自动地调整服务的价格，以最大化利润或提高市场份额。这种动态调整的算法权力使得数据资本能够更灵活地应对市场变化，更精准地制定价格策略。最后，数据资本通过算法分析劳动者的工作表现、产出质量、工作效率等数据，实现对劳动绩效的实时监控和评价。算法能够迅速发现劳动者的优点和问题，自动地进行绩效评价和激励或惩罚的决策。这种高效处置的算法权力使得数据资本能够更好地调动劳动者的积极性，提高整体的劳动生产率。

在数字资本主义的劳动过程中，数字劳动者面临着被平台算法系统垄断和裹挟的困境，陷入机械而强制性的工作循环。数字劳动者面临着算法权力的垄断：互联网平台通过精密的算法系统对数字劳动者进行监控和管理，将其纳入一个高度规范化和控制的数字劳动网络中。这一算法权力的垄断使得数字劳动者无法摆脱平台系统的掌控，被迫遵循平台的工作指令。数字劳动者的"自主"在这一过程中被剥夺，他们失去了对自身劳动的掌控权，而将劳动过程交由平台系统的算法来决定，沦为机械式的执行者，被迫奔波于平台规定的工作流程之中。这反映了数字劳动者在算法权力面前所具有的无奈和被动，因为他们的工作行为受制于数据资本的掌控，劳动过程成为了一种机械的、缺乏自主性的重复性劳动。

（二）从"血汗工厂"到"技术囚笼"[①]

在数字资本主义社会中，机器大工业时期显性的"血汗工厂"逐步演化为智能算法控制下隐性的"技术囚笼"，劳动者在隐蔽严密的控制之下越来越像机器，而极具讽刺意味的是技术的快速变革和发展使得机器越来越像人。[②] 通过实时监测和细致控制，数据资本更加关注劳动过程的效率和规范，力求通过技术手段最大限度提高劳动力的绝对剩余价值。在这个背景下，对智能监测设备的投资和更新成为一种必然的选择。这些设备能够全方位、精准地监测劳动者的工作状态、行为和产出，从而提供更多的

[①] 祖波夫：《监控资本主义时代：在权力新边界为人类未来斗争》，蒋宗强译，中信出版社2020年版，第89~112页。

[②] 顾梦佳：《理解数据资本的四重逻辑》，载于《中国社会科学院大学学报》2024年第7期。

信息作为管理和决策的依据，最终实现对劳动过程的更为深入的掌控。这种对劳动过程的过度掌控可能导致劳动者的机械化和异化，削弱了其个体性和创造性。

通过大规模投资智能监测设备，数据资本构筑的"技术囚笼"实际上是一种对劳动过程的智能化管理。这种管理方式基于大量的实时数据，通过算法的分析和学习，实现对劳动者的精准监测和实时反馈。在这个过程中，摄像机、传感器、录音设备以及智能穿戴设备等成为构建"技术囚笼"的关键工具。摄像机可以记录劳动者的工作状态，传感器能够感知环境和工作条件，录音设备可以获取沟通和讨论的内容，而智能穿戴设备则能够监测劳动者的生理和心理状态。这些设备的联合使用使得算法能够更全面地了解和预测劳动者的行为，实现对劳动过程的更加精准的控制。在这个"技术囚笼"中，数据资本实时监视数字劳动者的一言一行，进一步细化了对劳动过程的掌控。算法通过对数据的敏感分析，可以迅速发现劳动者的工作状态、效率以及潜在的问题。这种实时监控强化了劳动者对于时间的感知和约束，使得劳动者的一言一行都在"技术囚笼"的监视之下。

（三）从"肉体规训"① 到"精神驯化"

数字劳动中资本与算法的合谋导致数字剥削从"肉体规训"向"精神驯化"的转变。传统的肉体规训在数字资本主义中相对减弱，而通过算法和数字化工具的运用，资本主义在数字空间中对劳动者进行更为巧妙和深入的精神操控。这种"精神驯化"不仅是对劳动者的思想和行为的引导，更是数字资本主义中对社会关系的重新塑造，影响着人们在数字空间中的生活和工作。

传统资本主义社会中的"肉体规训"主要表现为对劳动者身体的直接操控和控制，使其适应工业生产的需要。在工业化进程中，资本家通过设定固定的工作时间、规范的工作场所、严格的工作纪律等手段，强迫劳动者在特定的物质空间和时间范围内进行生产。工人在工厂里受到机械性的

---

① 福柯：《规训与惩罚》，刘北成，杨远婴译，三联书店 2019 年版，第 156～180 页。

监督和控制，工作的方式和强度由资本家制定和控制，这种"肉体规训"是对劳动者身体的直接支配，通过对劳动时间和空间的限制，资本家实现了对劳动过程的全面掌控。然而，在数字资本主义时代，随着劳动的数字化和算法的介入，资本与算法的合谋带来了数字劳动的崭新形式，规训的焦点逐渐转向了劳动者的精神和思维。数字劳动不再受限于传统的工作时间和空间，劳动者可以在更加"自由"和"灵活"的环境中进行工作。这种灵活性使得传统的"肉体规训"变得相对淡化，但这并不意味着数字资本主义对劳动者的控制减弱，相反，它通过其他方式实现了对劳动者更为隐蔽和巧妙的"精神驯化"。

数字劳动者在进行工作的同时，其数字化的行为、偏好和习惯都被算法系统所记录和分析。这些数据不仅用于提高生产效率，还被用于"精神驯化"的目的。在数字资本主义社会中，"精神驯化"主要通过算法的运用和数字化工具的推广来实现。算法是一种自动化的决策系统，通过大数据的分析和学习，能够预测、推荐和优化各种活动。在数字化时代，算法广泛应用于社交媒体、电商平台、搜索引擎等领域，通过分析用户的数据，算法能够深入了解个体的偏好、需求和行为习惯，从而在信息流、商品推荐等方面进行精准定制。这种个性化的服务不仅改变了消费者的行为，同时也对劳动者施加了一种特殊的"精神驯化"。

算法通过对劳动者的行为进行监控和反馈，引导其在数字空间中的行为，调整其注意力、兴趣和消费选择。通过算法的干预，劳动者的"精神驯化"变得更加隐蔽和巧妙，数字资本主义不再通过直接的物质约束，而是通过对个体信息的精准操纵，影响和塑造劳动者的思想和行为。在数字资本主义的"精神规训"下，人们若不参与数字劳动，便似乎与社会脱轨。个性化的算法推荐使得数字劳动成为了满足个体需求的主要途径，劳动者在与算法的交互中感受到了一种"个性化"的关照，这进一步强化了数字劳动的"自由自愿"性质。在这种背景下，人们逐渐接受了数字劳动作为一种社会认可的、自愿参与的活动，而不再将其看作是被迫的劳动形式。这种转变使得数字劳动者更容易被规训和引导，因为他们自身已经内化了数字劳动的"自愿性"。

此外，社交媒体平台也是数字资本主义中"精神驯化"的重要工具。社交媒体通过建立人与人之间的连接，使个体的行为和想法得以传播和共享。然而，这种连接不仅是人际之间的沟通，更是资本主义的工具。社交媒体通过分析用户的社交关系、点赞、评论等行为，获取更多的个体信息，以实现更为精细的"精神驯化"。通过社交媒体，数字资本主义可以更加有效地在社会中传播特定的思想观念、消费文化和价值观念（如推行"996""007"等职场文化来加强劳动者的价值认同和情感认同），从而对劳动者进行更加深刻的"精神驯化"。这种"精神驯化"不再局限于特定的生产场所，而是渗透到了劳动者的日常生活和工作中，成为一种全方位的规训机制。由于长期受到算法的引导和规训，数字劳工逐渐失去了对自身劳动的掌控权，成为算法支配下的被动执行者。

第三节 算法对劳动过程的精细化控制

在数字资本主义中，互联网平台成为数字劳动者就业的主要场所，而数字劳动者与平台之间的劳资关系呈现出一种独特的形态，这一关系体现了劳动过程中算法权力的新动态。

一、数字劳动过程中的权力与支配

在数字平台上，算法系统成为数字劳动者社会认同和权力分配的关键。平台通过算法系统对数字劳动者的虚拟身份或级别进行认定，提供社会认同和特权，同时监控和评估劳动者的表现，决定任务分配和奖励发放。这种算法化的控制模式使得劳动者与平台之间的关系变得更加复杂，不再是传统的雇佣关系，而是类似于博弈和合作的关系。数字劳动者的自主权受到平台规定、市场需求和声誉积分的限制，他们的工作自主权在很大程度上受到资本主义劳动市场的制约。同时，数据资本通过算法系统对数字劳动者进行全面监控，形成全方位的社会控制，影响劳动者的个体生活和政治参与。

（一） 数字劳动者的社会认同与虚拟身份认定

在数字平台上，由于工作的原子化和异地分布，数字劳动者往往失去了传统工作中的集体感和社会性激励。然而，平台为了鼓励数字劳动者更积极地参与工作，通过算法系统对虚拟身份或级别的认定，为数字劳动者提供了一种替代的社会认同机制。在数字平台上，数字声誉积分往往被用作衡量数字劳动者表现的标准，而虚拟身份或级别的高低通常与数字声誉积分挂钩。通过认定高级别的虚拟身份，平台算法系统向数字劳动者传递了一种信号，即其在平台上的工作表现受到认可。这种认可体现在数字声誉积分的提升，数字劳动者因此获得更多的信任和机会，从而形成一种良性循环。

平台算法系统和消费者在数字资本主义劳资关系中实际充当了一种管理者的角色。平台通过算法系统对数字劳动者的工作进行监控和评估，从而决定任务的分配、奖励的发放等，充当了一种数字管理者的角色。消费者则通过评价和反馈参与到数字劳动者的管理中，他们的需求和评价直接影响着数字劳动者的工作机会和收入。这种由平台算法系统和消费者共同构成的管理者角色，导致了人机博弈和用工双方的横向冲突。数字劳动者受到算法系统的评估和排名，为了维持或提高自己的数字声誉积分，可能会采取一些主动或被动的策略，以适应平台的需求。这种博弈关系使得数字劳动者与平台之间的关系变得复杂，他们不仅要应对任务本身，还需要应对潜在的系统评估和消费者的期望。在这一过程中，劳动者与管理者之间的关系不再是传统的雇佣关系，而更类似于一种博弈和合作的关系。数字劳动者通过适应算法系统和满足消费者需求来获取更多的工作机会和收入，而平台则通过提供任务和保持数字声誉积分来吸引和留住劳动者。这种关系的变革使得劳动者在工作中更加主动，同时也更容易受到外部因素的干扰和操控。

（二） 数字劳动者特权分配与劳动市场地位

高级别的虚拟身份赋予数字劳动者在平台中的特权。这体现在数字劳动者享有更多的平台特权，包括但不限于接单机会的增加、计件单价的提高以及更加灵活的工作日程安排等方面。这种特权的分配不仅是对数字劳动者表现的一种奖励，更是数字资本主义劳动过程中权力结构的体现。高级别的虚拟身份被视为数字劳动者在平台上的社会地位和能力的象征，而这种象征在数字资本主义中直接关系到数字劳动者在平台劳动市场上的地位。

这种数字劳动者身份和级别的认定以及相应的特权分配涉及劳动过程中的权力关系。在资本主义劳动过程中，资本与劳动之间的权力关系决定了剩余价值的分配。在数字资本主义中，平台算法系统通过认定虚拟身份和级别，实际上在数字劳动者之间建立了一种虚拟的社会分工，不仅决定了其在劳动市场上的特权，也直接影响了其获取剩余价值的能力。数字劳动者通过追求高级别的虚拟身份，试图在这一虚拟的社会分工中获得更多的特权。这也反映了数字资本主义劳动过程中的一种竞争和分级现象。高级别的虚拟身份不仅意味着更多的社会性激励和心理满足，还代表了数字劳动者在平台劳动市场上更好的地位和更大的特权。这种竞争和分级不仅体现了数字资本主义劳动过程的灵活性和复杂性，也在一定程度上塑造了数字劳动者的工作动力和行为方式。

传统的雇佣关系中，雇主与雇员之间存在着明确的劳动契约和权责关系，而在数字资本主义中，这种关系变得更加模糊和复杂。数字劳动者不再仅仅是被雇佣的劳动者，而是与平台算法系统和消费者共同构成劳资关系的一部分。这种新的关系形态在一定程度上削弱了劳动者在劳动关系中的主动权，使得他们更容易受到数据资本的操控。

（三）数字劳动者的自主权

数字平台为劳动者提供了更多的灵活性和自主性，他们可以选择何时工作、工作多久，以及接受哪些任务。这种自由度在一定程度上体现了劳动者对自己劳动的支配权，数字劳动者在工作过程中可以更好地安排自己的生活和工作。然而，尽管在表面上看起来数字劳动者享有较大的自主权，实际上，他们在劳动关系中的话语权和权力相对较弱，这种自主权利的实际范围往往受到平台规定、市场需求以及数字声誉积分等多种因素的限制。数字劳动者的工作自主在很大程度上受到资本主义劳动市场的实际情况所制约，他们往往需要在有限的时间内获取尽可能多的订单，以维持收入水平和提高数字声誉积分。平台算法系统通过智能技术实时监测和分析数字劳动者的工作表现，基于数据进行排名和评估，从而影响他们在平台上的工作机会和收入水平。这种数据驱动的管理方式削弱了数字劳动者对自己劳动的实际支配权，使得他们更容易受到平台算法系统的操控。

数字劳动的异地性和灵活性使得数字劳动者可以在不同的地点、不同的时间进行工作，而不受地域的限制。这一趋势在数字平台经济中尤为突出，例如远程办公、在线服务等形式的数字劳动，让劳动者的工作地点与时间更加灵活。这种"原子化"工作反映了资本主义生产关系的一种演变。传统的劳动过程受制于空间和地理位置，而数字化的劳动方式使得劳动空间变得更加灵活，解放了劳动力从固定工作场所的束缚。这一趋势在一定程度上为数字劳动者提供了更多的自由和灵活性，使他们能够更好地安排自己的工作时间和空间。

与此同时，数据资本通过精心编制的算法系统实现了对数字劳动者的全面监视和控制，包括对数字劳动者在线活动、工作效率、交往关系等方方面面的监控。平台通过算法系统实时收集、分析数字劳动者的工作数据，以确保他们在"原子化"工作的同时能够保持高效和符合资本的利益。这种监控不仅仅局限于工作场所，还延伸到数字劳动者的全部活动中。数字劳动者在社交媒体、在线社区等平台上的行为也成为监控的对象。通过分析数字劳动者的社交网络、兴趣爱好、言论观点等信息，数据资本能够更全面地了解和预测数字劳动者的行为，以更好地调整和掌握对劳动力的支配权。数据资本通过对数字劳动者的全面监控，实现了对劳动者更加精准和深入的控制。数字监视不再局限于传统的工作场所，而是扩展到数字劳动者的个人生活和社交圈，从而形成了一种全方位的社会控制。这种社会控制不仅仅关系到劳动的生产过程，还深刻地涉及劳动者的个体生活和政治参与。

二、算法控制下的时间规训与劳动加速

在数字资本主义中，算法控制下的时间规训与劳动加速成为劳动者面

临的主要问题。算法系统通过实时监测和管理，使工作更加标准化和规范化，限制了工作弹性，促使劳动者在更短的时间内完成更多任务。同时，平台企业通过优化算法系统，推动劳动者与时间竞争，以提高工作效率。这种时间规训不仅将劳动时间社会化，成为资本积累的手段，还使得劳动者处于高度竞争和时间压力之下。此外，数字劳动者的工作强度急剧提升，工作与生活时间混淆，难以享受正常休息，影响了劳动力的再生产过程。

（一）时间规训

互联网平台在数字资本主义中的应用通过智能算法和数字机器的强大计算能力，实现了对数字劳动者的实时监测和管理。算法系统不仅可以追踪数字劳动者的工作表现，还能够根据数据进行排名、评估和激励。这种算法化管理的实施导致了数字劳动者工作的更加标准化和规范化，时间被细分和规定，形成一种新的时间秩序。在这个过程中，数字资本主义对时间的规训体现在多个方面。首先是工作弹性的丧失。尽管数字劳动者在表面上拥有更多的工作自主性，但实际上，他们需要适应平台算法系统对工作的实时调度和优化。工作的具体时间、任务安排等方面都受到算法系统的精确控制，形成了一种高度规定的工作时间。这种规范化的时间秩序限制了数字劳动者在工作中的灵活性和自主性。其次，互联网平台为了在资本市场中赢得竞争，通过构建"高效""及时"等营销话语，强调数字化劳动的速度和效率。这种市场导向的追求使得平台更加注重数字劳动者的工作效率，促使他们在更短的时间内完成更多的任务。这进一步加剧了数字劳动者工作的紧张程度，使得他们处于高度竞争和时间压力之下。

在数字平台经济中，算法系统通过智能化技术实时监测和分析数字劳动者的工作情况，以便更加精准地安排任务和提供即时激励。这种时间规训反映了资本主义生产关系中对劳动过程的极致优化追求。平台为了实现更大的剩余价值生产，借助算法系统对数字劳动者的工作时间进行调控，使得他们面临更多的订单和更紧凑的工作时间，迫使他们在竞争激烈的数字市场中追逐时间，提高工作效率。这种时间规训实际上将数字劳动者推向一种时间压力之下的境地，他们常常感到不得不疲于奔命，不敢有太多的空闲时间，以免错失订单或者降低数字声誉积分。这种情况在数字平台上的"零工经济"尤为明显，数字劳动者在随时随地接受任务的同时，也受到了不断追求效率的压力。在资本主义生产关系下，资本追求最大程度的剩余价值生产，这就要求劳动者在有限的时间内创造更多的价值。算法系统通过对数字劳动者工作时间的规训，实际上是将社会上的劳动时间社会化，使其成为资本积累的手段。数字劳动者在这个过程中，虽然享有一定的工作自主权，但却受到时间规训的强大影响，被迫迎合资本的需要，追逐更高的工作效率。

互联网平台追求用户快速满足需求的战略，通过即时的派单和服务，满足用户的即时需求，提高用户体验。为了实现这一目标，平台企业不断优化算法系统，通过实时调整派送路线，以"时空压缩"的策略推动数字劳动者与时间竞争，缩短从需求产生到服务完成的时间，让用户在最短的时间内获取所需服务。然而，这种"时空压缩"并非仅仅是为了提高用户体验，更与数字劳动者的劳动条件和压力密切相关。在平台推行以件计酬的制度下，速度成为衡量分配正当性的唯一依据。[①] 即时的服务和高效的派单成为数字劳动者获取报酬的关键因素，这导致数字劳动者不断加快工作速度以适应平台对速度的追求。此时，时间不仅仅是一种用来衡量劳动的尺度，更成为了一种数字劳动者被规训和操控的纪律工具。

（二）劳动加速

数字资本主义下的劳动加速体现在数字劳动者工作强度的急剧提升。平台 App 和智能算法等数字机器的加持下，数字劳动者面临着更为高强度的工作环境。算法系统通过智能化技术实时监测工作表现，对数字劳动者进行排名和评估，这使得数字劳动者不得不面对更多的任务和更紧凑的工作时间，进而推高了工作强度。剩余价值是劳动者实际创造的价值与维持自身生存和生活所需的劳动价值的差额。劳动加速使得劳动者在相同时间内创造更多的价值，因此数字资本主义通过提高数字劳动者的工作强度来

---

① 黄再胜：《算法控制、"自我剥削"与数字劳动的时空修复——数字资本主义劳动过程的 LPT 研究》，载于《教学与研究》2022 年第 11 期。

实现剩余价值的增加。这种剩余价值的追逐推动了数字资本主义中劳动过程的变革，使得时间规训和劳动加速成为数字劳动者所面临的主要问题。

由于数字劳动者的收入和排名与其在线时长和服务接单量直接相关，他们不得不保持长时间的在线状态，以便随时接受任务。这种实时变动的工作模式使得数字劳动者难以提前规划工作和生活，不知何时会有订单，也不知道未来的工作强度和收入水平。这种不确定性使得数字劳动者在劳动中承受着额外的心理压力和生活不安定性。在传统的劳动体系中，有固定的工作时间和闲暇时间，而数字劳动者由于随时待命的特性，工作的时间和生活的时间交织在一起。这种边界的混淆使得数字劳动者难以享受到正常的休息和休闲，极大干扰了劳动力的再生产过程。

三、算法对劳动过程的精细化控制

在数字资本主义中，算法成为劳动控制的新形式，通过信息茧房、算法评分、劳动评价、算法奖惩和平台准入等方式实现对劳动过程的精细化控制。信息茧房通过算法推荐工作，强化了资本对劳动力的控制。算法评分体系量化劳动者的表现，成为其工作机会和收入的重要依据。劳动评价机制使劳动者更易受到资本方的监控和影响。算法奖惩机制操纵劳动者行为，增强了对劳动过程的控制。平台准入管理则使数据资本能够灵活地调整和组织劳动过程，最大化地提高劳动效率。这些机制反映了数字资本主义中资本对劳动力的强化控制，使得劳动者在看似自主的劳动环境中，实际上逐渐失去了真正的决策权和自主性。

（一）信息茧房

信息茧房是指数字平台通过大数据分析、机器学习等技术手段，将用户个性化的信息进行划分，形成各自的信息茧房，从而更加精准地推送信息、任务和广告。在数字资本主义中，这一概念可以延伸到劳动领域。平台企业通过算法分析数字劳动者的历史数据、技能、偏好等信息，将其划分入不同的"信息茧房"，然后通过算法推荐合适的工作任务。这种劳动指挥机制不再是传统的命令与服从，而是通过信息和算法的精准匹配，形成一种看似自主的、个性化的劳动分配。这种方式实现了对劳动的精准调度，最大化地利用了劳动力的特定优势，体现了资本对于劳动过程更为精密的操控。通过信息茧房和算法推荐，资本能够更加高效地管理和分配劳动力，从而提高剩余价值的生产效率。

然而，这种自主性的外表下却隐藏了信息不对称的现象。为解决劳动供给的不确定性，数据资本故意制造信息不对称，预设了数字劳动者"自由"选择的可能集合，并通过界面功能和操作顺序的设置将其自动嵌入平台系统之中。这种设置不仅体现了平台企业对于数字劳动者的操控，也制造了一种虚假的自主性。这一现象导致了处于信息劣势的数字劳动者难以真正作出自主的工作决策，最终成为了机械地按照平台 App 信息提示、滑屏确认的"点击工"。[①]

一方面，这种信息不对称的安排实际上是一种权力关系的再生产。平台企业通过掌握大量数据和信息，实现对数字劳动者的信息优势，使得劳动者在决策时处于弱势地位。这种权力关系不再体现为传统工业社会中直接的指挥与服从，而是通过信息掌握和算法操控，实现对数字劳动者的更为微妙和隐蔽的控制。数字劳动者在所谓的"工作自主"下实际上逐渐失去了真正的决策权，成为信息茧房和算法推荐的被动执行者。另一方面，这种机制的实施也加深了数字劳动者的异化。在马克思的异化理论中，工人在资本主义社会中失去了对于自己劳动的控制权，劳动成果变成了异化的产品，劳动过程成为了异化的过程。在数字资本主义中，信息茧房和算法推荐的机制使得数字劳动者在工作中失去了对于任务的选择权，工作内容变得越来越被资本抽象化和异化。数字劳动者被迫按照算法和信息茧房的设定进行工作，使得劳动过程更加机械并失去了创造性。

（二）算法评分

在数字资本主义中，平台企业通过算法系统对数字劳动者的每一个行

---

① 黄再胜：《算法控制、"自我剥削"与数字劳动的时空修复——数字资本主义劳动过程的 LPT 研究》，载于《教学与研究》2022 年第 11 期。

为进行实时记录，形成个体的行为档案。这些行为档案通过算法评分体系，对劳动者的工作表现进行定量化评价。这种实时的、个体化的行为记录和评分机制，使得劳动者的表现能够被数字化、量化，并成为决定其工作机会和收入的重要依据。这种行为记录和算法评分的机制凸显了数据资本对于劳动的更为细致入微的控制。通过数字技术的应用，资本能够深入挖掘劳动者的工作状态、效率、态度等方面的数据，将其转化为算法评分，从而更为科学地进行管理和评价。

数字劳动作为一种新型的生产关系，是资本主义发展的产物，数字化使得劳动过程更加社会化、虚拟化。劳动价值论告诉我们，商品的价值取决于生产这个商品所需要的社会必要劳动时间。在数字劳动中，劳动者的时间和劳动力以虚拟的形式存在，而其价值也体现在平台上以数据、算法和服务等形式。在数字化劳动的过程中，数据资本主要通过算法评分来实施对数字劳动者的进入和退出管理。这种管理方式旨在通过对数字劳动者的绩效和遵守平台服务协议的评价，来决定其在平台上的地位和权利。数字劳动者的劳动力在数字化平台上被纳入资本的运作，而算法评分则成为衡量其价值的标准。

在实践中，对于那些违反平台服务协议或业绩欠佳的数字劳动者，数据资本主要通过算法评分来进行管理。一般而言，平台算法系统会设定一个临界值，一旦数字声誉积分低于这个临界值，就会自动决定对数字劳动者的账号进行暂时冻结或永久封号的处理。[①] 这种做法凸显了数字化劳动过程中资本对劳动力的掌控和处罚机制，进一步强化了数字劳动者对平台的从属地位。对于并未违反平台规定但绩效平平的数字劳动者，数据资本采取了巧妙的控制手段。在允许其登录平台的前提下，运用平台算法排名系统，致使其在平台的曝光度下降，并且进一步将其个人简历设置为自动屏蔽模式。这种行为反映了数据资本在数字化平台上通过技术手段来实现对劳动者的差异化管理。资本主义体系追求最大化剩余价值，通过对劳动者的排斥和边缘化来确保资本的最大积累。在这一过程中，平台算法成为

---

① 黄再胜：《算法控制、"自我剥削"与数字劳动的时空修复——数字资本主义劳动过程的LPT 研究》，载于《教学与研究》2022 年第 11 期。

数据资本控制劳动力的主要工具。算法评分不仅评估数字劳动者的业绩，还在很大程度上决定了其在平台上的生存和发展空间。这也是数据资本通过技术手段深化对劳动者掌控的体现，进一步强化了资本对劳动力的依赖和操控。

（三）劳动评价

从劳动评价的角度来看，自动记录与算法评分为数字劳动者提供了一种全新的被动评价机制。在传统的生产关系中，劳动者的表现往往由雇主或主管进行主观评价，这容易受到主管个人喜好、偏见以及劳动者与主管关系的影响。而在数字资本主义的劳动评价机制中，自动记录技术可以无缝地追踪和记录数字劳动者的各种行为、交互以及产出数据。这些自动记录的数据被系统整合，并通过算法进行评分，形成对数字劳动者的客观评价。这一机制表面上提供了一种更为客观、公正的评价方式，但实际上，这种客观性并非绝对，仍受到算法设计者、平台资本的主观设置与利益导向的影响。

这一机制在很大程度上改变了劳动者与雇主之间的权力关系。传统的雇佣关系中，雇主作为资本的代表，拥有对雇员的评价权力，雇员则被动接受主观评价的结果。而在数字资本主义中，虽然自动记录与算法评分机制在形式上是一种客观的评价方式，但这并不意味着数字劳动者脱离了权力的束缚。自动记录的数据和算法评分系统的设计仍然由资本方掌控，数字劳动者的行为受到资本方的监视与影响。数字劳动者可能因为算法的设计偏向或者平台的利益需求而受到不公正的评价，甚至可能被系统排挤或受到其他负面的制度性约束。

这种劳动评价机制实际上是资本对劳动过程更为精密掌控的体现。通过自动记录和算法评分，数据资本能够实时监控劳动者的行为，掌握其工作效率、品质、与其他用户的互动等方面的信息，以实现对劳动过程更为细致的调控。这一机制使得资本更灵活地进行劳动力的分配，最大化地提高劳动力的效益，从而进一步增加剩余价值的生产。而在这一过程中，数字劳动者的自主性被削弱，被动地接受算法评分的结果，劳动过程中的主导权逐渐转移到了资本方。

此外，数据资本充分利用了数字声誉机制，构建了一种新型的社会信用制度。数字声誉机制通过用户打分和顾客评价，形成了对数字劳动者的声誉评估体系。这种声誉评估体系在一定程度上可以作为劳动者的社会信用，影响其在平台上的权益和机会。然而，这也带来了一系列潜在的问题，比如用户主观性、滥用评分、平台利益导向等，都可能影响到数字劳动者的公正评价。在传统的资本主义劳动关系中，雇主通过组织内部的人力资源管理部门对员工进行考核，以确定其工作表现、生产力和能力，并作为绩效考核的依据。然而，在数字资本主义中，互联网平台通过强调"共创""共享"和"赋能"等口号，成功地鼓动了众多平台用户自愿地为平台创收而进行无偿劳动。[①] 这种共创共享的说辞实际上是资本对用户进行劳动的再利用，将用户的无偿劳动转化为数据资本的利润。

数据资本通过强调用户参与的重要性，以及用户作为共创者和共享者的身份，成功地将原本由雇主或平台方负责的员工考核职能外包给了消费者。用户在使用互联网平台的过程中，通过对商品或服务的评价，实际上参与了劳动的再生产过程，为平台提供了宝贵的数据和信息。这种自愿的无偿劳动成为数据资本实现价值增值的一种手段，而顾客评分则是对这一劳动的量化和定性的反馈。顾客评分的本质是数据资本通过算法记录收集用户参与的数据，并通过算法计算形成的一种反映劳动者绩效的指标。数据资本通过算法记录，可以全面地、实时地追踪和记录用户在互联网平台上的行为、选择和反馈。这些数据不仅包括用户在购物、服务中的表现，还包括用户在社交媒体上的互动、评论等。这些数据被数据资本收集并汇聚，形成了关于用户行为和特征的庞大数据库。通过不公开的算法计算，数据资本得以将这些数据转化为用户评分，作为对用户劳动的一种反馈。这种评分既包括对用户在购物体验中的满意度，也包括对用户社交行为的评估。这种评分在一定程度上代表了用户在平台上的"生产力"和对平台的"忠诚度"，因此被用作衡量用户绩效的定性和定量指标。

---

① 黄再胜：《算法控制、"自我剥削"与数字劳动的时空修复——数字资本主义劳动过程的LPT 研究》，载于《教学与研究》2022 年第 11 期。

（四）算法奖惩

数字资本主义中的平台企业通过算法系统，设定了一系列的规则和标准，通过对数字劳动者的行为进行监控和评价，对其进行相应的奖励和惩罚。这种通过算法进行奖惩的方式，实际上是一种对于劳动者行为的规训机制。通过奖励高分者和惩罚低分者，资本能够操纵劳动者的行为，使其更加符合资本的利益。这种通过算法奖惩来实现劳动规训的机制凸显了资本对于劳动力行为的强化控制。通过数字技术的应用，平台企业能够更加灵活地调整和操控劳动者的行为，使其更加服从资本的要求。

数据资本通过对数字劳动者的行为、绩效、社交互动等方面进行监测和记录，借助算法技术建立奖惩机制。对于表现优异的数字劳动者，平台可以通过奖励机制给予一定的激励，比如提供更多的任务、提高报酬或者提供其他福利。而对于表现不佳的数字劳动者，则可能面临任务减少、降低任务优先级，甚至账号封禁等惩罚措施。这种奖惩机制通过算法的实施，使得平台能够快速、精准地对劳动者进行激励或制约，进一步加强了对劳动过程的规训。

算法奖惩机制体现了数据资本对劳动过程进行精密监控和调控的手段。通过对数字劳动者的行为进行记录、分析和评估，平台可以通过算法建立起奖惩机制，对劳动者的表现进行激励或惩罚。这种奖惩机制实际上是数据资本对劳动者进行正向或负向操控的一种手段，通过激励优秀表现的劳动者，提高其工作积极性和效率，同时通过惩罚不佳表现的劳动者，达到规范和提高整体劳动效能的目的。

平台企业通过对数字劳动者的评价和奖惩，形成了一种"信用评级"制度，用于衡量数字劳动者的"优良"或"不良"行为。这一制度实际上构建了一种数字资本主义下的"社会信用体系"，对于数字劳动者的工作机会、薪酬甚至个人声望产生直接影响。这种影响程度远超过了传统劳动关系中的信誉和声誉的作用。数字劳动者的"信用评级"在这种制度下变得更加关键，直接影响着他们在平台经济中的生存和发展。这种"信用评级"实际上是数字资本主义中一种新的权力机制，通过对数字劳动者的行为进行规范和奖惩，使得他们更加趋向于符合资本的利益。数字劳动者为了维持自身的"信用"，往往会在工作过程中更加迎合平台企业的要求，甚至不敢或不愿提出自己的异议。这加强了数字劳动者对于平台企业的依赖和顺从，实际上是一种隐形的权力关系的再生产。

（五）平台准入

平台准入通过单方面实施身份核验和账号管理等手段，数据资本对数字劳动者的准入进行规范化，本质上是数据资本对数字劳动者的进入与退出进行管理和控制。在数字化时代，数据资本逐渐成为资本主义发展的新动力，而在数字化平台上，数据资本实施的进入退出管理策略通过巧妙的手段实现了对劳动力的自由掌控，最大限度地吸纳网民的休闲时间与剩余生产力，并随时更换不利于资本增殖的劳动力，从而推动了数据资本的无限积累。

在传统的劳动关系中，雇佣关系的建立通常需要雇主与雇员之间的双向选择。然而，在数字资本主义中，互联网平台作为中介，通过算法和数字技术对数字劳动者的准入进行一系列规范和限制。平台方通过实施身份核验、账号管理等手段，旨在筛选和控制数字劳动者的准入。这种单方面的准入管理使得数据资本能够更加精准地配置劳动力，实现对平台上劳动过程更为细致的控制。平台准入机制实际上是数据资本对劳动力市场进行细致规划的一种体现。通过对数字劳动者的身份核验和账号管理，平台可以筛选出更符合其需求的劳动力，实现对劳动力市场的精确配置。这种单方面的准入管理使得数据资本能够更加灵活地调整和组织劳动过程，最大程度地提高劳动效率。

资本主义社会中，劳动力的自由被视为一种虚伪的自由。数字化平台上的数据资本通过巧妙设计的服务协议，迫使数字劳动者"自愿"同意一系列条件，其中既包括了平台对其进入和退出的管理权力，也包括了对其个体信息、产出数据的利用权。这种"自由"背后隐藏着数据资本对劳动者的掌控和剥削。

数据资本实施的进入退出管理策略通常不违反服务协议，这是因为这些服务协议往往被设计成对资本最有利的形式。数字平台服务协议被制定为一种合同，虽然在形式上是双方自愿达成的，但实际上是在不对等的条件下进行的。数据资本通过精密的法律文本，使得数字劳动者在经济上的地位处于相对弱势，被迫接受数据资本的进入退出管理策略。这种管理策略的目的在于最大限度地吸纳网民的休闲时间与剩余生产力。在数字化平台上，用户的参与和活跃不仅仅是在正常工作时间，更多地发生在个体的休闲时间。数据资本通过设计吸引人的娱乐、社交和信息服务，成功地将用户的休闲时间纳入资本的运作范畴。资本对一切可能的时间和空间进行渗透，数据资本在用户的空闲时间中获取了更多的剩余价值。

同时，数据资本实施的进入退出管理策略还体现在对劳动力的灵活运用上。数字平台的算法和技术使得劳动力能够随时被吸纳和替换，以适应市场需求和资本的最大化积累。数据资本不再受制于传统产业中的固定劳动力，而是能够根据实时需求，随时选择性地利用和替代数字劳动者，从而更有效地追求资本的自由掌控。数字劳动者在平台上的地位并非牢固不变，而是受到数据资本算法和评价体系的影响。通过对数字劳动者的绩效和声誉进行评分，数据资本能够灵活地调整其地位，对表现不佳或不符合资本期望的劳动者进行排斥和边缘化。这种自由掌控使得数据资本能够更加灵活地调整和优化劳动力结构，以适应市场的变化，最大程度地实现对劳工的掌控。

第五章　数据资本的运行逻辑

数据资本的增殖、积累与扩张逻辑构成了相互贯通、相互促进的有机整体：增殖逻辑是本性，积累逻辑是目的，扩张逻辑是动力。与其他传统类型的资本相同，实现价值增殖是数据资本运动和循环的核心目的。为了更有效地实现增殖和积累，数据资本在源源不断的生产循环和永无止境的运动过程中，从肉体到精神对劳动力进行全方位规训和支配，全面控制社会生产、消费、流通与分配全过程。竞争和扩张是资本的本能，数据资本无序扩张的本性天然植根于资本满足自身无限增殖欲望的增殖逻辑中。

第一节　数据资本的增殖逻辑

数字资本主义下，数据资本展现出逐利性、流动性和剥削性，推动了对用户数字劳动的无偿占有和剩余价值最大化。数据资本的流动性体现在信息的快速传递和交换，不同于传统实体资本的流通。其剥削性表现为对用户数字劳动的无形剥削，导致剩余价值率理论上趋于无穷大。数字资本主义的剥削特征包括剥削内容的拓展、形式的隐蔽化、范围的扩大和程度的深化。数字劳动力成为数据资本增殖的关键，数据商品成为积累的重要形式，而数字平台则作为流通的中介环节，加速了资本的周转和积累。这些特征揭示了数字资本主义对个体行为的精密操控和社会控制的深化。

一、数据资本的固有本性

数据资本在数字资本主义时代展现出逐利性、流动性和剥削性三个主要特征。逐利性体现在通过分析用户数据实现最大化剩余价值；流动性表现为信息在互联网上的快速传递和交换，不同于传统实体资本的流通；剥削性则表现在对用户数字劳动的无偿占有，导致剩余价值率理论上趋于无穷大。数据资本通过智能技术和激励机制操控劳动者的努力和产出，以追求更高的利润和资本积累。这些特征揭示了数字资本主义下社会关系的深刻变化和资本对劳动的新形式剥削。

（一）数据资本的逐利性

资本的逐利性是资本主义发展的核心动力与典型特征，正如马克思引用的一段对资本逐利性的经典描述："一旦有适当的利润，资本就胆大起来。如果有10%的利润，它就保证到处被使用；有20%的利润，它就活跃起来；有50%的利润，它就铤而走险；为了100%的利润，它就敢践踏一切人间法律；有300%的利润，它就敢犯任何罪行，甚至冒绞首的危险。"①资本的逐利性是指资本在追求最大化利润的过程中，不断寻找利润率最高的投资领域。

资本是能够带来剩余价值的价值，其直接目的是增殖，这一逐利性特征是资本主义发展的核心动力。在资本主义社会中，资本通过雇佣工人，购买劳动力，并将工人的劳动力投入生产过程中。资本家以购买劳动力的形式支付工资，而工人则在生产中创造价值。然而，工人所创造的价值不仅仅等于其工资，还包括超过工资部分的剩余价值。资本家通过剥削工人的剩余价值来实现资本的增殖，即通过将生产过程中创造的价值转化为资本的形式，使资本不断扩大。资本主义的核心是以追逐利润为目的的生产关系，资本作为生产过程中的主导力量，其存在和发展的最终目标在于获取更多的利润。资本追求利润的动力使得生产过程更加高效、竞争更加激烈，从而推动了资本主义社会的不断发展。数据资本的逐利性体现在对用户数据的充分利用上。平台通过分析大量用户行为数据，挖掘用户兴趣、需求，为广告商提供精准的投放服务，从而实现数据的变现，这种逐利的

---

① 《资本论》第1卷，人民出版社2004年版，第871页。

过程正是在追求剩余价值的最大化。

(二) 数据资本的流动性

马克思指出，资本并不是一个静止的物，它不同于普通的商品或货币。资本更准确地说是一个过程，是一个不断运动、不断流通的经济实体。资本的流动性为其增殖创造了条件，使资本能够灵活地在不同的生产领域和市场中流通，不断寻找最有利于自身增殖的领域。马克思认为，资本之所以具有特殊的流动性，是因为它能够在运动中实现价值的增殖。这种增殖体现在价值的变化中，原预付的价值不仅在流通中得以保存，而且通过增殖实现了对剩余价值的获取。资本的生存离不开不断的运动，只有在运动的过程中，资本才能够实现自身的增殖。资本的运动过程包括购买商品、生产、销售商品、再次购买生产资料的循环。这一连续的流通过程使得资本能够跨越不同的生产阶段，不断参与各种经济活动。

与传统资本在实物形态上的流通不同，数据资本主要通过信息在互联网平台上的快速传递和交换来实现。这种流动性更强调信息的灵活性，而非实体资本的具体流通。用户数据在互联网上的流通实现了实时处理和快速交换，数字平台通过算法分析，快速适应市场需求，实现了数据的流动性。与金融资本通过证券市场进行的股权投资不同，数据资本的流动并不依赖于大量的固定资产，而是以信息的形式在网络中流通。数据资本的流动性更强，常常以"所有权证书"的形式存在，而非传统实体资本的实物形态。

(三) 数据资本的剥削性

马克思认为，资本是依靠对活劳动的剥削而自行增殖的价值，活劳动在生产剩余价值过程中具有决定性作用，"机器不在劳动过程中服务就没有用。……活劳动必须抓住这些东西，使它们由死复生，使它们从仅仅是可能的使用价值转化为现实的和起作用的使用价值。"[①] 剩余价值率是指剩

---

① 《资本论》第1卷，人民出版社2004年版，第214页。

余价值与可变资本的比值，用来衡量劳动者受到资本剥削的程度。其公式为：剩余价值率 = 剩余价值/可变资本。其中，可变资本是指用于雇佣劳动力的资本，剩余价值则是劳动者在劳动过程中创造的超过工资的价值。

在数字资本主义时代，用户在互联网平台上的各种行为，如搜索、浏览、点击等，都被视为数字劳动的一种形式。这些行为产生了大量的数据，成为数字资本的生产要素。然而，与传统的雇佣关系不同，平台并未为用户的数字劳动支付任何报酬，用户的劳动表现为一种看似自由而实际上是无偿的劳动。在数字资本主义时代，资本家购买用户数字劳动的可变资本趋近于零。传统上，可变资本主要用于支付雇佣劳动者的工资，而在数字资本主义中，平台用户的数字劳动并未得到有形的报酬，因此相当于资本家未支付可变资本。将可变资本趋近于零代入剩余价值率的公式，剩余价值率的计算变为：剩余价值率 = 剩余价值/可变资本 ≈ 剩余价值/0。这就导致了剩余价值率趋于无穷大的情况。剩余价值率的无限趋势表明，资本家对于用户的数字劳动的剥削程度在理论上是无限的。这一现象背后的经济逻辑在于，数字资本主义时代下，平台用户的数字劳动成为了一种无形、无偿的生产力，而资本家通过垄断数据获取了巨大的剩余价值。这种剥削的无限趋势带来了社会关系的深刻变化，用户不再是传统雇佣关系中的劳动者，而是数字资本主义体系中的被动生产者和消费者。

数据资本家们"受这样一种欲望的激励，即力图把有反抗性但又有弹性的人的自然界限的反抗压低到最低限度"[1]，而新出现的数据资本"不论是在精力、贪婪和效率方面，都远远超过了以往一切以直接强制劳动为基础的生产制度。"[2] 首先，数据资本通过智能技术的运用，优先派发任务和提供即时激励，试图操控数字劳动者的努力和产出。数据资本通过差异化的任务分派策略追求最大限度地提高劳动的强度和效率，以获取更多的剩余价值。其次，数据资本通过奖励体系来巩固对劳动者的经济操控，试图通过提供额外的激励，使劳动者更加积极地参与到数字资本主义的生产过程中。数字劳动者在追求奖励和补贴的过程中，实际上是在为数据资本的

---

[1] 《资本论》第 1 卷，人民出版社 2004 年版，第 464 页。
[2] 《资本论》第 1 卷，人民出版社 2004 年版，第 359 页。

积累作出更多的贡献。最后，数据资本精心设计数字劳动者的身份地位，使得数字劳动者渴望获得特殊的社会地位或荣誉，从而更加投入数据资本主导的生产过程中。这种激励机制的背后，实际上是在利用劳动者的社会需求，将其个体的欲望与资本的增殖相结合，从而更好地掌握劳动力的主动性。

二、数字资本主义的剥削特征

马克思在《资本论》中指出，"资本只有一种生活本能，这就是增殖自身，创造剩余价值，用自己的不变部分即生产资料吮吸尽可能多的剩余劳动。"[①] 数字资本主义下的资本增殖呈现出多重维度的变革：剥削内容的拓展、剥削形式的隐蔽化、剥削范围的扩大以及剥削程度的深化，共同构成了数字资本主义的剥削特征。在数字资本主义的背后，我们看到了资本逻辑的再次演进，马克思主义政治经济学为我们解读这一演进提供了有力的理论工具。

（一）剥削内容拓展

在传统的工业社会中，工人的劳动往往是被迫性的，剥削主要表现为资本家对劳动力的外在剥削：通过占有和控制工人的劳动力，剥夺工人在生产过程中创造的有形产品，实现对剩余价值的榨取。而在数字资本主义中，劳动不再仅限于物质生产，更强调信息和知识的生产。数据资本家的目光投向了劳动者的非工作活动，包括用户在社交媒体平台上创造的内容，以及在各种在线活动中产生的数据、信息等。在社交媒体平台上，用户通过发布、评论、分享等行为创造了大量的内容。这些用户生成的内容成为了数字资本主义中一种重要的剥削对象，因为这些内容包含了丰富的数据、用户行为信息等，为数据资本家提供了获取价值的源泉。数字资本主义通过广泛的用户参与和创造的活动，将非工作活动转化为了资本的生

---

① 《资本论》第1卷，人民出版社2004年版，第269页。

产力，从而实现了在工作场所之外的领域进行剥削的目的。

在传统的工业社会，剥削主要发生在工作时间内，而在数字资本主义中，数字资本家将目标瞄准了整个社会的时间，无论是工作时间还是休闲时间。这一特征使得数字资本主义的剥削更加全面和普遍。一方面，雇佣数字劳工的劳动时间仍然是数字资本主义剥削的核心。数字劳工在工作时间内完成了大量的生产活动，创造了丰富的数据和价值。数字资本家通过雇佣数字劳工，将其劳动时间纳入了资本的增殖过程。另一方面，用户的在线时间也成为数字资本主义剥削的重要对象。随着数字技术的普及，人们的日常生活越来越离不开数字化的媒体和工具。社交媒体、在线购物、数字娱乐等成为了人们日常生活中不可或缺的一部分。在这些活动中，用户不仅是消费者，同时也是数字劳工，通过产生数据、内容等，为数字资本主义的增殖作出了贡献。

（二）剥削形式隐蔽

在传统工业社会中，资本家通过占有和控制生产资料，对雇佣工人进行剥削。而在数字资本主义中，个体用户自身成为生产资料的一部分。数字剥削的过程中，数字资本主义通过算法和人工智能的运用实现了对个体行为的深度洞察和操控。用户在数字平台上的每一个行为都被分析和挖掘，用于精准的广告投放、个性化推荐等，从而更好地实现了对个体的剥削。这种数字剥削的特点在于它的隐蔽性和个性化，用户在享受数字化便利的同时，不自觉地成为了数据的"生产者"，为数据的积累作出了贡献。

数字剥削内容从物质产品转变为虚拟数据，数字平台通过收集用户在平台上的各种行为数据，包括点击、浏览、购物记录等，将这些无形的数字劳动转化为数据资本，实现了对信息和知识的积累。劳动者在数字生产中既是主体，又是客体；既是生产者，又是消费者。劳动者通过数字平台分享个人信息、创造内容，同时也作为用户参与数字产品和服务的消费，不再仅仅是被动地接受资本家的外在剥削，而是在自身的劳动中内化了剥削关系。这使得剥削关系更加隐蔽和深刻，不再仅仅通过传统的工厂形式表现出来，而是渗透到了劳动者的日常生活和思维中。

（三）剥削范围扩大

在传统的工业社会中，剥削主要发生在生产过程的工厂内部，是一种相对封闭的过程。而在数字资本主义中，剥削的边界被打破，剥削不再局限于特定的劳动阶层或产业，而是渗透到整个社会，实现了劳动主体的全民化，整个社会成为了一个巨大的生产场所。数字平台通过各种手段获取用户在社会生活中的各种行为数据，将社会各个领域纳入剥削范围。这在一定程度上实现了对劳动主体的广泛渗透，劳动者不再受制于传统的雇佣关系，而是通过参与数字化活动成为数字资本主义生产过程的一部分。这种社会工厂化的特征使得数字资本主义的剥削不再仅仅是劳动者与企业之间的关系，而成为整个社会结构的基本特征，使得数字资本主义下的剥削更加广泛而难以逃避，社会的方方面面都被资本渗透和操控。

同时，社交网络和通信的商业网站也成为数字资本主义剥削的重要场所。这些平台通过用户之间的互动、信息传递、广告投放等方式实现了盈利。用户在这些平台上的每一次点击、浏览、评论等行为都被转化为资本的增值。数据资本家通过运营这些平台，从用户的非工作活动中获取了巨大的剩余价值。这种剥削形式使得整个社会不仅在工作场所，而且在日常生活的方方面面都成为了数字资本主义的增殖工厂。

（四）剥削程度深化

在传统的工业社会中，剥削主要通过对工人的体力进行规训和压榨来实现。而在数字资本主义下，剥削的方式更多地依赖于对个体进行精神驯化。个体不再仅仅是生产者和消费者的角色，更成为了被操控的对象：通过算法和人工智能的运用，数字平台能够预测和塑造用户的需求和行为，从而更好地满足资本的积累需求。这种对个体行为的精密操控进一步深化了剥削关系，使得剥削更加个性化和细致化。用户在数字平台上的每一次点击、搜索都成为了资本追逐的目标，数字资本主义通过深刻的精神驯化实现了对个体的更为细致入微的剥削。因此，数字资本主义下的剥削关系不仅仅限于经济层面，还涉及对个体意识和自主性的操控，形成了一种更为全面的社会控制。

三、数据资本的增殖逻辑

在生产领域，数字劳动力成为数据资本增殖的关键，数据商品成为数据资本积累的重要形式；在流通领域，基于算法技术下的数字平台为数据资本的循环和周转提供了重要媒介，打通了社会生产生活的全部内容。

（一）数字劳动力成为数据资本增殖的关键

为解决价值规律和资本总公式之间的矛盾，马克思提出："货币占有者就必须幸运地在流通领域内即在市场上发现这样一种商品，它的使用价值本身具有成为价值源泉的独特属性，因此，它的实际消费本身就是劳动的对象化，从而是价值的创造。"[①] 这就是劳动力商品，通过对这种特殊商品的使用能创造比自身价值更大的价值。劳动力是人的劳动能力，即人生产某种使用价值时耗费的脑力和体力的总和。[②] 在数字化时代，数字劳工这一特殊的劳动力商品与数字化生产资料相结合，在劳动过程中创造出比自身价值更大的价值，成为形成数据商品新价值的核心要素。马克思认为，资本是依靠对活劳动的剥削而自行增殖的价值，活劳动在生产剩余价值过程中具有决定性作用："资本是死劳动，它像吸血鬼一样，只有吮吸活劳动才有生命，吮吸的活劳动越多，它的生命就越旺盛。"[③] 数据资本自行增殖的关键就在于数字劳动力成为了可以自由买卖的商品。

数字化时代孕育出的数字劳工，与马克思《资本论》中描述的直接在工厂里生产实物形态商品的车间工人有显著不同，主要体现在三个方面。首先，数字劳工被视为能够通过算法和自动化系统来管理和控制的生产要素，这意味着劳动力作为人的主体性逐渐被抹去，变得可替代和可量化。而在传统劳动形式中，工人的技能、经验和个性等都会对工作产生重要影

---

① 《资本论》第1卷，人民出版社2004年版，第194～195页。

② 《资本论》第1卷，人民出版社2004年版，第195页。

③ 《资本论》第1卷，人民出版社2004年版，第269页。

响，他们作为劳动力的主体能够发挥自己的创造力和主动性。其次，数字平台通过算法程序和数据分析等技术手段对劳动者实施更为精确有效的控制，这种控制不仅仅依赖于物理上的监督，还包括对劳动者的行为喜好、工作效率等方面进行全方位记录和分析，在劳动者身边实现隐匿化的工作监督，迫使工人成为算法控制下高速运转的"机器"。最后，新出现的数据资本在精力、贪婪和效率方面远远超越了以往的生产制度。数字化时代的平台企业以其先进的技术和算法能力，能够对海量数据进行处理和分析，实现对劳动过程的高度优化。随着数字技术和互联网嵌入社会生活的方方面面，资本的触角延伸至社会的每一个角落。人工智能和算法技术可以随时随地对用户进行数据追踪和采集，以海量数据的积累和分析精准预判用户的行为偏好和消费欲望，使用算法进行个性化推荐和内容过滤以呈现用户感兴趣的信息，通过精准的广告定位、内容推荐和信息筛选，数据资本可以操纵和引导用户的需求和行为，促使剩余价值生产和资本积累更具效率。

（二）数据商品成为数据资本积累的重要形式

数字社会表现为"庞大的数据堆积"，由数据要素转化而来的数据商品则成为数据资本积累的重要形式。数据开始"量化"社会生活的全部内容，包括人与人之间的社会关系，资本逻辑渗透到整个社会的生产与再生产环节，扩张至劳动社会化过程的全部领域。数据资本基于算法和智能化技术的工具，通过对数据的收集、分析和应用，全面控制社会生产、消费、流通和分配全过程。首先，生产过程的控制：通过数据分析和算法模型进行生产线智能化管理，提高生产效率和质量，实现规模化和定制化生产。其次，消费行为的操控：通过对用户数据的分析和挖掘来准确洞察用户的兴趣、偏好和需求，向其提供个性化的产品推荐、定向投放广告和服务，引导消费者的购买决策和行为。再次，流通渠道的控制：通过建立数字平台和电子商务系统提供便捷的线上交易和供应链管理，从而控制产品和服务的流通渠道。最后，分配机制的重塑：通过算法和智能化系统重塑资源和收益的分配机制。例如，数字平台通过算法决定广告位的拍卖和定价，决定数字内容的推荐和曝光程度，从而影响广告主和内容创作者的收益分配。这种全面控制使得数据资本能够实现控制效率的提升和利润的最大化，但也引发了一系列的问题和挑战，包括数据滥用、信息操纵、隐私侵犯、市场垄断等。

（三）数字平台成为数据资本流通的中介环节

数字技术的发展，尤其是数字平台的兴起，进一步提升了资本周转和流通的效率，缩短了商品从生产到消费的周期。如果将数据视为数字社会的原材料，那么数字平台则是对数据进行加工和生产的中介场所，数据的商品化和资本化过程都依赖于数字平台这一中介才得以完成。数据和算法是数字平台运行的两个核心要素，用户的一切数字行为痕迹被算法提取并转化为数据生产活动，形成了庞大的数据集群。活跃在数字平台的用户和商家作为买卖双方在这片数字空间中进行交易，商品逻辑渗透到日常生活和娱乐当中。与传统的经济模式相比，数字平台打破了生产时间和固定空间的限制，模糊了工作与休息的时间界限，不管是工作时间还是休息时间，无论是生产还是生活，数字劳工都不可避免地被纳入数字生产的全过程中为资本创造价值增殖。

相较传统资本形式，数据资本在流通和循环过程更具优势。一方面，数据商品的非物质形态更便于复制和流通，不受空间束缚和外在条件的限制，加快了资本流通速度和效率，实现价值增殖和积累；另一方面，数字平台特有的大一统特征将资本循环涉及的全部环节进行整合，更快捷精准地连接需求和供给，生产和销售环节更具灵活性。在数字技术的加持下，等量资本在单位时间内可以获得更多价值增殖，这主要表现在三个方面：一是数据驱动的剩余价值生产。平台通过数字技术和算法实时监控和分析大量数据，优化生产过程、个性化服务和增加销售，从而增加剩余价值的产生。二是网络效应的剩余价值实现。网络效应使平台的价值随着用户规模和活跃度的增加而增加，平台通过控制和扩大用户规模来获取更多的剩余价值。三是个性化的剩余价值生产与实现。数字生产过程更具灵活性和个性化，能够根据消费者的需求和偏好进行定制和个性化的生产和交换，有助于提高剩余价值的效率和价值量。

第二节 数据资本的积累逻辑

数据资本的生产过程涉及数据资本家的数字平台建设，用户在这些平台上的各类活动，包括生产性和消费性的数字劳动，为数字资本主义的运作提供基础。数据资本积累依赖于数据的不断流通和再生产，数据资本的积累成为经济循环的核心。数据资本循环包含购买阶段、生产过程和销售阶段，实现价值的增殖。数据资本周转通过数字平台的兴起，提升资本周转和流通的效率，缩短商品从生产到消费的周期。数据资本的特殊性在于其非物质性、全球流通性和高效周转能力，推动了数字经济的迅猛发展。

一、数据资本的生产过程

数据资本的生产过程包括数据生产过程和数据增殖过程两个环节。数据生产涉及用户在数字平台上的各类活动，这些活动不仅包括生产性数字劳动，也包括消费性数字劳动，共同为数据资本主义的运作提供基础。数据增殖过程中，数据被收集、加工、分析，实现价值的增殖。数据资本生产过程的特殊性体现在劳动过程数据的全面和精准记录、信息多样性、实时性和复杂性的处理，以及人工智能反馈系统在动态更新数字声誉积分、实时分派工作任务和平台准入控制中的应用。数据平台算法系统在数据资本的生产过程中扮演着重要角色，推动管理体系的数字化和自动化，实现数据资本的高效运作。

（一）数据生产过程

数据资本家通过建设各种数字平台，如社交媒体、电商平台等，吸引用户在这些平台上进行各类活动，从而进行数字劳动。这种数字劳动既包括用户生成的内容，如文字、图片、视频等，也包括用户在平台上的交互行为，如评论、点赞、分享等。用户在数字平台上的行为成为一种生产性的数字劳动，为数字资本主义的运作提供了基础。从基于生产与消费的立场出发，生产性数字劳动表现为用户在数字平台上创造出具有一定经济价值的内容或行为。这一过程涉及数据资本家与用户之间的雇佣关系。用户在平台上投入时间、精力进行创造，生产出具有市场价值的数字产品，而数据资本家通过搭建平台并吸引用户，实际上雇佣了这些用户进行数字劳动。

在数字资本主义社会，用户参与生产性数字劳动的同时，通常会获得一定的报酬。这种报酬可以是货币形式，也可以是其他形式的奖励，如平台上的积分、虚拟商品等。数据资本家通过提供这些奖励，使用户更加积极地参与数字劳动，从而推动平台上内容的生成与传播。然而，数字资本主义社会中还存在一种消费性的数字劳动。这包括用户在数字平台上的娱乐消费活动，例如观看视频、浏览社交媒体等。这部分数字劳动通常是无偿的，用户在享受数字内容的过程中，实际上也在为数据资本家的数据积累做出贡献。这种娱乐消费被纳入资本增殖的范围，成为数字资本主义的一种特殊形式。

数字资本主义社会中，数据资本家通过用户的数字劳动积累了大量的数据资本。这些数据包括用户的行为数据、兴趣偏好、社交关系等，成为数字资本主义的一种重要生产要素。这些数据不仅用于精准定位用户需求，提高广告效果，还用于算法推荐等，进一步引导和控制用户的数字劳动行为。数据资本家通过搭建数字平台，吸引用户进行生产性和消费性的数字劳动，实现了数据资本的积累。这一过程实际上是资本增殖的逻辑在数字领域的延伸。数字平台经济通过挖掘用户的数字劳动价值，不断扩大数据资本，从而在数字资本主义社会中推动资本的增殖。

在数据生产过程阶段，互联网平台扮演着重要的角色，连接着网络用户、平台用户以及平台本身。与传统的雇佣关系不同，这里的关系更多地表现为服务的提供者和消费者之间的互动。网络用户通过互联网平台上传和分享各种信息，而平台用户则通过浏览、搜索、评论等方式获取信息。这一过程中，平台作为信息中介，提供了信息传递、分享和获取的场所，但并没有雇佣网络用户，而是通过服务的形式来维系关系。这种信息生产过程与传统的商品生产过程有着本质的区别。在传统的商品生产中，雇佣关系是生产关系的基础，而在数据信息的生产过程中，这种关系更为多元化和分散化。用户之间通过自愿上传和分享信息，而平台则通过提供服务来吸引用户，形成了一种基于互惠和自由参与的网络生产关系。

（二）数据增殖过程

数据资本生产进入第二个阶段，即数据增殖过程。在这一阶段，数据信息被收集、加工、分析，从而实现对数据的增殖。这个过程耗费一定的生产资料价值，包括硬件、原始加工软件、大数据算法、元数据等，被称为不变资本。同时，需要补偿数据工人活劳动耗费的价值，即可变资本。这两者构成了这一劳动过程投入的成本。当平台获得的价值超过活劳动价值时，就构成了这一生产过程的剩余价值。[①] 在这个阶段中，不变资本和可变资本的投入为数据增值提供了技术和人力基础。硬件、算法等技术成本构成了不变资本，而数据工人的工资则构成了可变资本。数据工人通过对数据的处理和分析，将原始信息转化为有用的、有经济价值的数据。这一过程中，劳动力不仅包含了传统生产中的体力劳动，更强调了智力劳动、信息劳动的重要性。

这里的剩余价值体现了在数据资本生产过程中平台的盈利，同时也反映了平台对数据工人的剥削。平台通过对数据的加工、分析，创造了新的价值，而数据工人所得到的工资并不等同于他们所创造的整体价值。这种剥削关系的存在，是马克思主义政治经济学中对资本主义生产关系的典型描述。需要强调的是，数据资本的生产过程并非单一、线性的，而是包含着多种互动和交叉。信息的生产和增殖是相互联系的，而互联网平台、用户、数据工人等各方的关系也在不断演变。这种动态性和复杂性是数据资本在当代资本主义中具有特殊性的重要体现。

在资本主义社会中，劳动力被视为一种商品，其价值由工资来体现，

---

① 宋宪萍：《数据资本的利润来源及其极化效应》，载于《马克思主义研究》2022 年第 5 期。

而资本家通过雇佣劳动力，实现对劳动力的剥削，从而获得剩余价值。在数据资本的生产过程中，数据工人和数据工程师的劳动同样被资本用来创造剩余价值，从而实现数据资本的增殖。劳动密集型的数据工人和技术密集型的数据工程师都在数据生产和加工的过程中发挥着关键作用。劳动密集型的数据工人可能负责手动整理、清理数据、执行标注等任务；而技术密集型的数据工程师则可能负责设计和优化算法，进行数据分析和挖掘。无论是简单的劳动还是复杂的技术劳动，其共同点在于，通过这些劳动，数据被加工和转化为有经济价值的形式。

（三）数据资本生产过程的特殊性

在传统的生产过程中，数据的记录和收集主要集中在产品的生产情况、销售数据等方面，而在数字资本主义的虚拟生产网络中，对劳动过程的数据记录变得更加全面和精准。从数字劳动者的每一个行为、交流到工作效能的实时追踪，数据资本能够获得大量的劳动过程数据。这些数据涉及劳动者的个体特征、工作方式、沟通模式等方方面面，为后续的深度分析提供了充足的原始材料。

在数字资本主义生产过程中，信息呈现多样性、实时性和复杂性，因此需要先进的技术手段来应对。通过文本数据的挖掘，音频识别技术的应用以及自然语言处理算法的运用，数据资本可以实时地对大量复杂的劳动过程数据进行深度分析。这种深度分析不仅可以关注表面的数据，更能够挖掘出潜在的、隐含的信息，例如劳动者的情绪状态、相对业绩表现等方面的信息。这种对劳动过程和劳动者行为表现的深度分析被视为资本对劳动力更为精密的操控，进一步深化了对剩余价值的挖掘。

首先，数据资本通过人工智能反馈系统实现了动态更新的数字声誉积分。在数字化的劳动环境中，数字声誉积分成为了一种重要的劳动者评价体系，反映了劳动者在平台上的信用和表现。这一体系通常由算法根据劳动者的工作表现、用户评价、工作历史等多个因素进行动态评估。数据资本通过人工智能反馈系统能够实时获取和分析这些数据，不仅可以对劳动者进行准确评价，还可以在实时决策中将声誉积分作为调整因素，影响劳动者在平台上的地位和待遇。这种动态更新的声誉积分体系相较于传统的人力资源管理方式更为灵活，使得数据资本能够更迅速地应对市场需求和劳动力变化。

其次，数据资本通过人工智能反馈系统实现了工作任务的实时分派。在传统的生产组织中，工作任务通常是通过人工制定、计划和分配的，而数据资本通过人工智能反馈系统能够更加智能地进行任务分派。基于大数据分析和机器学习算法，数据资本可以根据劳动者的技能、经验、工作效率等因素，实时地匹配和分派任务，以最大程度地提高生产效率。这种实时分派的机制使得数据资本能够更加灵活地适应市场的变化和劳动力的需求，相比传统的固定计划更加高效。

再者，数据资本通过人工智能反馈系统实现了平台准入的随时封号。在数字经济中，平台准入是对数字劳动者的一种重要控制手段。通过人工智能反馈系统，数据资本能够对数字劳动者的行为进行实时监测和评估，一旦发现违规行为或不当行为，可以立即采取措施，例如暂时封号、降低声誉积分等，以达到惩罚和控制的目的。这种随时封号的机制使得数据资本能够更加精细地管理和约束数字劳动者，进一步提高了劳动过程的规范性和稳定性。

数字平台算法系统在数据资本的生产过程中充当着虚拟的"智能经理"，这种转变在很大程度上改变了传统组织中的管理体系和劳动关系。过去的倒班主管、领班以及中高层管理人员逐渐隐匿于屏幕后，面对面的人际交往变得稀少，人机互动变成了主导，其中隐藏着公司政治在算法管理中的隐形化。然而，与此同时，员工心理契约、团队学习、组织支持等传统的社会化情景因素在数字资本主义劳动过程中逐渐消失。传统的管理层通常负责监督、指导和激励员工，而数字平台算法系统则通过自动化的方式完成了这一系列任务。算法系统根据大数据分析和机器学习的结果，自动进行任务分配、绩效评估和激励措施的执行。这使得管理者在物理上逐渐离开了劳动场所，而虚拟的"智能经理"取而代之，推动了管理体系的数字化和自动化。

数据资本通过算法系统的开发和优化，将资本逻辑编码并集成于平台

App 中。这意味着数据资本不仅仅是依赖于技术来提高生产效率，更是通过算法系统将资本的运作逻辑内嵌于数字平台中。算法不再只是一种工具，更成为了数据资本实现剩余价值生产和用户操控的核心。通过大数据的收集和分析，算法系统能够更准确地预测用户行为、个性化推荐产品、优化广告投放等，从而最大化资本的收益。这种集成程度的提高使得数字资本主义的运作更为高效、智能和灵活。

二、数据资本积累与再生产

积累数据资本成为数字资本主义进行循环周转与再生产的关键。[①] 在传统资本主义中，积累是通过对实物资本的不断积累和投资实现的。而在数字资本主义中，数据资本的积累成为了经济循环的核心。数字资本所有者通过对数据的搜集、分析和再利用，实现了对价值的不断增殖。这种数据资本的积累不仅依赖于生产者的数字劳动，更依赖于数据的不断流通和再生产。数字化的生产方式使得数据能够在全球范围内迅速流通和传播，通过不断再利用和再生产，数据持续创造新的价值。这种数据的循环运动成为数字资本主义社会中经济循环的基础，推动了数字经济的迅猛发展。通过对数据资本的不断积累，数字资本主义社会能够实现经济的稳定运转和再生产。

（一）数据资本积累的特殊性

与传统的有形生产资料不同，数据作为一种非物质资产具有独特的经济属性。数据并不占有物理空间，可以在瞬间迅速传播和复制，而且可以被多次使用而不损耗。这种特殊性使得数据的积累和利用不再受制于空间和时间的限制，形成了数字资本主义中独特的生产关系。在传统资本主义中，生产关系相对透明，劳动者的付出与产出之间存在着直接的关系。然而，在数字资本主义中，数据的复杂性和非物质性导致了数据的价值难以

---

① 闫坤如、李翌：《西方数字资本主义的增殖逻辑及其批判》，载于《华中科技大学学报（社会科学版）》2023 年第 5 期。

被直观地感知。企业通过综合分析海量数据，从中发现规律、预测市场，但这一过程对于普通劳动者来说是不透明的，因为数据的具体价值往往不是直接由个体劳动时间决定的，而是受到多个因素的综合影响。数字企业通过掌握大量数据并进行综合分析，能够更好地理解市场趋势、用户需求等，在竞争中获取优势，从而形成了数字资本主义中秘密而有效的价值增殖机制。

数字劳动成为数据资本化中的重要环节。通过对数据的分析、挖掘等过程，数字劳动创造了附加在数据商品上的价值，而这一部分价值最终成为资本家获取的剩余价值。通过先进的算法和人工智能技术，数据变得更加有用，实现了资本对劳动者和消费者的操控和剥削。数据的精细化管理使得企业能够更好地实现剩余价值的生产；数据的资本化使得生产和服务能够更加精准化，企业能够更好地理解市场需求、消费者喜好，通过个性化定制、精准推送广告等方式提供更有针对性的产品和服务。

在数字技术的加持下，等量资本在单位时间内可以获得更多价值增殖，这主要表现在三个方面。一是数据驱动的剩余价值生产。平台通过数字技术和算法实时监控和分析大量数据，优化生产过程、个性化服务和增加销售，从而增加剩余价值的产生。二是网络效应的剩余价值实现。网络效应使平台的价值随着用户规模和活跃度的增加而增加，平台通过控制和扩大用户规模来获取更多的剩余价值。三是个性化的剩余价值生产与实现。数字生产过程更具灵活性和个性化，能够根据消费者的需求和偏好进行定制和个性化的生产和交换，有助于提高剩余价值的效率和价值量。

（二）数据资本再生产

数据资本积累和再生产的基本运行机制是：资本家初始拥有一定的货币资金（M），这部分资金是他们用于购买生产资料和雇佣劳动力的起始点。资本家将货币资金用于购买不变资本（c），这包括数字化产业所需的服务器、数字技术专利、计算机设备等。不变资本在生产过程中并不改变其价值，但通过生产过程，它转化为新的使用价值，即数据和数字化产品。除了不变资本，资本家还需要购买可变资本（v），用于雇佣工人，其中包括软件工程师、管理人员等。可变资本是活劳动的代表，是生产过程中创造新价值的源泉。在生产过程中不变资本和可变资本共同参与，通过工人的劳动，不变资本转化为新的使用价值，可变资本则创造出新的价值。这个过程是剩余价值产生的根本。经过生产过程，资本家获得了新的商品，这些商品的价值超过了最初投入的货币资金。这个新的货币资金，表示为 M′，是资本循环的最终形态，也是资本家通过剥削工人劳动而获取的剩余价值。

在数字资本主义社会，资本家占有的剩余价值主要来源于三个方面：雇佣工人创造的剩余价值、非雇佣工人创造的剩余价值，以及平台用户的数字劳动创造的数据。首先，在产业资本和金融资本时期，雇佣员工创造的剩余价值是资本家获取利润的主要来源。生产关系基于雇佣劳动，劳动者通过出卖自身的劳动力，为资本家创造商品价值，其中超过工资的那部分被资本家占有，即剩余价值。在数字资本主义时代，这一基本特征延续存在。资本家通过数字化生产方式，雇佣软件工程师、数据分析师等数字劳动者，他们在生产数字化产品的过程中创造新的使用价值和剩余价值。资本家通过雇佣劳动者，依然在这一阶段获取剩余价值，实现资本积累。其次，在数字资本主义中，出现了大量的自由职业者，如外卖小哥、快递员等。他们通过数字平台与资本家建立短期雇佣关系，完成特定的任务，为平台创造价值。这种非雇佣工人创造的剩余价值体现了数字化生产关系的新特征。最后，数字资本主义社会中，平台用户通过参与数字平台，产生大量的数据，包括浏览历史、消费习惯、社交行为等，这些数据被资本家转化为数据商品并以高于其实际价值的价格出售，成为资本家获取剩余价值的新来源。

（三）数据资本的原始积累

数据资本的原始积累表现为在数据资源获取阶段，平台企业通过网络手段，如用户协议的单方面强制性和过于晦涩的措辞，使用户在不知不觉中将个人数据无偿提供给平台。这种强制性的数据搜集方式，迅速积累了大量的数据资源，为数据资本的生成提供了充足的原始资本。这种做法剥夺了用户对个人数据的控制权，将其个人信息无偿占有。这一过程中，用户的数据生产资料被迫集中到平台企业手中，而用户却无法分享其产生的价值。这种强制性的数据占有，实质上是对用户劳动的无偿剥削，是数据资本积累的最初形式。在数据资本主导的网络环境中，用户个人数据是一种生产资料，而平台企业通过强制手段将这些生产资料集聚在自身平台上。这种集聚效应不仅剥夺了用户对个人数据的所有权，也使得平台企业能够更加灵活地运用这些数据来获取利润。因此，数据资本的原始积累过程中，集聚和集中是实现垄断的关键环节。平台企业凭借垄断地位独占大量的用户数据，从而在数据市场上拥有更强的议价能力。用户的无偿数据贡献是数据资本积累的基础。在数字化时代，个体在使用互联网服务的同时，无形中产生大量的个人数据为平台企业的数据资本积累提供了动力。

在数字资本主义中，数字劳动是指通过数字平台和数字工具进行的，以数字知识和信息为对象，创造非物质数字产品的劳动，这包括从网站设计到 App 程序编制再到社交媒体的内容创造等广泛领域。在数字资本主义中，数字劳动的被剥夺性表现在资本家对用户数字劳动的无偿占有。用户在数字平台上的行为产生了大量数据，这些数据在经过平台加工后变成了具有极高价值的数据商品，然而用户在这一过程中往往无法分享这些价值的回报。资本家通过数字平台的数据商品生产与占有，实现了对数字劳动的剥夺性积累。用户在平台上的各种行为，无论是发表文字、上传图片还是观看视频，都被资本家收集、加工、用于广告、销售等环节，而用户对此只能是被动的参与者。这种数字劳动的剥夺性实际上是数字资本主义原始积累的基础。资本家通过数字平台操控算法、垄断地位、数据商品化等手段，将用户的数字劳动转化为数据资本，从而实现了原始积累的目的。数字劳动的被剥夺性深层逻辑在于数字劳动的被动化。用户在数字平台上的行为往往是在不经意间完成的，而平台通过巧妙设计的算法和界面，操控用户的数字劳动成为了一种"自愿"的被动行为。这种数字劳动的被动化使得用户更加难以认识到自己数字劳动的价值，从而更加难以争取合理的回报。

三、数据资本的循环和周转

数据资本的运动和积累过程遵循着资本主义的生产逻辑，与其他资本一样，数据资本需要在源源不断的生产循环中才能实现积累。这种生产循环包括数据的不断采集、分析、应用，以及通过数据所创造的商品或服务在市场上的交换。在数字经济时代，数据的产生和流通形成了新的生产关系，数字化的特点使得数据资本能够更迅速地进行生产循环。平台企业通过不断积累和更新数据，实现了对市场的持续占有和对竞争对手的相对优势，从而推动了数据资本的积累过程。

（一）数据资本循环

数据资本的循环过程包含三个阶段。第一阶段中数据资本作为生产资本，经历购买阶段将货币形式的资本转化为实物资本。在这个过程中，资本家购买了生产所需的各种要素，如机器设备、原材料、特定处理软件、线上流量、服务器等，这些构成了数据资本的预付资本。这一阶段的实质是数据资本家的货币转化为商品，经历了 G – W 转变。

第二阶段数据资本运动表现为 W…P…W′ 完整的生产过程。数据的采集过程涉及现实事物的记录，而数据的处理过程则包括对可能存在误差的数据进行人工确认和修正，以及对数据进行清洗、标注、脱敏、脱密和标准化等处理。这一过程中，资本家通过使用已有的采集设备和处理程序，使得数据要素得以完善和提炼，从而形成具有更高价值的数据产品。这也是数据资本运动中从 W（货币形式的资本）到 P（生产过程）的转变。这种数据的采集和处理过程实际上是劳动者对已有的现实事物进行再生产和创造价值的过程。劳动者在这一阶段为资本家的数据资本生产做出了实质性的贡献，通过对数据的加工使其更加有用，进而创造了新的价值。最终，经历完整的 W…P…W′ 的生产过程。在这个过程中，资本家通过购买阶段将货币资本转化为实物资本（W→P），在生产过程中通过劳动者的劳动和数据的加工创造了新的价值，最终通过销售数据商品将实物资本转化为货币资本（P→W′）。这一阶段的数据资本运动实现了价值的增殖，即通过消耗掉自身的组成部分，使其转化为更高价值的产品。

第二阶段数据资本运动的公式 W…P…W′ 揭示了数据资本在其运动过程中的价值增殖源泉。通过现实事物的抽象和数据商品的生产这两个环节，数据资本实现了在不同阶段获取剩余价值的目的，为数据资本的持续积累创造了条件。这个过程不仅是价值循环的表象，更是数据资本价值增殖机制的体现。首先，数据资本的生产资本循环包含了现实事物的抽象。这一环节涉及数据资本家购买了各种生产资料，包括机器设备、原材料等，用于塑造现实事物，例如在外卖平台中，购买电动车、手机耳机、保温箱等。这些生产资料的购买是资本的预付阶段，即资本家将货币形式的资本投入购买生产资料中。通过购买生产资料，数据资本家实现了货币资本向实物资本的转化，进入到生产的领域。其次，数据商品的生产环节是数据资本运动中的核心。数据商品的价值形成既包括了购买生产资料的全部旧价值，也包括了在生产过程中劳动者所生产的所有剩余价值。这个环节的关键在于劳动者对现实事物的生产和对数据的采集与处理。在这个过程中，劳动者为生产提供了劳动力，对现实事物进行抽象，并通过数据采集和处理，创造了包含在数据商品中的剩余价值。这些数据要素的生产过程同现实事物的生产过程不可分割，二者有机衔接，形成了数据资本运动过程中的一个独特环节。

这种独特环节导致了数据资本运动过程中对剩余劳动占有的双重性质。一方面，数据资本家通过在现实事物的生产过程中悄无声息地占有剩余价值，例如在外卖平台中通过抽成方式。另一方面，数据资本家同样无情地占有数据商品生产过程中的剩余价值，即劳动者在采集和处理数据的过程中创造的价值。这种双重占有性质使得数据资本家在资本运动的不同环节都能够获取剩余价值，从而推动了数据资本的增殖过程。

数据资本运动的第三阶段是数据商品的出售，即 W′–G′ 的过程。这一阶段标志着数据资本运动的完成，也是数据资本实现增殖的最终阶段。数据商品的价值不仅包含了生产过程中的生产成本，还包括了通过数据要素的加工和处理创造的剩余价值。这一阶段的数据资本运动实现了价值的增殖，资本家通过对数据商品的销售获得了更多的货币资本，形成了资本运动的闭环。

在这个过程中，数据资本家通过出售数据商品将资本转化为货币，实现了对其生产环节所耗费的成本的补偿，完成了数据商品价值的补偿，这一过程被形象地描述为"惊险的一跃"。在这一阶段，数据商品成为了市场上的商品，可以被其他资本家购买，例如其他平台或商家。数据商品的价值在市场上得到体现，通过交换过程，数据资本家获得了货币形式的资本，即 G′。这个过程实质上是数据商品价值形式的最终体现，也是数据资本价值增殖过程的结束。需要注意的是，数据商品的出售不仅仅是对数据资本的价值增殖的完成，同时也为数据资本家提供了资本再投资的可能性。通过将获得的货币形式的资本重新投入购买生产资料、采集处理数据等环节，数据资本家可以进一步推动数据资本的再生产，形成新一轮的资本运动。数据资本的循环不是一次性的，而是不断重复的，即：$G-W{\cdots}P{\cdots}W'-G'. G-W{\cdots}P{\cdots}W'-G'. G-W{\cdots}P{\cdots}W'-G''{\cdots}$这种连续不断的资本循环是数据资本积累的关键机制。

在执行商品资本职能的第三阶段，随着数据商品的市场化交换，崛起了一种新的资本形式——商业资本。商业资本的职能主要在于进行数据商品的买卖，其典型代表包括一些专门销售数据服务的企业，如提供金融数据的 Wind、企业绩效数据的 EPS 等。这些企业并不直接生产蕴含数据的现实事物，而是发挥数据资本运动中的流通中介作用。这种商业资本在数据商品的交换过程中充当了关键的角色，连接了数据资本家和数据需求方，促进了数据商品的流通。其盈利模式主要体现在数据的买卖差价上，即在购买数据商品时支付较低的价格，而在销售给需求方时获取更高的售价。

（二）数据资本周转

全球化的背景下，商品流通变得更加广泛，各种商品跨越国界，形成了全球化的商品网络。与此同时，商品流通的物理距离扩大，导致商品在流通过程中的时间逐步延长，从生产到消费的周期变得更长。数字技术的发展，为商品流通提供了更加高效的工具，特别是数字平台的兴起，如电商平台、在线支付平台等，极大地强化了国家、企业和用户之间的联系。这些平台不仅提供了在线购物、电子支付等便捷服务，还实现了全球范围内的商品信息传递，形成了实时的、全球性的商品网络，为资本周转速度带来了新的提升，缩短了商品从生产到消费的周期。

数字技术的发展，尤其是数字平台的兴起，进一步提升了资本周转和流通的效率，缩短了商品从生产到消费的周期。相较传统资本形式，数据资本在流通和循环过程更具优势。

第三节　数据资本的扩张逻辑

运动和扩张是资本的固有属性，不断获取更多价值增殖进行积累是资本的内在驱动力，永无止境地扩大自身规模是资本增殖逻辑和积累逻辑的具体映照。马克思写道："不断扩大产品销路的需要，驱使资产阶级奔走于全球各地。它必须到处落户，到处开发，到处建立联系。"[①] 数据资本这一新形式为资本在时间和空间上的无限扩张提供了更为便利的条件，呈现出从数据资本集中和集聚的竞争状态逐渐演变为资本无序扩张的垄断状态。

一、数据资本集中和集聚

数据要素的集中和集聚是数据资本扩张的前提条件，在数据资本主导的网络环境中，用户个人数据是一种生产资料，平台通过各种手段，将零散的用户数据（包括但不限于日常活动、在线行为、消费习惯、搜索记录、社交媒体互动等）集中到一起形成规模化的数据资源。数字技术催生了如电子商务、在线广告、共享经济等数字化商业模式，大型平台企业通过用户数据收集、算法和网络效应、广告收入、平台服务费等方式，积累

---

① 《马克思恩格斯选集》第 1 卷，人民出版社 2012 年版，第 404 页。

了巨大市场份额和财富。

（一） 数据资本集中

资本集中是资本主义发展的内在趋势之一。为了争夺对数据资源和市场份额的占有权，数据资本通过企业并购、股权融资等方式加速集中。通过收购和合并，企业能够在市场上更强大地竞争，提高生产效率，实现规模效应，从而迅速积累资本。数字资本主义下的市场竞争呈现出新的特征，数据资本的积累和掌控成为企业竞争的核心。此时，企业的竞争力不仅取决于其传统的生产能力和市场份额，更关键的是其对数据的掌控和利用能力。数据资本的企业通过控制和运用大数据、AI 技术，实现了更加高效的资本集中。在数字化时代，数据资本的横向集中与参与控制成为资本规模扩大的主要途径。

首先，数据资本横向集中的机制可以通过并购、合并等手段实现。在数字经济时代，互联网平台企业的出现通常被描述为市场竞争的自然结果，但实际上，数字技术所带来的时空分离与结构重组并非均质化，对数据的控制反映了权力关系。① 在横向集中的过程中，大型企业通过收购同行业的竞争对手，或者通过与其他企业合并，实现了资本规模的迅速扩大。这种横向集中的机制在资本主义体系中是一种常见的现象，通过整合资源，企业可以更有效地竞争，提高市场份额，从而更好地实现价值增殖。

其次，参与控制是数据资本横向集中的另一重要方式。通过参与控制，企业可以在其他企业中拥有一定的股权或决策权，从而在行业内产生更为广泛的影响力。这种参与控制的方式不仅仅是资本的金融控制，更是对产业链上下游的掌控。在数字化时代，互联网平台企业通过投资、收购其他企业，特别是那些与其业务相关的企业，形成了一种错综复杂的产业链条，实现了在产业链上的参与控制。这种方式既可以通过金融手段，也可以通过技术和市场的整合，形成一种综合的控制关系，加强了企业在数

---

① 宋宪萍：《数据资本的利润来源及其极化效应》，载于《马克思主义研究》2022 年第 5 期。

字经济中的竞争优势。

（二）数据资本集聚

数据资本的集聚是单个平台增强竞争力，进而获得垄断地位的基本方式，可划分为前后衔接的两个过程，即数据集聚和数据资本集聚。[1] 数据集聚是数据资本内部积累的第一阶段。在平台经济中，数据集聚是指平台通过各种手段收集、整合、分析和加工大量用户数据的过程。用户在平台上产生的各类数据，包括但不限于个人信息、行为数据、兴趣偏好等，被平台搜集并汇聚起来形成海量的数据资源。这些数据资源具有容量极大、交互性强、来源多元和迭代更新频率高等技术特点，使得平台能够更精准地了解用户需求、优化服务、提高用户粘性，从而实现价值的增殖。这一阶段可以被视为劳动过程，其中用户产生数据的劳动被平台资本所利用，通过数据的加工和分析，形成新的商品——数据商品。这个过程是数据资本的内部集聚，通过用户自发的数据生产，平台获取了用户的劳动价值，并将其转化为数据资本的增殖。数据集聚不仅是数据资本内部积累的前提，也是数据资本商品化的基础。

数据资本集聚是数据资本内部积累的第二阶段。在这个阶段，平台将通过数据集聚获取的数据价值转化为具有市场交换价值的数据资本。数据资本的集聚表现为平台通过数据资源的积累，形成对市场的垄断地位。这一过程涉及数据资本的流通和再生产，即将数据资本转化为更大规模的、更有竞争力的数据资本。这一阶段可以被看作是资本主义的循环过程，其中资本通过市场的交换不断实现增殖。平台通过数据资本的集聚，实现了在市场上的垄断地位，从而能够更好地掌握数据流通的主动权，获取更多的剩余价值。这一过程也反映了数据资本作为一种商品的特殊性，它的价值不仅仅来源于使用价值，更包括了交换价值。而在平台经济中，数据资本的集聚往往伴随着平台规模的扩大和市场份额的增加，进一步强化了平台的市场地位。

---

[1] 宋冬林、田广辉：《平台经济中数据垄断的根源、途径与治理策略》，载于《苏州大学学报（哲学社会科学版）》2023 年第 1 期。

数据集聚和数据资本集聚在平台经济中相辅相成，构成了数字化时代资本主义生产关系的核心动力。数据集聚是实现数据资本集聚的核心工具和关键环节，通过对用户劳动的榨取形成了数据资源；而数据资本集聚则是数据集聚的内在本质要求[①]，是为了构建更大规模的数据资本，通过市场交换实现对用户劳动的价值抽取。在这一过程中，用户控制是关键因素，通过获取用户的控制权，平台能够更好地引导用户行为，形成更为庞大的数据资源。

首先，数据集聚是平台经济中数据资本形成的外在表现。数据集聚是指平台通过各种手段，包括但不限于用户行为、偏好、社交关系等方面的数据采集，将分散的用户数据集中到一起形成规模化的数据资源。这一过程实质上是对用户劳动的榨取，用户在平台上的每一次活动，都产生了数据，而这些数据被平台搜集、整合、分析和加工后形成了数据资源。用户通过平台的使用，实际上是在为平台创造数据价值，而平台通过数据集聚将这些分散的数据汇聚到一起，形成了具有规模经济效应的数据资本。这种劳动不同于传统生产劳动，但同样是创造价值的一种形式。平台通过数据集聚将这种无形的劳动转化为实际的数据资本，实现了对用户劳动的价值抽取，这也是平台经济中数据商品化的基础。

其次，数据资本集聚是数据集聚的内在本质要求。数据集聚虽然是数据资本形成的外在表现，但其内在本质要求是构建更大规模的数据资本，以实现在市场中的竞争优势。在平台经济中，数据资本集聚涉及对市场的垄断地位，通过积累更多的数据资本，平台能够更好地掌握市场的主动权，获取更多的用户，形成更大的市场份额。这个过程可以被视作是资本通过市场交换实现增殖的循环过程。数据资本通过数据资本集聚，不断地在市场中交换，实现了从用户劳动中提取的剩余价值。这种集聚的过程在数字化时代具有特殊性，因为大数据规模的积累使得平台能够更好地应对市场变化，更精准地满足用户需求，从而增强在市场上的竞争力。

最后，用户控制是数据集聚和数据资本集聚的关键。用户控制涉及对

[①] 宋冬林、田广辉：《平台经济中数据垄断的根源、途径与治理策略》，载于《苏州大学学报（哲学社会科学版）》2023年第1期。

用户的各种信息的搜集、分析和利用，这种控制是实现数据集聚和数据资本集聚的前提。平台通过获取用户的控制权，能够更加精准地了解用户需求，更好地引导用户行为，形成更为庞大的数据资源。然而，这种用户控制也引发了隐私和个人权益的问题，在马克思主义政治经济学的视角下，这可以被视为用户在平台上的劳动受到了资本的控制和剥削，而用户的个人信息成为了资本积累的资本。

二、数据垄断和数据资本垄断

资本主义具有对价值增殖的无限追求、竞争和扩张的本能，对剩余价值无止境的追求是资本无序扩张的根本原因。数据资本作为算法和资本家意志的结合体，在执行不变资本职能时更易于形成垄断。数字技术的发展使得数据的积累成为了一种垄断的趋势。少数科技巨头通过收集、分析和应用海量数据，建立起巨大的数据垄断体系。数字资本主义中，数据不再只是商品，更成为了掌握市场支配地位的工具。

（一）数据垄断的形成

生产集中和资本集中发展到一定程度必然会引起垄断，这是资本主义发展的客观规律。在工业资本主义社会中，资本家无止境地追求剩余价值的铁律促使生产资料、劳动力和商品的生产日益集中于少数大企业的手中，越来越多的资本集中于少数大资本家的手中逐渐形成了垄断，其中"垄断组织"是资本快速集聚和资本成倍积累的强有力手段。数字技术的发展使得数据积累成为了一种垄断的趋势，少数科技巨头通过收集、分析和应用海量数据，建立起庞大的数据垄断体系。头部企业"赢者通吃"的铁律同样促使平台企业凭借其对平台用户的数据独占、技术优势、资本强化集中、网络效应等优势不断发展壮大，最终占据强势垄断地位，形成"寡头"瓜分市场份额，控制市场规则和资源分配，获取高额垄断利润。一方面，数字垄断平台利用自身的卖方垄断地位来设定垄断高价，持续获得高额垄断租金；另一方面，数字垄断平台利用自身在劳动力市场的买方垄断地位设定垄断低价，压低数字劳动力的雇佣价格、提高劳动强度、对大量中低端劳动力进行技术替代。

数字平台成为资本扩张的关键基础设施。平台不仅提供了数据的集中管理和高效利用的技术手段，更通过网络效应形成了数据垄断的格局。在数字资本主义时代，平台企业的扩张行为成为资本积累的重要动力。通过并购、孵化等手段，平台企业迅速进入其他行业，通过数据的力量改变传统产业格局，实现自身的无序扩张。与传统生产要素相比，数据要素生产具有极低的复制和流动成本。这使得平台企业更容易在不同领域间移动，同时可以迅速复制和利用已有的数据资源。这种低成本和流动性使平台企业能够更加迅速地进入新兴领域，实现对其他行业的快速渗透，从而实现更广泛的数据垄断。

在这一过程中，数字平台发挥了关键作用。首先，数字平台具有网络效应：随着平台上用户数量的增加，平台的价值和吸引力也随之增加。这种正反馈循环有助于少数主导平台在市场上逐渐取得优势地位，从而推动资本的集中。其次，数字平台具有数据积累效应：数字平台需要大量的数据来支持其运营和服务，少数大型平台依托自身的技术创新和算法优势更快速高效地将散乱数据转化为有价值的数据商品，推动平台市场份额扩大，进一步加速了资本的集中。再次，数字平台具有多样化服务优势：通过收购、合并等方式跨领域整合多种功能和服务，满足用户多样化的需求，少数大平台在不同领域占据主导地位，从而吸引更多资本投入，加速了市场份额的集中。最后，数字平台具有数据壁垒效应：占有大量用户数据的少数平台可以建立数据壁垒，拔高市场进入门槛，这种壁垒加剧了市场上的不平等，数字平台的用户黏性和市场地位帮助数据资本获得了积累和融资优势，加速资本在少数大型平台之间的集中。

综上所述，数字平台具有垄断的"天性"，平台壮大自己的过程伴随着资本的无序扩张和不正当竞争，来满足资本自身无限增殖欲望。出于对"数据—流量"盈利模式的渴求，平台企业本身就具有对数据资源的独占欲和将数据信息私有化的倾向。算法在虚拟空间的"数字公地"（digital commons）中将全社会的经济活动内容统统转化为可被量化、可被计算、可被观测的数据大网,[①] 平台资本们凭借对海量数据的独占权开始了新一轮的"圈地运动"(enclosure movement)。[②] 通过建立专有平台和封闭的生态系统,控制用户数据和访问渠道,建立数据垄断地位等方式实现数字公地的私有化。在算法技术的加持下,部分数字平台巨头采取各种手段来进一步巩固自身的市场垄断地位,如捆绑特定支付工具、签订排他性协议等,甚至为了消灭可能的竞争对手采取"扼杀式"并购手段来排斥市场竞争、构筑市场进入壁垒。数字平台叠加数据、算法、技术、资本等要素,更易操纵经济、政治和舆论环境,通过算法合谋、算法歧视、大数据杀熟、技术屏蔽等各种新手段来实现市场独占谋取高额利益。

(二) 数据垄断的特殊性

垄断是资本主义发展的内在趋势之一,而数据资本的垄断形成和维护具有自身的特殊性。数字化的垄断更加依赖于对数据的掌握和参与控制,而数字技术的发展则为企业提供了更为广泛、深入的垄断手段。通过对关键数据的垄断,企业可以在横向集中和参与控制的过程中更好地实现资本积累,推动数字资本主义的发展。在这一过程中,资本主义的内在规律与数字化特点相互交织,形成了一种新的生产关系。

首先,外来资本的参与控制是平台经济中的一种典型现象。外来资本通过投资于既存平台,追求对数据的控制与利用,从而分享平台经济的利润。这种参与控制主要通过资本的金融手段实现,外来投资者通过购买平台企业的股份、债券等金融工具,获取对平台一定程度的所有权或决策权。在这个过程中,外来资本参与了平台企业的经营和战略决策,共享了

---

① "数字公地"概念最早由美国法学学者、哈佛大学教授劳伦斯·莱斯格 (Lawrence Lessig) 提出, 在《思想的未来》(The Future of Ideas: The Fate of the Commons in a Connected World, 2001) 一书中, 他将西方文化传统中的"公共资源"理论加以延伸, 针对知识产权提出了互联网上的知识公域。参见 Lawrence Lessig, The Future of Ideas: The Fate of the Commons in a Connected World, Random House, 2001: 19 – 23。

② 美国法学学者詹姆斯·博伊尔 (James Boyle) 在《公有领域: 思维定势困境》(The Public Domain: Enclosing the Commons of the Mind, 2008) 一书中描述了"第二次圈地运动"——被圈占的乃是知识的公地, 即位于知识产权边界之外的公有领域, 参见 James Boyle, The Public Domain: Enclosing the Commons of the Mind, Yale University Press, 2008: 46。

平台所获得的数据利润。这种现象在马克思主义理论中可以理解为资本主义规律下的一种资本运作方式，外来资本通过金融手段参与并掌控平台经济，实现对数据资本的利用和控制。

其次，数据垄断资本对其他领域的参与控制是平台经济中的另一重要特征。由于数据的强渗透性、数字技术的通用性和普及性①，数据垄断资本具有在其他领域实施参与控制的强大能力。这一"双轮垄断"现象表现为数据资本不仅在数字经济领域垄断，同时试图通过数字技术和大数据对传统产业进行渗透和掌控。这种参与控制的能力来自数据资本对数据的掌握，通过分析和利用大数据，数据资本能够更好地预测市场趋势、消费者需求，从而在其他领域中获得竞争优势。

在这一过程中，数据资本展现出强大的渗透性和控制力，而这种无序的特性则在一定程度上挑战了传统市场的秩序。在数字化时代，数据资本不仅通过数字技术改变了传统产业的生产关系，也通过对大数据的垄断控制改变了市场的运行规律。这种"双轮垄断"使得数据资本在整个社会经济体系中占据主导地位，改变了资本主义的内在规律。

（三）数据垄断的规模效应与网络效应

数字化技术为企业提供了大规模数据的收集和分析能力，而机器学习则通过对这些数据的处理实现了自动化的决策和预测。然而，数字驱动模式对数据和算法的过度依赖，可能导致市场的不平衡和垄断。在资本主义经济体系中，垄断的形成往往是不断积累的结果。通过对数据的积累，超级资本具有更强大的议价能力，能够通过掌握市场信息和趋势来影响市场竞争规则，制定价格，甚至影响政府政策。这种超级资本的垄断地位形成了一个封闭的循环，垄断地位使得企业更容易获取更多的数据，而更多的数据又进一步巩固了它们的垄断地位。

这种垄断现象主要来自互联网平台企业的规模效应和网络效应。规模效应是指企业规模的扩大可以降低单位产品的生产成本，从而提高竞争

---

① 宋冬林、田广辉：《平台经济中数据垄断的根源、途径与治理策略》，载于《苏州大学学报（哲学社会科学版）》2023 年第 1 期。

力。在数字经济中，数据的规模化积累使得企业能够更好地优化算法、提高预测准确性，并在市场上获得更大的份额。规模效应主要体现在互联网平台企业的运营成本方面。运营集中化的网络平台需要大量的投资，包括高昂的云基础设施成本、熟练的程序员团队以及有效的数据管理。[①] 这些成本在初期阶段相对较高，但随着用户数量的增加，这些成本可以通过摊薄实现规模报酬的递增。规模效应使得互联网平台企业能够更有效地利用资源，提供高质量的产品和服务，并以更低的边际成本满足用户需求。

网络效应则是指产品或服务的价值取决于用户数量的增加。在数字驱动市场中，用户生成的数据量越大，平台的价值就越高，吸引更多用户加入，形成良性循环。以社交平台脸书为例，用户的增加意味着更广泛的社交网络，使得平台能够更好地充当熟人社交的数字媒介。而在亚马逊这样的网上销售平台，买家和卖家的增多相互促进，形成了供需的"互吸"效应，使平台规模不断扩大。用户的增加不仅增加了平台的商品或服务的需求，也提高了平台的社会价值。这种社会化生产关系使得互联网平台更具吸引力，形成了用户在平台上互动、分享和交易的社会网络。

互联网平台企业通过规模效应和网络效应形成了数据积累的正反馈循环。规模效应和网络效应相互作用，使得互联网平台企业更容易形成垄断地位。规模效应降低了运营成本，提高了竞争力，而网络效应通过用户的互相吸引进一步加强了平台的市场地位。这种垄断地位使得少数大型平台在数字经济市场上占据主导地位，形成巨无霸。更重要的是，这种垄断形成不仅仅是经济问题，而且涉及社会、文化、政治等多个层面。在数字经济时代，垄断企业不仅在市场上占有垄断地位，还能够通过掌握用户数据，影响社会意识形态和文化生产。因此，需要深入思考和顶层制度设计，以确保数字经济的发展更好地服务整个社会，而非局限于少数超级资本的利益。

（四）数据资本垄断的极化效应

数字资本主义中的数据资本是如何在资本主义体系中发挥作用，借助

---

① 宋宪萍：《数据资本的利润来源及其极化效应》，载于《马克思主义研究》2022 年第 5 期。

信息技术和产业—金融体系打通产业链条，通过迅速助推资本积累，实现市场利润最大化过程的呢？

首先，资本的本质是同一的，只要有利可图，资本就会迅速流动，寻找利润最大化的机会。在信息技术迅速发展的时代，数据资本成为一种新的资本形式，通过利用大数据、人工智能等技术手段，以更为高效的方式进行生产、分配、流通和交换。数据资本与传统资本一样，其核心目标依然是通过积累资本获取最大的利润。数据资本借助信息技术，使得生产、分配、流通和交换的过程更加高效、迅速。通过对大量数据的收集、分析和利用，企业能够更准确地把握市场需求，更精确地定位产品和服务，进而提高市场竞争力。这种高效的资本运作加速了资本积累的速度，使得企业在市场中迅速崛起，形成垄断的势头。

其次，数据资本在产业链和产业内分工中起到了打通与整合的作用。通过信息技术，企业能够更好地进行产业链条中的各个环节的协同合作，实现更紧密的产业整合。数据的流动和共享使得产业内分工更为高效，企业可以更好地协同生产和供应链管理，从而降低生产成本，提高生产效率。数据资本通过信息技术的运用，使得产业链条中的各个环节更为紧密地协同合作。这种产业内分工和整合的模式使得企业更为灵活，能够更好地适应市场的变化，提高市场竞争力，实现更为高效的资本积累。

然而，这种分工与整合的同时也带来了极化效应。在资本积累的过程中，数据资本形成了相对于其他形式的资本更为强大的地位。那些能够更好地运用信息技术、掌握大数据的企业在市场上具有更高的竞争优势，实现了市场份额的集中。这种垄断效应导致了市场上的少数企业能够获得更多的利润，形成了市场利润的极化现象。在数据资本的运作过程中，垄断的形成使得少数企业能够通过市场利润最大化，形成更为强大的市场地位。这种极化效应不仅仅在市场层面表现出来，也在劳动力市场和社会结构中产生深刻影响。

在劳动力市场中，数据资本的垄断地位使得对高技能、高素质劳动力的需求增加。这种趋势可能导致劳动力市场的两极分化，一方面是受益于数据资本发展的高技能劳动力，另一方面是相对于高技能劳动力而言相对劣势的低技能劳动力。这种不均衡可能导致社会的不公平和社会结构的不稳定。在社会结构方面，数据资本的垄断不仅在经济层面表现出来，也在文化、政治等领域产生深刻影响。通过掌握大数据，数据资本企业能够引导社会意识形态，影响文化生产，从而在社会中具有更大的影响力。

（五）数据资本垄断与平均利润率下降

在数据资本主导的时代，不变资本的特殊性和数据资本的垄断形成相互交织，对平均利润率下降产生了双重影响。一方面，数据资本作为一种新型的不变资本形式加剧了平均利润率的下降趋势；另一方面，数据资本垄断形成为平均利润率提供了一定的缓解机制。这使得数据资本的垄断对于资本主义体系的维持和调整具有重要的作用。

不变资本是指在生产过程中不发生价值变化，但通过使用价值传递给新产品的资本部分，例如机器、设备等。在马克思的理论中，不变资本的投入会导致资本有机构成的提高，即不变资本在总资本中的比重上升，从而产生对平均利润率的下降趋势。这是因为剩余价值是相对于总资本而言的，而不是相对于不变资本。当不变资本比重增加时，同样的剩余价值分摊在更大的总资本上，使得平均利润率下降。

数据资本指的是以数据为核心的资本形式，包括对数据的生产、处理、交换等。相较于传统的生产资本，数据资本具有易于流动的内在特性。平台企业通过对大量数据的积累和掌控，形成了在特定领域的垄断优势。这种垄断不同于传统产业领域的垄断，它基于对数据的独占性控制，具有快速形成和扩张的潜力。在数据资本中，平台企业通过控制数据的生产、加工和传播，能够实现对特定领域内的数据垄断。数据的流动性使得平台企业能够在较短时间内积累大量的数据资本，迅速实现在数据领域的垄断地位。

数据资本对平均利润率的影响是复杂而深刻的。一方面，数据资本作为一种新型的不变资本形式，其投入使得总不变资本相对于总资本的比例增加，从而理论上加剧了平均利润率的下降趋势。然而，另一方面，数据资本垄断的形成为平均利润率提供了一种缓解机制。通过垄断地位，平台企业能够在数据领域获取更大比例的剩余价值，弥补了平均利润率下降的一部分。这种垄断形成在数字化、信息化时代尤为显著，因为数据在现代经济中的重要性日益提升，使得数据资本垄断的影响更为突出。

在未来，随着数字技术的不断发展，数据资本将在经济中发挥越来越重要的作用。平台企业将通过数据资本主导更多的行业，形成更为复杂和庞大的数字生态系统。数字资本主义中，平台企业为了维护自身在特定行业内的绝对垄断地位，采取了一系列措施来限制已搜集到的数据外流。

首先是数据外流限制的技术壁垒。平台企业通过技术手段，建立了严密的数据保护系统，限制已搜集到的数据外流。这体现为对数据的加密、脱敏、脱密等处理，以确保数据在流通过程中不被他人获取。技术壁垒的建立使得平台企业在数据资本的流通中更具控制力，从而更好地保障了其在行业内的垄断地位。平台企业通过掌握先进的数据处理技术，将数据视为自身资本的一部分，进而实现对数据的垄断和私有化。这使得平台企业能够在数据资本的生产和流通中具有更大的话语权，从而稳固其在特定行业的绝对垄断地位。

其次是个性化推送和即时配送系统的市场垄断。平台企业通过引入个性化推送和即时配送系统，构建了市场垄断的机制。通过分析用户的行为和偏好，平台企业可以向用户提供个性化的服务和商品推荐，使得用户更加依赖平台企业的服务。同时，即时配送系统的建设进一步提高了平台企业在流通领域的效率，形成了对市场的垄断。平台企业通过掌握大量用户数据和实现个性化服务，有效地主导了用户的消费决策。这种垄断地位使得平台企业能够在市场中获得更高的利润，同时对其他资本流入特定行业产生了抑制作用。

平台企业对数据的垄断不仅表现为技术和市场层面的控制，更加深了数据资本的排他性和有界性特征。通过限制其他市场主体对相关现实事物的采集，平台企业实现了对数据要素的垄断。这一垄断的排他性和有界性，使得平台企业能够更好地掌握行业内的信息和资源，阻碍其他资本进入该行业。平台企业通过垄断数据要素，实际上控制了劳动者在生产过程中产生的数据，进而对整个生产过程实施更为细致的管理。这种垄断性质使得平台企业能够更有效地利用劳动者的数据生产，并在竞争中保持相对优势。

　　平台企业致力于维护自身行业垄断地位的行为不仅是技术和市场手段的运用，更是源于其经济动机。通过维持垄断地位，平台企业能够长期占据市场主导地位，实现更为稳定和持续的利润。这种经济动机直接影响了平台企业对数据的使用和管理方式。这种经济动机可以理解为资本家追求自身利润最大化的本能。平台企业作为资本家，通过对数据的垄断，实际上是在追求对剩余价值的最大化。通过维护行业垄断地位，平台企业能够更好地掌握市场规则，主导市场竞争，从而更好地实现其经济目标。

三、数据资本无序扩张

（一）无序扩张的动力

　　数据资本的无序扩张本质上是追求剩余价值最大化的资本主义逻辑在数字时代的具体表现。马克思主义政治经济学认为，资本主义的本质是通过对生产资料的私人占有和对雇佣劳动的剥削来实现剩余价值的生产。在数据资本主导的时代，剩余价值的生产依然是资本追求的最终目标，只不过手段和形式发生了深刻的变革。数据资本的无序扩张主要体现在平台企业对数据的广泛搜集、垄断和利用上。在市场经济中，企业追求最大化的利润和市场份额是基本动力，而数据作为一种重要的生产资料和交换媒介，成为平台企业实现这一目标的关键。企业通过无序扩张获取更多的数据，包括用户在数字空间的行为、社交关系、消费喜好等，从而扩大其市场份额、提高市场竞争力，实现资本积累。这种无序扩张的动力可以理解为资本主义内在的积累规律。资本主义追求不断扩大市场份额、获取更多剩余价值的目标，这使得平台企业被驱使去不断地扩展其数据资本规模，以保持竞争优势。

　　数据资本作为一种新型资本，其特征在于对数据的无止境采集、分析和应用。数据成为了主要的生产资料，而数据资本家通过不断扩张数据领域，实现对更多社会数据的无序获取，以追求自身的无限增殖。这种无序扩张表现为平台企业通过各种手段，包括但不限于算法、技术和市场策略，获取更多的用户数据，将其纳入自己的生产过程。数据资本的无序扩张可以被视为资本主义生产关系的延伸和升级。数据的无限采集使得资本家能够更全面、更深入地介入社会生产关系，进一步强化了资本对生产要素的控制。

（二）资本有界性的制约

然而，数据资本的无序扩张并非不受限制。有界性体现在数据的获取成本、法律法规、道德伦理等多个方面。首先，数据的获取和垄断需要耗费大量的资金和资源，包括技术设备、人力成本等，这构成了一种有界性。其次，法律法规对于数据隐私、反垄断等方面进行了规范，企业需要在法律框架内开展业务，这也限制了无序扩张的程度。最后，道德和伦理因素要求企业在获取和使用数据时需要考虑社会的整体利益，不能无视公众的权益。有界性反映了资本主义制度内的一种内在制约。资本主义虽然在追求利润最大化的过程中倾向于无序扩张，但同时社会和法制的制约使得这种扩张不能无限进行，必须在一定的边界内运作。

数据资本的无序扩张与有界性的并存，导致了一种内在的张力。平台企业需要在追求数据资本扩张的同时，面对有界性的制约，寻找一种平衡点。这个平衡点是指企业在获取和利用数据时需要考虑市场法则、社会法制、伦理规范等因素，使得其扩张不至于触及不可逾越的底线，避免引发法律纠纷、社会抵制等问题。这种平衡可以理解为资本主义内部矛盾的一种调和。资本主义作为一个矛盾较多的体系，其内在矛盾需要在不同因素的相互制衡中得以解决。因此，平台企业必须在无序扩张和有界性之间找到一种合适的平衡，以确保其资本积累的可持续性。

（三）数据资本无序扩张与劳动异化

数据资本的崛起标志着资本主义进入了一个新的发展阶段，对于资本主义的演变产生了深远的影响。数据资本的出现意味着资本主义的数字化、智能化升级。资本家通过操控数据，利用先进的算法和技术，实现对生产、交换和分配的更加精密和高效的控制。这种数字化的资本主义不仅改变了生产关系，也深刻地塑造了社会结构。在传统资本主义中，生产过程主要依赖于物质生产资料和劳动力，而数据资本则使得信息、知识、算法成为主要的生产资料。这导致了生产关系的数字化和智能化，劳动的本质也发生了深刻的变化。数字化劳动方式的极简化成为特征，滑动鼠标、敲击键盘、点击屏幕成为主要的劳动形式，进一步凸显了数据资本对资本主义生产方式的改变。

数据资本的无序扩张背后，是数据资本家对数字劳动力的雇佣。数字劳动力以生产、管理和维护数据为主要任务，成为数字资本主义时代的生产者。这一新型的生产关系在本质上是资本主义劳动关系的延伸，然而，其独特性在于数字劳动力的操作对象不再仅限于物质生产资料，更涉及信息和数据这一抽象的、无形的生产资料。数字劳动力的雇佣使得数据资本家能够在数字领域实施无序扩张，通过数字化劳动获取更多的剩余价值。数字劳动的特殊性在于其高度社会化，因为数字化的信息流动使得数字劳动者不仅仅是生产者，更是社会信息的传递者和共享者。这种社会化趋势与马克思主义中有关社会化大生产的理论相呼应。

数据资本时代的劳动者，通过数字化手段为资本家生产和处理数据，但与传统资本主义一样，数字化劳动也伴随着劳动的异化和剥削。劳动者在数字化的生产过程中，往往失去了对自己劳动的控制和决定权，被规范化的算法和平台操作程序所束缚。数字化劳动的异化表现在劳动者对数据的生产过程失去了直接的控制，他们成为算法和平台的执行者，执行预设的程序和操作。这种失去劳动控制权的情况在数字劳动中更为显著，因为数字化的劳动方式更加受到算法和技术的严格规定。同时，数据资本的剥削机制也是通过数字化手段实现的。平台企业通过数据的搜集、分析和变现，不断获取劳动者创造的剩余价值。劳动者的数字化劳动成果以数据的形式被资本家所占有，而这种数字化劳动形式的特殊性，使得剥削更加难以被察觉。

数据资本主导的社会关系呈现出数字化、网络化和个性化的特征。在这种社会关系中，个体的行为、喜好、社交关系等通过数字数据被平台企业深度挖掘，而这些数据则成为塑造社会关系的主要因素。数字社会中，平台企业通过数据资本牢牢掌握了社会关系的主导权。人们的社会行为、交往模式、消费习惯等都被平台企业用于个性化推荐、广告定向等目的，形成了一种由数据资本主导的社会关系模式。这种模式下，信息的流通、社交关系的建立和维护都在数字平台上完成，数据资本成为社会关系的纽带。

（四）数据要素生产的社会化和私有化

在数据资本的无序扩张和边界性并存的背后，是数据要素生产呈现出明显的社会化趋势。数据要素作为数据资本的基本组成部分，其生产过程不再仅仅局限于单一企业内部，而是在整个社会范围内展开。社会化的数据要素生产表现为不同领域、不同企业之间的数据共享和交流。大型互联网平台企业在数据要素的生产上拥有显著优势，它们通过各种方式获取并储存了大量的社会数据，这些数据可在企业内外进行流通。社会化的数据要素生产使得数据能够更广泛地参与到社会生产关系中，而不再受限于单一企业的所有权。大型互联网平台企业的数据要素生产社会化趋势在实践中得到了充分的证明。例如，有的企业已经在多个领域形成了生产关系的社会化，其在电商、金融、物流等领域的数据要素生产已经渗透到整个社会生产体系。社会化的数据要素生产不仅表现在数据的共享，还表现在数据的重复利用。在社会范围内，一份数据可以在不同企业之间流通和复制，这使得数据的生产更具效益，同时也加剧了对数据的竞争。这种竞争又进一步促使数据要素的生产社会化。

传统上，个体在数字领域产生的数据通常被视为其个人财产，拥有者享有对这些数据的控制权。然而，在平台企业主导的数据资本主义体系中，数据的所有权发生了根本性的变化。平台企业通过数据要素的生产过程，成功地改变了数据的所有权属性。通过控制数据的采集、处理和应用，平台企业将原本分散在个体手中的数据聚集起来，形成了具有行业性质的私有产权。数据要素从直接劳动者的财产中褪去外衣，成为数据资本家的私产。这种所有权的改变并非仅仅是形式上的，更深层次地改变了数据的社会性质。数据不再仅仅是个体的记录，而是被纳入了资本主义生产关系中，成为资本家获取剩余价值的手段。这种私有化过程导致了对数据的垄断和集中，数据资本家通过对数据的掌控来强化其在资本主义社会中的地位。

随着数据要素的私有化，数据资本家会千方百计地采取各种手段来严控数据的外流，并扩大数据的搜集范围。这是因为数据对于平台企业而言不仅仅是一种生产资料，更是一种可以带来持续剩余价值的关键资源。数据资本家通过掌握大量的数据，能够更准确地洞察市场、调整产品和服务，从而在竞争中占据优势。这种数据生产资料的集中与控制加剧了数据资本主导下的生产关系不平等性。少数数据资本家垄断了大部分有价值的数据，而广大劳动者则失去了对自己产生的数据的掌控权。这使得数据生产关系呈现出明显的阶级对立，是数字资本主义下不可忽视的矛盾之一。

数据资本家在私有化数据的同时，也面临着数据外流与搜集的矛盾。一方面，平台企业需要严控数据的外流，以保护其在市场上的竞争地位。数据泄露可能导致商业机密的泄露，使得其他竞争者获得竞争优势。因此，数据资本家采取各种手段，包括技术手段和法律手段，来防范数据的外泄。另一方面，为了追求更大规模的资本积累，数据资本家又需要不断扩大数据的搜集范围。这就引发了对个体隐私的侵犯和社会对于数据滥用的担忧。数据资本家往往在追逐剩余价值的同时，面临来自社会舆论和法律的限制，这使得数据外流与搜集之间的矛盾成为数据资本主义社会的一个动态方面。

第六章 数字资本主义的
解构与批判

　　数字资本主义作为在数字技术飞速发展的背景下崛起的一种资本主义形态，其目的是通过数字化的手段追求剩余价值的最大化，其本质上仍然是资本主义的延伸。数字资本主义并没有超越资本主义的基本规律，仍然深深根植于私有制和资本主义制度，其增殖逻辑和剥削属性并未改变，反而在某种程度上加剧了剥削的隐蔽性。

第一节　数字资本主义下的劳动异化

　　数字资本主义的劳动异化现象表现在多个层面。首先，用户在数字平台上的消费数据，虽然成为关键资源，但其行为实际上被平台算法所控制，转化为隐蔽的数字劳动。这种劳动的时空灵活化看似给予劳动者更多选择权，实则仍受资本主义框架的制约。在这种自由化的幻象中，劳动者表面上享有自主权，实际上却受到算法和数据算力的操控。数字资本主义通过技术手段实现了对劳动过程的精细化控制，导致劳动者的工作压力增加，个人生活与工作的界限变得模糊。数字劳动的自由化被资本家利用，使得劳动者在创造数据资本和剩余价值的过程中面临更大的劳动强度和压力。最终，数字资本主义并未消除资本主义制度的基本矛盾。尽管劳动者所创造的剩余价值在增加，但他们的工资在相对值上却呈现下降趋势，劳动异化在数字时代得到了新的体现和强化。

一、弹性化数字劳动关系

在数字资本主义的生产关系中，用户通过数字平台的使用产生了大量的消费数据，这成为数字资本主义运作的关键资源。然而，用户在数字平台上的行为往往是受到平台算法的引导和控制的。算法通过个性化推荐、社交互动等手段，激发用户在平台上的参与，使其不断产生消费数据。用户虽然在表面上是在满足自身的需求和娱乐，但实际上却成为了数字资本主义生产过程中的一部分，其"自愿性"消费活动转变为"强迫性"的数字劳动。

（一）数字劳动的时空灵活化

在传统的雇佣制度中，工人通常被约束在固定的工作时间和空间内，朝九晚五的工作制度让工人的生活充满规律和束缚。而在数字经济时代，众包平台提供了一种通过数字技术实现的"灵活"工作机会。工人可以根据个人的时间安排和生活需要，自主选择何时何地进行工作。在数字资本主义中，数字劳动的灵活性体现在多个方面。首先，远程办公的普及使得工作地点不再受到地理位置的限制，劳动时空与生活时空变得更加交织，劳动者可以在家中、社交场合甚至娱乐活动中进行数字劳动。其次，数字技术的发展使得劳动的时间更加弹性，不再受制于传统的工作时间。加之数字化的通信工具，使得劳动者可以随时与团队成员、客户进行交流，工作时间不再受到固定的时钟支配。这种劳动时空的"自由化"使得数字劳动者在生活和工作之间更加灵活，有更多的选择权。数字劳动关系呈现出灵活性和不确定性，许多数字劳动者成为了零工经济的一部分，缺乏稳定的工作和社会保障。

马克思主义政治经济学认为，资本主义的发展并非简单的解放，而是一种新的生产关系和劳动形式的建构。数字平台所提供的"灵活工作"实际上是受到了资本主义的一定制约和控制。算法在任务匹配、排序和分配中发挥着关键作用，但其控制机制却是不透明的。[1] 这意味着，虽然众包

---

① 刘河庆、梁玉成：《透视算法黑箱：数字平台的算法规制与信息推送异质性》，载于《社会学研究》2023 年第 2 期。

平台劳工认为自己在选择何时何地工作方面具有自主权，但这种自主权实际上受到了平台算法的影响和限制。算法的不透明性使得众包平台劳工对于任务的具体分发和排序难以把握，而这种不透明性反映了劳工与平台之间权力关系的不对等。马克思在其著作中提到，资本主义的生产方式总是伴随着劳动过程的异化和剥夺，而在数字经济中，算法的控制使得劳工在任务分发和工作评价方面更加无法掌握主动权，劳动者的自主性被进一步削弱，难以逃脱数据资本的实际掌控。① 用户在数字平台上的活动本应是自主的、自发的，但由于算法的引导和控制，用户失去了对自己劳动的掌控权。他们的消费行为变成了被动的、受限制的数字劳动，劳动过程中的创造性和主动性受到了压制。数字平台通过算法实现对用户劳动的引导和控制，使用户在劳动过程中更加受制于外部力量。

（二）劳动时空的技术侵占

数字化时代的特殊性在于数字劳工通过生产数字化产品和服务，为数字资本家创造了丰富的数据和价值。以互联网企业为例，程序员是数字资本主义中的一类典型数字劳工。在这些互联网企业中，数字资本家通过设定繁重的工作任务来获取超额剩余价值。通常，互联网企业会给程序员规定紧张的工作时间和任务，要求在有限的时间内完成大量的编码工作，这种规定使得劳动者的劳动时空不断被压缩，如果程序员在规定的工作时间内无法完成任务，他们只能选择加班加点，进一步延长劳动时空。这种加班文化成为数字资本主义中一种常见的现象，劳动者为了应对繁重的工作任务，被迫在超出正常工作时间的情况下进行劳动。这不仅导致了劳动时空的侵占，也使得可支配的自由时空不断被侵蚀。此外，数字泰勒主义通过算法和数字技术对劳动过程的极度监控和控制，将劳动者置于高度标准化和碎片化的工作环境中。数字泰勒主义的兴起加剧了数字劳工的劳动强度和压力，使其深陷于数字化的劳动奴役之中。

数字资本主义通过技术手段对劳动时空的侵占更加显著。平台企业通

---

① 马克思：《资本论》第 1 卷，人民出版社 2004 版，第 417 页。

过引入各种监控、评估和算法技术，实现对数字劳工的全面监视和管理。数字化技术使得劳动过程更加透明、可监测，平台企业能够实时获取劳动者的行为数据，通过算法进行分析，并对劳动过程进行更为精细的管理。劳动者的每一个动作、每一次交互都能够被数字化地记录，从而形成对劳动者的全面监视。这种技术手段不仅让数字资本家更加精确地掌握劳动者的工作状态，还使得劳动者在工作中难以逃避监控，形成一种数字化的劳动监狱。例如，在一些互联网企业中，采用了代码托管平台、项目管理软件等工具，实时追踪程序员的工作进度。这些技术手段让数字资本家能够随时了解劳动者的工作情况，对其工作过程进行实时评估。此外，一些企业还采用算法来分析劳动者的工作行为，从而优化工作流程，提高工作效率。这种技术手段的使用使得数字资本主义中的数字劳工在劳动时空中更加受制于技术和算法，劳动者的工作活动变得更加受到精细化的管理。这种数字化劳动关系加强了资本对劳动力的支配，提高了对劳动过程的可控性，同时也使得劳动者更为依附于平台企业。

此外，数字化技术的发展使得越来越多的工作可以通过远程方式完成，劳动者无须亲临工作场所，但与此同时，远程劳动也意味着劳动者的生活空间被劳动所侵占。远程劳动使得劳动者很难在工作和生活之间建立清晰的边界，劳动时空与自由时空的分割变得更加模糊。数字资本主义通过远程劳动将劳动者置于一种无法摆脱的劳动状态，使得劳动时空与自由时空的侵占更加深刻。整个社会都似乎沦为资本工厂[①]，数字资本家通过数字化技术和灵活的雇佣关系，实现了对劳动时空的全面侵占，使得劳动者在数字资本主义中成为被动的剥削对象。

（三）数字资本主义劳动秩序

数字资本主义通过提供更多且更好的就业机会，吸引了大量的数字劳动者参与其中。在竞争激烈的数字劳动市场中，数字劳动者为了保持竞争力，不仅需要具备必要的技能，还需要遵守数字资本主义劳动秩序。这包

---

① 闫坤如、李翌：《西方数字资本主义的增殖逻辑及其批判》，载于《华中科技大学学报（社会科学版）》2023 年第 5 期。

括服从平台规定、提高工作效率、接受监管等。数字劳动者为了在就业市场中保持竞争力，愿意遵循数字资本主义的劳动秩序，以获取更多的机会和更好的收益。

首先，数字劳动的低门槛导致了其就业供给的过剩。数字劳动相较于传统的实体劳动，往往不需要大量的专业技能或高度的学历，其入门门槛相对较低。这使得更多的人可以迅速进入数字劳动市场，从事各种各样的数字化工作，包括但不限于网络写手、在线客服、远程设计等。低门槛带来的过剩劳动力表现为竞争激烈，数字劳动者需要在相对宽松的就业市场中竞争有限的职位，这为数字资本主义提供了更多的选择和灵活性。

其次，由于数字劳动的就业门槛低，其人员来源范围更广。数字劳动不受地域限制，具有全球性的特点，使得数字劳动市场的人员来源变得非常广泛。这种广泛性带来了更多的人才选择，数字劳动者可以在全球范围内找到合适的工作机会。因此，数字劳动者之间的竞争不仅来自同一地区，还来自全球范围内的劳动者。这加剧了数字劳动者之间的竞争，也使得数字资本主义能够更加灵活地选择劳动力，更加有效地掌握对劳动者的支配权。

再次，拥有更多且更好的就业机会以及更大程度的就业灵活性成为驱动数字劳动者遵守数字资本主义劳动秩序的重要因素。[1] 数字劳动者由于就业供给的过剩和广泛的人员来源，面临着更激烈的竞争，因此追求更好的就业机会成为他们的共同追求。数字资本主义提供了更灵活的就业机会，使得数字劳动者能够更自由地选择工作方式、工作时间和工作地点。这种就业灵活性成为吸引数字劳动者的优势，同时也是数字资本主义劳动秩序的一种驱动力。

最后，数字资本主义还通过推出即时激励措施，进一步强化了数字劳动者对数字资本主义劳动秩序的遵守。[2] 即时激励措施包括任务分派上的优先派单、倒班时段的选择等，这些措施通过操控数字劳动者的劳动条

---

[1] 黄再胜：《算法控制、"自我剥削"与数字劳动的时空修复——数字资本主义劳动过程的LPT研究》，载于《教学与研究》2022 年第 11 期。

[2] 陈龙：《"数字控制"下的劳动秩序——外卖骑手的劳动控制研究》，载于《社会学评论》2020 年第 6 期。

件，提高其在竞争中的地位。数字劳动者为了获得这些即时激励，更愿意积极配合数字资本主义劳动秩序，迅速响应平台的需求，提高工作效率。

二、数字劳动的自由化幻象

资本家通常将数字劳动的自由化描述为一种创新、进步，宣扬数字平台为数字劳动者提供了更为宽松、灵活的工作环境。数字劳动者似乎能够自由选择工作时间、工作地点，实现所谓的"随时随地办公"。然而，在数字资本主义的框架下，这种自由化是资本家为了更有效地实现价值增殖而构建的一种幻象。在实际操作中，数字劳动者往往受制于数字平台的算法、数据算力，而丧失了真正的工作自主权。数字劳动的自由化被资本家巧妙地融入数字资本主义的运行体系中。数字平台提供了自由的外在表象，实际上数字劳动者被纳入了严密的算法控制之下。平台通过对用户行为的监控和分析，精准预测和干预数字劳动的产出，以实现更高效的价值提取。数字劳动的自由化并非为了劳动者的福祉，而是为了更有效地实现资本主义的价值增殖。

（一）实际隶属

在数字资本主义中，平台经济的兴起改变了传统劳动形式，数字劳动者通过在线平台参与各种服务、创意和劳动，这包括但不限于共享经济平台、自由职业平台、远程办公平台等。平台企业往往强调数字劳动者在这些平台上的工作自主性，他们可以自由选择工作时间、地点和任务，表面上似乎拥有更大的灵活性和自主权。这种"工作自主"的外表背后实际上是数字资本主义中新形态的劳动控制。[1] 平台企业通过算法系统精确记录和分析数字劳动者的行为、偏好和技能，从而为其提供个性化的任务推荐，让劳动者感到似乎是基于自主选择的工作安排。这种自主性的营造，使得数字劳动者更愿意在平台上从事劳动，同时也为平台企业吸引和留住

---

[1]　王宝珠、陈尧、王朝科：《数字监控资本主义下劳动控制的新变化——基于"技术—制度—控制"的分析框架》，载于《当代经济研究》2023 年第 12 期。

优秀的数字劳动力提供了一种手段。

资本家对数字劳动的灵活性大加吹嘘，强调数字劳动者可以自由选择工作任务、工作时间，实现工作与生活的平衡。然而，这种灵活性往往是表面的，数字劳动者需要适应平台算法的变化、应对市场需求的波动，而这种灵活性实际上是对劳动者的双重剥削。灵活性让劳动者成为适应市场变动的弹性劳动力，但同时也让他们承受更多的风险和不确定性。实际上，这种"工作自主"表象下，数字劳动者的实际隶属感却在不断加深。在平台经济中，算法系统不仅仅用于任务匹配和推荐，还用于对数字劳动者的行为进行全方位的监控和评价。平台企业通过数据分析、算法评分等手段，持续地追踪数字劳动者的工作表现、效率等方面的数据，并将其转化为对劳动者的评价和奖惩。这一机制的实施，实际上使得数字劳动者的行为受到更为细致入微的监控和管理，削弱了他们在工作过程中的实际决策权。这种实际隶属感的加深意味着资本对于劳动过程更为深入的控制。通过算法系统的应用，平台企业能够更加精准地评估数字劳动者的工作绩效，更加灵活地调整任务分配，以确保最大程度地实现剩余价值的生产。数字劳动者在自主选择任务的同时，却往往受到平台算法的细致操控，实际上成为了资本主义劳动过程中的一部分。这种数字资本主义下的劳动控制，强调了对劳动过程的更为细致的科学化管理，以最大程度地提高剩余价值的生产效率。

（二）算法引导

在数字资本主义中，算法推荐系统的设计目标往往是通过分析大量的个体劳动者数据，预测其行为模式，并将这些模式用于推荐特定的工作任务，以最大化剩余价值的生产。通过暗示技巧和助推策略，算法推荐系统能够引导数字劳动者更加积极地参与特定任务，或者按照资本所期望的方式进行工作。算法推荐系统通过分析数字劳动者的历史行为、偏好和反馈数据，建立起其心理状态和倾向的模型。基于这一模型，系统可以预测数字劳动者可能的自我决策，并通过巧妙的推荐方式来影响其实际行为。这种行为预测和引导机制使得数据资本能够更精确地规划劳动过程，以确保更有效地生产剩余价值。

数字资本主义中的算法推荐系统成为了一种新型的劳动过程控制手段。通过对数字劳动者行为的预测和引导，算法推荐系统影响了劳动者在决策时的自主性，使其更倾向于按照资本所期望的方式行事。在这一过程中，数字劳动者的"工作自主"表面上仍然存在，但实际上被算法推荐系统所塑造和引导。通过暗示技巧，系统可以巧妙地操纵数字劳动者的行为，使其更加配合资本的需求。这种控制机制在数字资本主义中不再仅仅是生产关系中的一部分，更成为了劳动过程中的主导因素。数据资本通过算法推荐系统的设计，实现了对劳动过程更为深入和微妙的掌控，以达到最大程度地剥削劳动力的目的。

此外，数据资本利用助推策略，通过精心设计的界面和操作流程，引导数字劳动者按照资本所期望的方向进行自我决策。这种助推策略的目的在于在数字劳动者的心理中植入一种特定的期望，使其更愿意选择特定的工作任务或采取特定的工作方式。通过操控数字劳动者的决策过程，数据资本可以更灵活地调整劳动过程，确保其符合资本的战略需求。通过精准的心理学分析和算法模型，系统能够了解数字劳动者的心理敏感点，从而在推荐过程中巧妙地植入一些暗示性的元素，引导其按照系统所期望的方向进行决策。这种心理操控机制使得数据资本在劳动过程中的控制更加深入和精密。

（三）　算法黑箱

随着机器学习的不断发展，算法决策的复杂性和不确定性显著增加。传统的编程模式是基于规则和预定的逻辑，而机器学习则是通过大量的数据进行训练，从而使算法具有更强大的决策能力。这种"黑箱化"的特性使得算法决策的实际结果难以预测和解释。在这种情况下，即便是算法设计者也难以清晰地解释为何算法做出某个具体的决策。这对于数字劳动者而言，意味着他们很难理解为何会受到某种评估、派遣某项任务或者受到某种奖励。

在数字资本主义中，平台企业通过大数据分析追踪数字劳动者的行为、习惯、偏好等多维度信息，从而更加精确地挖掘剩余价值，最大程度地提高资本的剥削效率。然而，数字劳动者通常无法得知平台究竟收集了哪些数据，以及这些数据如何被用于影响其工作机会、报酬等方面的智能决策。这使得数字劳动者在平台劳动中缺乏对于自己命运的掌控感，劳动过程变得不透明而无法预测。数字劳动者对于这一过程的不透明感使得他们无法有效地反抗或者进行有组织的劳工行动，从而在"资本—劳动"关系中更显弱势。

三、数据资本和剩余价值生产

数字资本主义并未消除资本主义制度的基本矛盾。在数字资本主义中，虽然数字劳动者具有更多的自由度，但与此同时，数字资本家通过数字平台对劳动者进行细致的监控，通过操纵算法分析用户的行为数据，调整工作任务、提高工作效率，从而实现对劳动过程更加精细化的引导和控制。[①] 数字资本主义中的数字劳动者可能陷入一种看似自由但实际上具有隐蔽剥削的境地。这种形式的剥削相对于传统的工业化时代可能更加难以察觉，因为数字劳动者在表面上是在享受自由灵活的工作方式，而实际上却受到了数字资本家的隐蔽操控。

（一）生产者与所有者相分离

数字资本主义的一个重要特征是数据生产者与所有者相分离。在传统的生产方式中，劳动者通常是生产的直接参与者，而在数字资本主义中，数据的生产者与所有者的关系发生了明显的分离。个体用户在数字平台上的各种行为，如搜索、浏览、点赞等，产生了大量的数据，但这些数据往往被数字资本所有者所占有和掌控。用户成为了数据的生产者，但在数据的运用和所有权方面却处于相对被动的地位。这种分离带来了数据剥削的问题，个体用户作为数据的生产者，却无法充分享有和掌控自己产生的数据所创造的价值；而平台企业通过隐私协议等方式将用户产生的数据纳入了自己的所有权范围，用户在数字平台上的每一次点击、评论、分享等行为都被纳入了算法的计算中，以实现对用户的精准控制。资本对数据的控制权更

---

① Zuboff, S. The Age of Surveillance Capitalism. Public Affairs, 2019: 200 – 230.

加集中，平台通过对数据的垄断和控制，实现了对数据资本的垄断积累。

数字资本主义通过智能技术的运用，实现了对劳动过程的更加微观、精确的监控，从而更加细致地操控数字劳动者的努力程度。这也导致了数字劳动者的劳动强度增加，劳动过程更加细分和碎片化，使得劳动者的工作负担不断增加。这种过度监控和操控实际上是对劳动力的过度剥削，使得数字劳动者在追求激励的同时，还承受了更大的劳动压力。长时间的劳动使得个人生活与工作之间的界限变得模糊，家庭与社交活动被迫让位于工作，个人的身心健康和生活质量受到严重影响。同时，由于数字技术的普及，工作场所的物理边界被打破，劳动者随时随地都可能被要求完成工作任务，这种"无处不在"的工作模式进一步加剧了劳动者的压力。

（二）数字剥削的隐蔽性

传统工业社会中，劳动和娱乐被认为是两个相对独立的领域，人们在工作时间从事劳动，而在休闲时间进行娱乐，劳动时间和生活时间被明确分隔，工作在特定的工作场所进行，而生活发生在其他的非工作场所。然而，随着数字资本主义的崛起，用户在数字平台上的消费活动不再仅仅局限于娱乐，而是融合了劳动的元素。用户在平台上的点击、评论、分享等行为产生了消费数据，这些数据被数字资本家用于广告定向、用户画像等用途，从而实现了数字资本主义的价值增殖。在这个过程中，劳动和娱乐的界限逐渐模糊，用户不再仅仅是消费者，更成为了潜在的生产者。数字平台通过各种手段将生产和消费的过程融合在一起，用户在消费的同时实际上是在为平台创造价值。平台通过算法将用户的消费行为纳入生产过程，使得劳动和娱乐之间的边界变得模糊不清。用户在平台上的每一次点击、搜索、互动都被视为潜在的生产行为，为数字资本主义的增殖提供了源源不断的劳动力。[①]

数字平台的 24 小时运营、云计算技术的发展使得用户可以随时随地进行数字劳动。用户不再仅仅在工作时间进行数字劳动，而是在日常生活的各

---

① Srnicek，N. Platform Capitalism. Polity Press，2017：50－78.

个时刻都可能参与到数字经济中。这种生活化的劳动时空体现了数字资本主义中劳动关系的变革。劳动不再是单一的、线性的过程，而是渗透到生活的方方面面。数字劳动者可能在休闲娱乐的同时进行数字劳动，数字资本主义的生产关系变得更加灵活和复杂。劳动者在数字化时代既是生产者，又是消费者，数字平台既是工作场所，又是娱乐场所。更重要的是，这种时空灵活化加深了用户对数字平台的依赖，使得数字劳动成为生活的一部分，进一步增强了数字剥削的隐蔽性。数字剥削的隐蔽性体现在用户对于数字劳动的自我认知上。由于数字平台上的活动看似自愿、自发，用户可能并未充分意识到自己实际上是在进行数字劳动。这种自我认知的不足使得数字剥削更加难以被揭示和抵制。用户可能将自己的活动仅仅看作是娱乐和满足需求的手段，而忽略了其实质上是在为数字资本主义的运转贡献了价值。

在这一过程中，数字平台通过算法的精准引导，使用户在平台上持续进行数字劳动。平台通过个性化推荐、社交互动等手段，调动用户的积极性，使其在平台上花费更多的时间，产生更多的消费数据。这种引导和控制的手段不仅使用户对平台产生依赖，也增强了数字剥削的隐蔽性。用户可能并未充分意识到自己的劳动正在被无偿占有，数字平台通过算法的引导使得用户在"自愿性"的表象下实际上成为了数字劳动的被动者。数字化技术的发展并没有改变资本家对劳动者的依赖，反而使得这种依赖更加精密和隐蔽。

（三）劳动异化

机器大工业使得工人的劳动被分割成一系列简单的、重复性的劳动环节，工人成为机器的操作者，劳动过程变得极度单一化。数字化劳动模式中，劳动不再仅仅是简单的机械操作，更包括了对海量数据的处理、分析、挖掘等高度智能化的工作。数据资本家通过算法、人工智能等技术手段，将劳动者的工作变得高度数字化，使得劳动的性质更为抽象、智能化。数据资本家雇佣的劳动者不再仅仅是机器的操作者，更是对数据进行分析和运用的智能主体。这使得数字时代下的劳动更为异化，不再是简单的局部劳动，而是涉及智能决策和全局优化的全面性劳动。

数据资本的雇佣劳动使得人变成了数据的生产者和处理者，而不再是具有独立思考和创造性的主体。劳动者不再是面对具体、有形的机械，而是面对抽象的、无形的数据流。① 这使得劳动和人的本质发生了深刻的变化，变得更为冰冷、工具化。数字化劳动模式中，人变成了处理数据的工具，数据资本家通过算法和人工智能的运用将劳动者的思维和决策过程变成了数字符号，使得劳动和人变得更为抽象和无情。马克思深刻指出："科学作为独立的力量被并入劳动过程而使劳动过程的智力与工人相异化。"② 数据资本家通过对数据的高度智能化运用，将劳动者的工作变成了对数字符号的处理，推动了数字理性的极致发挥。这种数字化劳动模式的异化特征使得劳动和人在数字时代更为脆弱，失去了原有的独立性和创造性，变得更为冰冷、机械，成为数字资本的工具。

"996"与"007"已成为数字时代背后的默许规则，这不仅延长了整个社会的劳动时长，更在无形中膨胀了剩余劳动的总量。尽管资本家为此支付了相对较高的薪资，然而，劳动者所创造的剩余价值在绝对值与相对值上均有显著增长，而劳动者所得到的工资虽然在绝对值上有所提升，但在相对值上却呈现下降趋势。从非雇佣劳动的角度审视，资本家正将更多劳动个体纳入资本的生产体系，以追求更庞大的剩余价值。数字劳动者的出现打破了传统劳动对于年龄、性别等界限的束缚，几乎全员都被纳入数据资本构建的生产网络之中，资本剥削的范围不断拓宽。

第二节　数字资本主义下的权力异化

在数字资本主义的时代背景下，权力异化现象日益显著。数据私有化和数据垄断成为这一趋势的核心，它们共同导致了数字劳动的严重不平等和数据资源的极端集中控制。这种权力的异化表现在，互联网巨头凭借数

---

① 冯燕芳：《当代资本主义社会数字劳动异化：剖析与批判》，载于《河北大学学报：哲学社会科学版》2023 年第 5 期。

② 《马克思恩格斯文集》第 5 卷，人民出版社 2009 年版，第 743 页。

据、技术和市场优势，构建了全球范围内的数字霸权，实现了对全球影响力和控制力的扩张。同时，数据监视和数据殖民现象的普遍存在，揭示了数字平台对用户行为的严密监控以及大型科技公司对全球数据资源的垄断地位。此外，数字拜物教的兴起，反映了人们对于数字技术和互联网的盲目崇拜，以及对数据商品化趋势的盲目追随，进一步加剧了数字资本主义权力异化的程度。

一、数据垄断和数字霸权

（一）数据私有和数据垄断

随着数字化技术的普及，大量用户在数字平台上进行的各种活动，如搜索、点击、分享等，产生了海量的数据。这些数据通过算法加工和分析，被转化为有商业价值的信息，从而成为数字劳动的产物。这种数字劳动为平台经济提供了基础，通过广告、推荐系统等方式，实现了用户行为数据的商业化，为平台创造了广告收入、交易手续费等多元化的收益来源。因此，数字劳动在这一背景下成为了资本主义生产关系中的新型生产力。

然而，数字劳动也面临着一系列问题。一方面，尽管用户通过在平台上的各类行为为平台提供了数据，但在这一过程中，用户的数字劳动往往并未得到合理的报酬或权益保障。这导致了数字劳动的"无偿"特征，用户产生的数据成为了平台资本积累的免费资源，而用户自身在这个过程中的价值贡献却未能得到充分认可。这种情况反映了当前数字劳动关系的不平等和不公平。另一方面，尽管用户在数字平台上产生了大量的数据，但这些数据的所有权和控制权却被平台资本完全垄断。平台通过算法对用户的行为进行监控、分析，以实现个性化推荐和精准广告，从而获取更多的用户点击、购买等信息。这种算法驱动的剥削使得平台资本能够更加精准地提取用户的剩余价值，进而加速了资本的积累过程。

互联网巨头通过收购竞争对手、扩大市场份额、掌握用户数据等手段，实现了对数据的积累和控制。这导致了数据市场的不平等和不公正，少数大型企业垄断了大部分有价值的数据，而其他小型企业和个体则面临数据获取的困境。由于数据垄断资本的行为，数据要素的收益递增特征在整个社会层面上未能充分发挥，使得数据的社会效益受到了极大的制约。此外，资本通过数据的剥夺性占有，对数据进行私有化，形成数字圈地的行为不仅使得数据的使用价值无法充分实现，还进一步加剧了社会的不平等和分化。数据的私有化意味着只有少数企业和个体能够享受到数据分析的红利，而广大的社会群体却被排除在数据利用的进程之外。这种数字圈地行为不仅使得资本在数据垄断中进一步扩大了差距，也加剧了社会资源的不均衡分配。

尽管数据本身具有消费非竞争性，但却面临被资本垄断和私有化的现实。互联网巨头通过各种手段，包括算法、用户协议、数据挖掘等，实现了对用户生成的海量数据的垄断性控制。这种数字圈地的行为使得大量的数据被私有化，从而形成了数据垄断资本的主要资源。数据作为生产要素的非竞争性特征受到了垄断资本的限制，导致数据的使用价值未能充分实现。

从数据的"原料"角度看，数据是数字产品生产的基础"原料"。在实践中，海量的人类生产生活信息需要经过"二次加工"才能形成各种数据产品或服务，用以提升运营效率、降低生产成本和减少经营风险。这一"二次加工"的过程实际上就是一种数字劳动，数字工程师、数据科学家等专业人员在此过程中发挥着关键作用。他们通过设计和运用各种算法、模型和技术，对原始数据进行处理、分析和挖掘，从而为数字机器的运作提供有力支持。这种数字劳动是数字机器生产的先决条件，因为原始数据需要经过专业的加工才能成为数字机器可用的"原料"。

从数字机器的"燃料"角度看，数字机器的生产、运转和算力提升需要大量的数据"喂养"。在数字机器的背后，实际上是通过海量数据的不断输入，使得数字机器能够更为智能地进行决策、学习和适应。这个过程中，用户的数字活动和行为成为数字机器的"燃料"，为其提供了不竭的能量。用户在数字平台上的每一个点击、每一次搜索、每一次交易，都产生了数据并成为数字机器学习的材料。这是一种无形的、用户自愿提供的数字劳动，用户的数字足迹成为数字机器运转的动力。

通过对数据的"原料"和数字机器的"燃料"两个方面的深入分析，我们可以看到，数字机器作为垄断资本主义阶段的产物，其生产过程实际上离不开数字劳动的介入。从数据的"原料"出发，需要专业人员通过算法和技术对原始数据进行加工和处理；从数字机器的"燃料"出发，用户在数字平台上的活动为数字机器提供了不断的能量。这些数字劳动的介入，使得数据和数字机器的生产性集中在一定程度上受制于劳动者的专业技能和用户的活动，进一步凸显了数字劳动在资本主义经济中的重要性。

（二）数字霸权

随着互联网的普及和数字技术的飞速发展，人类社会已全面进入数字化时代。在这个时代，数据和信息成为新的生产资料，数字平台成为新的经济载体。然而，在数字化的进程中，一种新的权力形态——数字霸权逐渐显现。

数字霸权是指在数字时代，拥有数据、技术、市场等优势的企业或国家，通过对数字资源的掌控和分配，实现对其他企业、国家乃至全球范围内的影响力和控制力，具有跨界性、隐蔽性、扩张性和排他性等特点。首先，数字霸权不受地域、行业限制，具有全球范围内的渗透力和影响力。其次，数字霸权往往通过技术手段实现对数据和信息的操控，其行为不易被察觉。再次，数字霸权企业或国家倾向于通过不断扩张市场份额，巩固自身地位。最后，数字霸权企业或国家为维护自身利益，可能采取排他性策略，限制竞争对手发展。

数字霸权具体表现为四个方面：一是数据霸权，企业或国家通过对数据的收集、分析和利用，实现对市场、消费者乃至竞争对手的控制。例如，一些大型互联网企业通过收集用户数据，精准推送广告，影响消费者行为。二是技术霸权，企业或国家在某一领域拥有核心技术，从而在该领域占据主导地位。如美国的苹果、谷歌、微软等企业在操作系统、芯片等领域具有技术霸权。三是市场霸权，企业通过市场份额的优势，对市场格局、价格、行业标准等产生决定性影响。四是网络空间霸权，指国家在网络空间中的影响力，包括网络基础设施、网络技术、网络文化等方面。如美国在全球范围内推广其网络价值观，试图在网络空间建立霸权地位。

二、数据监视和数据殖民

（一）数据监视

数据监视则是指通过算法和技术手段对用户行为进行广泛而深入的监控，形成全天候、全方位的监视网络。用户的上下班时间、互动痕迹、网络行为等几乎所有信息都会被平台公司全程监控，形成了一种数字化的"监狱"。数据资本充分利用虚拟生产网络的数字空间特征，建立了全方位、全时域、全过程的数据监视网络。这一网络通过技术手段将数字劳动者的工作状态、行为和数据实时收集、传输和分析，从而形成对数字劳动者的全面监视。这种监视的全方位性和实时性使得平台能够对数字劳动者的工作过程进行高度精细化的管理，实现对劳动力更为精准的控制。

数据监视不仅仅限于数字劳动者的工作行为，还包括了对其行为背后的心理和生理状态的监测。通过监视数字劳动者的工作时间、工作强度、接单效率等数据，平台能够洞察数字劳动者的行为模式和潜在能力。这种心理和生理层面的监视有助于平台更好地了解和预测数字劳动者的工作状态，从而进行更加精准的工作任务分配和绩效评估，从而最大程度地提高剩余价值的生产效率。数字劳动者的行为和劳动过程变得透明化，平台可以根据实时的数据调整工作安排，推动数字劳动者更为高效地执行任务，实现对劳动过程的更为精密的掌控。

尽管劳动过程在表面上可能更加精英化和高效化，但是数字资本主义却带来了劳动过程的实际隶属逐渐加深的问题；收入的极化效应是资本主义发展的一种趋势，而数字资本主义加速了这一趋势的发展；在数字化的劳动过程中，劳动可能变得更加虚拟和不稳定。[①] 劳动者与生产现场的物质实体脱离，从事远程劳动或平台劳动。这种虚拟性使得劳动者与劳动的直接联系减弱，劳动者可能随时面临失业的风险，特别是在新兴数字平台经济中，雇佣关系可能更为灵活、短暂。

"现代工业的全部历史还表明，如果不对资本加以限制，它就会不顾一切和毫不留情地把整个工人阶级投入这种极端退化的境地。"[②] 马克思的这一警告在数字资本主义的背景下显得尤为深刻。数字劳动者为了适应平台的需求，不得不长时间、持续不断地投入工作，劳动时间的长短不再受到规定，而是完全由市场需求和平台算法的调度来决定。这种不间断的工作状态，使得数字劳动者处于高度竞争和不断奔波的状态中。他们需要时刻保持在线，抢占订单，以确保在激烈的竞争中保持竞争力。

（二）数据殖民

数据殖民是数字劳动所面临的另一重要问题。数据殖民指的是大型科技公司通过在全球范围内搜集和掌控大量用户数据，形成对数据的垄断和主导地位。数据殖民主要表现为以下两个方面：一是数据资源垄断，大型科技公司通过提供免费服务，吸引用户上传和生成数据，进而掌握海量数据资源。二是数据规则制定权，大型科技公司凭借数据优势，制定数据收集、处理和利用的规则，影响全球数据治理体系。这种数据的全球垄断使得大公司能够在全球范围内牢牢掌握数据的控制权，形成一种数据殖民主义的局面。

数据殖民主义是指在全球范围内，发达国家的科技公司通过技术优势和政治经济力量，对发展中国家的数据资源进行控制和剥削，从而在这些国家形成数据主导地位的现象。这种主导地位使得这些科技公司能够决定数据的使用方式、访问权限和利益分配，进而影响数据所在国的社会、经济和文化发展。数据殖民主义具有以下特征：首先，数据殖民主义表现为

---

① Sadowski, J. When data is capital: Datafication, accumulation, and extraction. Big Data & Society, 2019, 6（1）：1-12.

② 《马克思恩格斯选集》第2卷，人民出版社2012年版，第61页。

数据资源的极不平等获取，发达国家的大型科技公司通过其平台和服务收集用户数据，而发展中国家往往缺乏相应的数据收集和处理能力。其次，数据殖民主义导致数据控制权高度集中在少数几家大型科技公司手中，这些公司通过算法和商业模式对数据进行处理和利用。最后，数据殖民主义还体现在数据规则的制定上，发达国家主导的国际规则往往有利于其科技公司，而忽视发展中国家的利益和需求。

数字殖民主义不仅是一种隐蔽性强、影响深远的殖民政策，还涉及经济、文化、技术和数据等多个层面，对全球治理和发展中国家的发展产生了多方面的影响。经济方面，数字殖民主义强化了资本积累的过程。发达国家的企业通过数字平台和技术垄断，获取大量利润，进一步加剧了全球资源的不平等分配。文化方面，通过文化输出和价值塑造，发达国家向发展中国家传播其意识形态，从而实现对当地文化的控制和影响。这种文化霸权主义形式在数字时代尤为显著。技术方面，数字殖民主义还涉及技术依赖和技术控制。发展中国家在技术上的依赖性使得他们在面对技术垄断时处于不利地位，难以自主发展自己的技术。数据方面，数据殖民主义通过数据的垄断和不平等占有，影响经济社会和国际政治经济格局。数据霸权者可能获得数字社会的独裁权力，从而对全球治理产生深远影响。

三、数字拜物教

数字拜物教将数据视为至高无上的权威，人们对"数字"逻辑构建的社会规则产生一种近乎宗教般的虔诚和盲目崇拜，将数据赋予超越其本身的神秘力量，视为一种无所不能的工具，这就是数字社会中的"数字拜物教"。数据主义是数字拜物教的核心思想，其将数据视为获取真理和认知事物唯一的手段。这种推至极端的数据主义认为一切问题都可以通过数据找到答案。"数字拜物教"的危害在于，人们对数字技术和互联网的功能和潜力产生过度崇拜，忽视了其带来的负面影响，如个人隐私侵犯、信息泄露、社交孤立、人的物化等诸多问题。

(一) 从"商品拜物教"到"数字拜物教"

马克思在《资本论》第 1 卷第一章"商品"的最后部分,单独用一节内容来阐述商品的拜物教的性质及其秘密。在马克思看来,一个物品只是劳动产品的时候丝毫不具神秘色彩,可是当这个物品成为了可交换的商品时,它就成为了一种"可感觉而又超感觉的物"。[①] 马克思形象地说,桌子一旦成为商品,"它不仅用它的脚站在地上,而且在对其他一切商品的关系上用头倒立着"。[②] 这种神秘色彩来源于商品关系本身,人与人之间的生产关系只能通过他们生产出来的劳动产品相交换才得以反映出来。对此,马克思用颇具宗教意味的"拜物教"一词来比喻:"在那里,人脑的产物表现为赋有生命的、彼此发生关系并同人发生关系的独立存在的东西。在商品世界里,人手的产物也是这样。我把这叫做拜物教。"[③]

数据商品的出现使这种拜物教性质表现得更加隐秘和迷幻。数据商品的虚拟性和非物质形态极大地弱化了传统商品交换过程的"可视性",连商品交换的外在表现形式"物与物之间的关系"都很难被直接观察到,更不要说隐匿在商品交换背后的"人与人之间的社会关系"了。因此,数据商品披上了一层拜物教的外衣,开始成为支配经济社会生产生活的新的统治力量,"数字"逻辑开始作为"普照的光"映照进人们生产生活的方方面面,重新定义和解构生产方式和生活方式。

(二) 数字拜物教的本质

大数据技术的现实魅力主要体现在其在资本市场上发挥的神奇魔力。大数据的强大之处在于其能够在海量、杂乱的数据中提供有关市场、消费者、产业等方面的信息,为资本家提供获取利润的关键线索。这种信息的提供在一定程度上打破了以往信息获取的瓶颈,使得资本家能够更加精准地制定经营策略,迅速应对市场的变化。在资本市场上,大数据不仅是信

---

① 参见《资本论》第 1 卷,人民出版社 2004 年版,第 89 页。
② 参见《资本论》第 1 卷,人民出版社 2004 年版,第 88 页。
③ 《资本论》第 1 卷,人民出版社 2004 年版,第 90 页。

息的提供者，更是一种能够实现资本运转的神奇工具。

在大数据面前，资本家、数据科学家和普通消费者都可能成为数字拜物教的信徒。[①] 首先，资本家作为社会生产力的代表，通过大数据的分析和运用，实现了对市场的精准把握，提高了资本的运营效率。其对大数据的崇拜源于其对信息获取的渴望，因为信息是他们获取利润的重要手段。其次，数据科学家作为大数据时代的从业者，对数据有一种近乎宗教般的崇拜。数据科学家通过对数据的深度挖掘，揭示了隐藏在数据背后的规律和趋势，使得他们在数据的面前感到一种神秘的力量。这种神秘力量的掌握让他们在社会中拥有了特殊的地位，成为数字拜物教的信徒。最后，普通消费者作为数据社会的一部分，也成为数字拜物教的信徒。大数据时代，个体的行为和习惯都被纳入数据分析的范围之内，消费者的个性化需求也得到了更好的满足。这种满足感和个体化的服务使得消费者在数据面前产生一种信仰感，将数据视为能够解决一切问题的神奇工具。

数字拜物教的本质可以从以下三个方面进行解析。首先，数据作为生产关系的新因素，改变了资本主义的生产方式。数据的获取和应用使得资本家能够更好地组织生产，提高生产效率，从而实现更多的剩余价值。其次，数字拜物教的背后是对信息的垄断与掌控。数据的崇拜在一定程度上掩盖了信息垄断的现实，尤其是少数大型科技公司对大数据的垄断。这种信息垄断实际上是对社会资源的私人占有，加剧了贫富差距，对社会的不公平产生了负面影响。再者，数字拜物教将数据视为神奇的工具，实际上是将其商品化，将数据赋予了超越实际的虚幻属性。这种虚幻的属性使得数据在资本运作中变得更加灵活，但也可能掩盖其背后的利益关系和潜在危机。

（三）数据"永生"

大数据技术的突飞猛进为数据的快速积累提供了前所未有的条件。在购物领域，品牌可以利用大数据技术在极短的时间内积累大量的消费用

---

① 田锋、缪昕雨：《论数据拜物教的生成路径与祛魅之道》，载于《江西师范大学学报（哲学社会科学版）》2021年第2期。

户。传统上，品牌需要数年，甚至几十年的时间才能够积累出一群"忠实"的消费者。而在大数据时代，"一夜成名"的现象已经司空见惯，品牌通过大数据技术能够在短时间内吸引并留住大量用户。[①] 大数据技术不仅加速了用户的积累，更为品牌赋予了数据"永生"的特性。通过对消费者的行为、偏好等数据进行深入分析，品牌能够更好地理解和满足用户需求，从而建立起更为牢固的用户关系。这种关系的牢固程度超越了传统意义上的消费者和品牌之间的关系，更趋向于一种互动、参与的"永生"关系。

在传统的购物模式中，消费者只是单纯地购买商品，品牌与消费者之间的关系主要停留在经济交换的层面。而大数据技术的应用改变了这种格局。通过数据分析，品牌能够更准确地洞察消费者的兴趣、喜好，进而提供个性化的服务和体验。这种个性化服务不仅让消费者感受到品牌的关怀，更使得消费者愿意更多地参与到品牌的生态圈中，从而转变成"粉丝"。在大数据时代，消费者通过产生、分享、参与数据的过程中，实际上是在与品牌共同生产价值。他们的行为、偏好等数据成为品牌决策的重要依据，也是品牌价值不断增殖的基石。因此，大数据技术的应用使得数据成为一种共同生产的要素，形成了品牌与消费者之间的共同劳动关系。数字劳动的本质在于对数据的生产、整理、分享等过程中产生了价值。在购物领域，消费者通过购物行为产生的数据成为品牌获取价值的手段。这种价值不仅体现在单一交易中，更在于通过大数据技术的应用，形成了品牌与消费者之间的长期关系，推动了品牌的"永生"。

然而，数字拜物教也带来了一系列的社会问题，包括信息的不对称、伦理和隐私问题以及对数据的过度依赖。首先，数字拜物教加剧了信息的不对称。在数字社会中，品牌通过大数据技术能够深入了解消费者，而消费者对于品牌的了解相对较为有限。这种信息的不对称使得品牌在经济交换中占据更为有利的地位，从而加深了社会的不平等。其次，数字拜物教推动了数字化社会的发展，但也带来了一系列的伦理和隐私问题。大数据技术的应用需要大量的个人行为数据，这牵涉用户的隐私和敏感信息。如

---

① 田锋、缪昕雨：《论数据拜物教的生成路径与祛魅之道》，载于《江西师范大学学报（哲学社会科学版）》2021年第2期。

何在数据应用中保护用户的隐私成为一个亟待解决的社会问题。最后，数字拜物教可能导致一种过度依赖数据的趋势，导致认知的狭隘性。数字拜物教者可能只看重那些容易被量化和测量的方面，而忽略了那些难以用数据呈现的复杂现象，导致对问题的理解变得片面和不全面。

（四）数据"造物主"的诞生

在互联网时代之前，消费者通常只是商品的接受者，其参与度主要限于购买和使用过程。消费者并没有直接参与商品的生产与制造过程，他们被动地接受市场提供的商品，而市场则由生产者和资本家掌控。消费者的地位相对较低，他们的作用主要在于完成商品交换的最后一环。随着大数据技术的兴起，消费者重新被定位为更为活跃、有参与度的主体。在大数据时代，消费者通过自身的行为、喜好、评价等产生大量数据，这些数据成为生产者和平台获取信息的基础。因此，消费者不再仅仅是商品的被动接受者，而是数据的创造者和共同生产者。大数据时代重新连接了消费者与商品生产的关系，赋予了消费者更多的话语权和参与度。

在大数据时代，数据被视为一种重要的生产资料。消费者通过产生、分享、评价等方式，产生了丰富的数据，这些数据成为企业进行市场调研、个性化定制、精准推送等活动的生产资料。大数据技术将消费者产生的数据转化为商品，形成了数据的商品化过程。这一过程中，消费者创造的数据被提炼、加工，变成能够为企业创造价值的商品。数据的商品化不仅满足了企业对信息的需求，也在一定程度上满足了消费者对个性化、定制化商品的需求，形成了一种双赢的局面。

数据"造物主"概念表明，在大数据时代，消费者通过产生和创造数据，扮演着一种重新定义的角色。他们不再是单纯的商品接受者，而是数据的"造物主"，通过自身的数据创造和生产，参与到商品的"创造"过程中。消费者通过创造数据，试图建立起一种更为庞大、复杂的网络结构，这个网络不仅仅是商品的生产与交换关系，更是由数据构成的信息网络。数据"造物主"的概念不仅仅是消费者在生产关系中地位的改变，更是社会关系的重新定义。在传统的生产关系中，生产者和消费者之间存在一定的隔阂，而在数据时代，通过数据的创造和分享，社会关系更加开放、共享，形成了一种共同生产的社会关系。

第三节　数字资本主义内在矛盾的算法遮蔽

在数字资本主义下，算法成为劳动控制的新工具，加剧了劳动异化。[①]众包平台通过算法对劳动者进行精密管理，以追求更大的剩余价值。算法管理强化了劳动的异质性、碎片化、不平等和权力关系的不对等。算法管理的资本主义逻辑体现在众包平台对劳动者的控制、独立承包商模式的崛起与影响等方面。众包平台通过算法将劳动者置于高度规范的工作流程之下，削弱了工人组织抵抗的能力。管理者隐形化、劳动组织去中心化、劳动任务原子化、劳动过程标准化和工作地点分散化都是算法管理在数字资本主义下的表现。这些现象反映了资本主义在数字时代对劳动力的重新组织和剥削手段的创新。

一、数字资本主义的根本矛盾

（一）社会化的生产与私人占有的对立

数字资本主义并非与传统资本主义完全脱节，而是在其基础上进行的发展。资本主义的根本逻辑和目的并未改变，仍然是通过掌握生产资料，实现剩余价值的增殖。数字资本主义下的生产关系依然是资本主义的生产关系，数字生产资料的私有制并未被颠覆。数字资本主义的特殊性在于其更高效、隐蔽的剥削方式，而不是在于根本性的制度变革。

在数据资本主导下，社会化的生产是指众多劳动者通过数字化手段共同参与数据要素的生产；与之对立的是这一过程中产生的数据资本家的私

---

① 蓝江：《从智能拜物教到算法价值——数字资本主义的生产方式及其内在矛盾》，载于《当代世界与社会主义》2023 年第 5 期。

人占有，即劳动者创造的价值被私人资本家占有并转化为私人利润。数字资本主义时代，数据商品的兴起既反映了社会生产力的发展，又凸显了数字资本主义的内在矛盾。一方面，生产社会化的趋势推动着数据的开放共享，反映了社会生产力的发展；另一方面，资本主义私有制的逻辑使得数据被商业化和资本化，成为一种新的剥削场域。数据商品具有双重性质，既包含着社会生产的共享属性，又受制于资本主义市场的私有化逻辑。

在数字资本主义阶段，数据成为了一种重要的生产要素，而算法系统则是处理和分析这一海量数据的关键工具。通过算法系统的运作，数据资本能够在市场中更精准地定位、推广和销售商品与服务。这种数据独占使得头部企业在市场竞争中占据优势，形成了数字经济市场的垄断格局。数据资本通过算法的精准调度，实现了对市场信息的高效掌控，从而加速了数字财富的积累。资本为了获取更多的剩余价值，会不断地寻求提高生产效率的手段，而算法系统正是在这一背景下应运而生的。通过算法系统的应用，数据资本能够更好地运用和掌握生产过程中的信息，提高商品与服务的市场竞争力，从而推动数据资本的数字财富积累。

在数字经济中，许多数字劳动者通过参与平台经济的形式，为数据资本的数据积累做出了贡献。在数据资本主导的环境中，劳动者通过数字劳动方式，如点击、键盘敲击等，进行数据的生产。然而，数据资本家通过掌控数字工具、平台和算法，实现对劳动者的算法控制。这种算法控制是数据资本主导下的权力关系的一种表现，劳动者在数字生产中处于相对被动的地位。同时，数据资本家通过占有数据的私人所有权，实现对劳动者的数字剥削，即无偿占有劳动者创造的数据价值，使劳动者无法分享数据资本积累的成果。

（二）算法控制与数字剥削的表现

平台通过强大的数据分析和算法决策系统，对数字劳动者的工作进行精准监控和调度。算法通过实时收集和分析大量数据，决定劳动者的工作时长、工作地点以及具体的工作任务。这使得数字劳动者在工作中失去了原有的自主权，他们的每一个决策都受到算法的严格制约，工作时间、工作地点等方面都被算法系统所决定。随着"最严算法"平台管理的强化，数字劳动者所谓的"灵活就业"逐渐演变为"粘性劳动"。

在传统意义上，灵活就业是指劳动者可以更加自由地选择工作时间和地点，享受较大的灵活性。然而，在"最严算法"平台管理下，灵活性被限定在算法所规定的范围内，数字劳动者的工作时间、工作地点都受到算法系统的精准调度。在资本主义制度下，资本追求最大化的利润，而劳动者则希望获得更多的工作灵活性。然而，通过"最严算法"平台管理，数据资本通过算法的精确调度，实现了对劳动力的最大化掌控，将灵活性限定在符合资本利益的范围内。在数字劳动中，由于算法对工作的严格规定和监控，为了保住工作机会，劳动者可能接受超负荷工作，甚至不顾生命安全，这是资本对劳动过程的极端控制所导致的结果。

算法系统的运作往往导致数字劳动者的工作变得高度不稳定，由于依赖平台派单，劳动者的工作收入可能受到市场波动的影响，存在较大的不确定性。这种不稳定性直接冲击了数字劳动者的生计，使得他们难以维持稳定的收入来源。这种数字劳动者的困境反映了资本主义社会中无产阶级与资产阶级之间的矛盾。数字劳动者在数字资本主义的框架下，虽然通过数字劳动参与了生产，但他们对于生产资料的所有权和掌控权相对较弱，往往处于劳动过程中的弱势地位。数字劳工与平台资本之间的权力关系严重失衡，数字劳工缺乏集体谈判的能力，难以争取更好的工作条件和报酬。平台经济中的"雇佣"关系变得模糊，数字劳工被迫接受平台规定的劳动条件，而无法进行有效的集体行动。这种权力的不对等使得数字劳工在数字经济中的地位受到极大挑战，劳资对立不断升级。

（三）算法对劳资冲突的遮蔽

数字资本主义的核心逻辑在于数据资本化，即将数据转化为资本的过程。通过数据资本化和算法控制，资本主义得以创造新的增殖机会，从而缓解了传统生产方式中的一些内在矛盾。

首先，数据资本通过技术和算法的运用，成功地遮蔽了劳资冲突。数字化的生产方式使得资本在虚拟生产网络中能够更加精密地监控和管理劳动过程，从而实现了对数字劳动者的高效剥削。在传统产业中，由于工人和雇主之间存在明显的物质对抗，劳资冲突更加显著。然而，数字资本主义的特点在于将劳动过程数字化，使得生产更为隐蔽，劳动者在虚拟的网络环境中进行工作，难以形成有力的工会或集体行动，进而削弱了劳资之间的直接对抗。

其次，数据资本通过创造"不稳定陷阱"，有效地压榨数字劳动者。这一"不稳定陷阱"主要表现在数字平台上，数字劳动者由于工作的不确定性和竞争激烈，往往被迫接受低收入、不稳定的工作条件。数据资本在追求极致灵活性的同时，使得数字劳动者的工作环境变得不稳定，增加了他们对于生计的不确定性。这种不稳定性导致数字劳动者难以形成团结一致的力量，因为他们更加关注保住眼前的工作和收入，而不是追求长期的劳动权益。

再次，数据资本巧妙地利用了劳动力的流动性，通过不断替代和更替，消解了传统工业时代由于集体行动带来的威胁。数字劳动者因为工作的临时性和替代可能性，很难形成强大的工人联盟或集体组织，进而减弱了劳资之间的博弈力量。数据资本对于数字劳动者的灵活性和替代性进行精心设计，使得劳动过程中的冲突更加分散、模糊，从而让资本能够更加顺利地维护自身的利益。

最后，数据资本还通过算法管理实现对数字劳动者的高度掌控，进一步分散了劳资冲突的焦点。在传统的工业社会中，工人与雇主之间的矛盾往往直接显现在工作场所，形成了明确的阶级对立。然而，数字资本主义中，算法系统将对数字劳动者的掌控悄然进行，使得劳资冲突的焦点转移到了虚拟的数字空间。数字劳动者往往不再直接与雇主对抗，而是与虚拟的算法系统产生矛盾。这种矛盾的模糊性使得劳动者难以找到明确的反抗对象，从而削弱了劳资冲突的集中度。

二、算法管理的资本主义逻辑

（一）众包平台对劳动者的控制

平台通过提供在线服务、创建工作市场和管理任务流程等方式，将任务请求者与众包工人连接在一起。平台以此获取一定的手续费或佣金。从形式上看，众包平台以"去雇佣化"的方式，强调其与众包工人的非雇佣关系，而更像是提供一个市场、撮合需求和供给的中介。然而，在实质上，平台通过算法和数据的管理方式，对众包工人进行实质性的控制，从而存在一种隐性的劳资关系。①

　　算法管理机制成为在线众包平台施加控制的关键工具。在这一机制下，平台通过数字化技术和大数据分析，将劳动力市场细化为个体化的、高度灵活的碎片化工作，从而实现对劳动者的精细管理。算法管理的第一个方面是匹配机制。通过精密的算法，平台能够对劳动者进行智能匹配，确保每个任务都能迅速找到合适的劳动者完成。这不仅提高了工作效率，也使得平台能够更加精准地满足用户的需求。然而，这种高度的匹配也意味着平台对劳动者的个体特征、行为和表现进行全方位的监控。算法管理的第二个方面是评级机制。在线众包平台通常采用用户评价和反馈的方式对劳动者进行评级。高评分的劳动者可以获得更多的工作机会和更高的报酬，而低评分则可能导致工作机会减少甚至被平台开除。这种评级机制对劳动者产生了明显的激励效应，使得他们更努力地提供高质量的服务。第三个方面是分类机制。平台通过算法对劳动者进行分类，将其划分为不同的等级和类别。这种分类不仅仅是对工作能力和表现的评估，还可能与劳动者的个人信息、背景等因素有关。通过分类，平台能够更加精准地进行工作分配和管理，但也可能导致潜在的歧视和不公平。

　　算法管理体现了资本主义劳动过程中的一种新的组织形式。在这种形式下，平台作为资本的代理人，通过数字技术和算法对劳动者进行精密管理，以追求更大的剩余价值。算法管理不仅加强了资本对劳动过程的控制，也带来了劳动者权益的挑战。首先，算法管理强化了劳动的异质性。通过算法对劳动者进行个性化匹配和分类，平台更加精准地组织劳动过程。然而，这也导致了不同劳动者之间的异质性增强，可能引发劳动者之间的竞争和不公平。高评分的劳动者可能获得更多的机会，而低评分的劳

　　① 姚建华：《在线众包平台的运作机制和劳动控制研究——以亚马逊土耳其机器人为例》，载于《新闻大学》2020 第 7 期。

动者则可能陷入困境。其次，算法管理加强了劳动过程的碎片化。平台通过算法将整体的工作任务切割成小碎片，实现更为灵活的工作安排。然而，这也意味着劳动过程的碎片化和异质化，可能导致劳动者的工作变得零散、不稳定，增加了不确定性。再次，算法管理加剧了劳动过程中的不平等。评级机制和分类机制可能导致一部分劳动者获得更多的机会和资源，而另一部分劳动者可能陷入劣势。最后，算法管理也加深了劳动过程中的权力关系。平台作为劳动过程的组织者，通过算法管理实现对劳动者的精密控制。这种权力关系的不对等可能导致劳动者在劳动过程中难以主张自身权益，容易受到平台的操纵和剥削。

（二）独立承包商模式的崛起

在当代资本主义社会，随着数字经济的兴起，越来越多的工人以独立承包商的形式出现在众包平台上，他们通过完成一个个微任务和短期合同来维持生计。[①] 这一现象是资本主义发展的新特征，反映了资本主义对于劳动力的重新组织和剥削手段的创新。

首先，这种独立承包商模式的出现是当代资本主义对于劳动过程的再次分化和灵活性要求的产物。在传统的资本主义生产中，工人通常是以雇佣关系存在的，他们在企业内部从事相对稳定的工作。然而，随着数字经济的崛起，众包平台等新型经济组织形式的出现使得劳动过程变得更加灵活。工人不再是被雇佣到某个企业，而是通过众包平台完成各种微任务，每个任务都是一个独立的合同。这种形式的劳动使得资本能够更加灵活地调动和配置劳动力，更好地适应市场的需求变化。众包平台通过将劳动过程细化成各种微任务，实现了对劳动力的更加精准的调度和配置。这种分散的、碎片化的劳动形式使得劳动力成为更加可替代和可操控的对象，进一步强化了资本对劳动过程的控制。

其次，数字经济时代独立承包商模式的崛起表现了资本主义对于新市场和新盈利途径的不断追求。在数字经济时代，信息技术的飞速发展催生

---

① 胡莹：《论当代资本主义社会在线众包平台劳工的劳动过程》，载于《政治经济学研究》2023 年第 2 期。

了众包平台等新兴行业，为资本主义提供了全新的发展空间。资本家通过众包平台可以将任务无缝地分配给全球各地的劳动者，降低劳动力成本，提高市场灵活性。这种全球化的数字经济市场为资本主义创造了新的盈利途径，通过更广泛、更灵活的劳动组织方式，资本可以更加灵活地探索和占领新兴市场。资本主义作为一种生产关系和社会组织形式，其目标是不断寻求利润的最大化，这是资本主义发展的内在逻辑。通过将劳动过程从传统的工业生产中解构，并将其分散到全球范围内的众包平台上，资本家可以更加高效地利用全球劳动资源，从而实现更大的剩余价值。这种全球性的数字劳动组织方式反映了数字经济时代资本主义的全球化和高度分工的特征。信息通信技术的飞速发展加大了资本和劳动在全球范围的流动性。通过互联网和先进的物流系统，资本能够更加便捷地在全球范围内寻找廉价的劳动力和资源。这种全球化的劳动力市场使得资本可以更加自由地选择生产地点，追求最大化利润。

再次，新型组织形式的出现表现为各种新兴产业和劳动组织的独立性增强。例如，众包平台、自由职业者网络、远程办公等新型工作形态催生了更为灵活和分散的劳动组织形式。这些形式的出现使得劳动力更加碎片化，不再局限于传统的雇佣关系。然而，这也带来了一系列新问题，例如劳动权益的保障不足、劳动条件的不规范等，使得工人的权益更加脆弱。与此同时，这些新型组织形式也强化了资本对劳动过程的控制，特别是通过算法管理的方式。在众包平台等新兴产业中，算法被用于任务匹配、工资计算、评级等方面，进一步削弱了工人的自主性和对自身劳动的掌控权。这种数字化的管理手段在一定程度上使得工人个体的抵抗变得更加困难，因为他们往往面对的是由算法决定的任务和待遇。

最后，工人联合的力量逐渐削弱，这在一定程度上与新型组织形式的独立性、全球化劳动力市场的不平衡以及数字化管理手段的普及有关。传统的工会模式难以适应这种新的劳动组织形式，工人个体的分散化和碎片化使得组织难度加大。同时，全球范围内的竞争使得工人难以形成统一战线，而数字化管理手段的普及也增加了工人组织的难度。这使得工人在争取自身权益方面面临更大的困境。

三、众包平台对劳动者的算法控制

资本为了追求剩余价值的最大化，通过算法将劳动者置于高度规范的工作流程之下，将劳动者的工作力量最大程度地提取出来。而劳动者为了在这一竞争激烈的数字劳动市场中生存，不得不迎合算法的规定，不惜一切地完成工作任务。在线众包平台作为一个独特的劳动组织形式，通过引入高度个人化的工作环境，有效维持了平台劳工的分裂状态，削弱了工人组织抵抗的能力。

（一）管理者隐形化

众包平台通过将管理职能委托给算法系统，模糊了劳动过程中权力关系的边界，实现了管理者的隐形化。首先，在传统的雇佣关系中，工人通常需要与人类管理者交互，获得指导、支持和反馈。而在众包平台上，由于算法负责任务匹配、评价和奖惩，人类管理者在工作过程中几乎成了一个隐形的存在。这种隐形的管理形象导致工人无法与实际管理者进行直接交流，削弱了组织协作和集体行动的动力。

其次，管理者的隐形化使得工人在工作期间处于一个相对孤立的状态。在传统工作环境中，人类管理者不仅提供指导，还能够在问题发生时提供实时支持。而在众包平台上，工人很难获得及时的人工帮助，处于一个缺乏人际支持和协同合作的劳动力市场。劳工在分散的、虚拟的环境中相对孤立，缺乏共同的组织基础，这种相对孤立状态不仅降低了工人的工作效率，也减少了工人之间形成共同战线的可能性，形成有力的集体抵抗变得更加困难。

最后，由于管理者的隐形化，众包平台中的工人之间的交往受到限制。在传统工作中，工人通过与同事和管理者的交流建立起一种社交网络，有助于信息的传递、经验的分享以及组织抵抗的协同。然而，在众包平台上，由于管理者的隐形化，工人之间的交往较为有限，很难形成紧密的社交网络。这种局面减弱了工人之间相互支持的可能性，使得集体抵抗的组织程度下降。在这种组织模式下，工人被迫成为一个个独立的、孤立的个体，而非有组织的集体。这削弱了工人的团结程度，降低了他们对抗资方剥削和维护自身权益的力量。

（二）劳动组织去中心化

众包平台通过"解构"雇主的方式，削弱了劳动者之间的集体认同感。在传统的雇佣关系中，雇主扮演了统一管理者和权威的角色，而众包平台将管理职能分散到算法系统和用户评价中。这种"解构"雇主的做法，降低了劳动者之间对共同利益的认同，使得工人更难形成共同战线。分散的管理方式使得劳工缺乏一个明确的对手，难以形成有力的抵制力量。

在传统的雇佣关系中，雇主对于工作环境、薪酬回报和肯定性评价等方面扮演着至关重要的角色。然而，在众包平台上，这些期望被淡化，因为平台提供了一种去中心化的劳动组织形式。劳工不再寻求固定雇主提供的全职工作，而是通过众包平台实现短时、零碎的任务。这种模式消除了对于雇主提供全面保障的依赖，也减轻了企业对于雇员的责任。

传统雇佣关系中通常有雇主对员工的直接评价和奖惩制度。而在众包平台上，这一评价往往由其他用户或算法系统完成，形成更为去中心化的评价体系。平台通过为每个平台劳工分配独特的身份标识代码，使得劳动者在算法和程序看来是可以替换的。这种替换性是平台经济中的一个显著特征，也是资本主义逻辑的体现。在传统的雇佣关系中，雇主可能会更加注重雇员的个体差异，如信仰、禀赋、情绪和经历等，以便更好地调动其工作潜力。然而，在平台经济中，由于每个劳动者都被简化为数据，这些个体特征在算法的眼中变得无足轻重，劳动者变得更加可替代。这种替代性背后反映了资本主义的一种本质，即将劳动力视为商品，将劳动者看作是可互换的劳动力。资本主义经济体系追求的是对劳动力的最大化利用和最大程度的替代性，这种数字身份的赋予正是符合这种逻辑的体现。劳动者的个体差异被置于次要位置，而替代性和标准化成为了主导。

（三）劳动任务原子化

众包平台通过微任务的原子化，将复杂的劳动过程分解为独立的、小规模的任务，降低了工人之间的协同性。在传统工作中，雇员可能参与一个完整的项目，具备相对完整的工作内容，而众包平台将工作任务切割成微任务，使得劳动者只需完成局部、简单的工作。这种微任务的原子化降低了劳动者对整个劳动过程的认知，削弱了他们之间的共同感知，从而减弱了组织抵抗的可能性。

虽然平台经济中的工作环境被设计为高度个人化，但这种个人化往往是表面的，基于算法对任务的匹配和个体需求的分析。这并不意味着对于劳动者个体独特性的真正关怀，而更多是为了提高效率和适应性。在这个数字身份的逻辑下，劳动者可能会失去对自身工作的掌控感，因为他们的个体特征被抽象成为一个无情的 ID。与此同时，高度个人化的工作环境并没有真正关注劳动者的真实需求和福祉，反而是将他们更多地置于孤立和异化的状态。劳动者只是与技术系统互动，而这种互动是冷漠而机械的，无法弥补劳动者与其他同事之间的交往和合作。

劳动任务的分解、微任务的原子化以及平台算法的自动编排构成了数字化劳动的新特征，同时也引发了劳动力在数字经济中的异化和无意识状态。首先，平台经济中的劳动任务经历了彻底的分解和原子化。在传统的生产模式中，劳动任务往往是相对完整的工作单元，需要由工人完成。然而，在在线众包平台上，为了适应大规模的劳动力投入和高度细化的需求，劳动任务被分解成微小的原子化微任务。这些微任务往往非常小，可以在几分钟甚至几秒钟内完成。这种任务的碎片化使得劳动过程不再是传统意义上的完整工作，而是由一系列微小的、相对独立的任务组成。微任务的原子化程度使得劳动过程更为精细和高度专业化，同时也为平台提供了更大的灵活性，能够更好地应对多样化的任务需求。

其次，这种巨大的数据集和劳动的原子化需要精准的平台算法来自动架构劳动的组织和协作。在传统生产中，由于任务相对完整，工人能够通过协作和组织来完成复杂的生产过程。然而，在在线众包平台上，由于微任务的分解和高度碎片化，劳工们无法直接参与到任务的组织和协作中。相反，这一过程由平台的算法自动编排和控制。马克思在《资本论》中指出，资本主义生产方式通过对劳动过程的科学管理，追求生产效率的最大化。在在线众包平台上，这一理念被数字化和算法化，平台算法通过对海量数据的分析和匹配，实现了劳动的高度组织和协作。这种自动化的组织方式，一方面提高了生产效率，另一方面也剥夺了劳工在组织和协作过程中的主体地位，使其陷入一种无意识状态。

（四）劳动过程标准化

首先，平台通过算法对个体劳工进行跟踪和评级，实现了对劳动过程的高度标准化。[①] 在传统的工业生产中，劳动力的管理往往由人工进行，雇主通过雇佣、培训和监督等手段来管理劳动者。然而，随着数字化和算法技术的发展，众包平台引入了一种更为智能和自动化的管理方式。算法通过跟踪劳动者在平台上的表现，如完成任务的速度、质量等，对劳动者进行实时评估。这种评估通过分级制度体现出来，高效的劳动者得到更高的评级，从而获得更多的工作机会。这种算法管理旨在对劳动力进一步精细化和异化。算法不仅对任务进行细致划分，将其分解成微小的、可量化的工作单元，而且通过对劳动者表现的实时监控，将个体劳工的劳动过程标准化为一系列可度量的指标。这种标准化过程剥夺了劳动者在劳动过程中的主观能动性，使其更像是算法执行的工具，而非有着独立思考和创造能力的个体。

其次，任务的分解和标准化造成了工人的个体化工作状态。在传统的生产中，工人可能参与完整的生产链条，了解整体目标和过程。然而，在众包平台上，任务的分解使得劳工只能看到手头的微小任务，而对于整体目标和任务的总体意义了解甚少。这种个体化工作状态使得工人无法形成对整体目标的共识，也难以形成有效的集体行动。在众包平台上，由于任务的碎片化和标准化，工人的个体劳动状态变得孤立而脆弱。算法对工人的跟踪和评级让工人更注重个体表现，而忽略了整体劳动的社会性质。这种个体化工作状态使得工人之间难以形成有效的联合，无法通过集体行动来维护自身权益。

---

① 胡莹：《论当代资本主义社会在线众包平台劳工的劳动过程》，载于《政治经济学研究》2023 年第 2 期。

最后，工人们在忙于各自的任务的同时，缺乏对任务的总体目标的了解，也因此难以对微小任务提出质疑和反对。[①] 这种现象表明，在算法管理的框架下，工人的意识形态和对于工作本质的思考受到了限制。这与马克思主义政治经济学中强调的工人阶级意识和对于劳动过程的主动参与形成鲜明对比。算法通过对劳动者的评级和标准化，使得工人更加注重个体化的任务完成，而非对于整体工作目标的思考。

（五）工作地点分散化

众包平台通过分散的工作地点，使得劳动者难以形成集体行动。传统工作通常在特定的场所进行，雇员在同一地点工作，有机会面对面地沟通和组织。而众包平台允许劳动者在分散的地理位置完成任务，使得工人难以形成实体的组织。这种分散的工作地点降低了工人之间的直接交流，削弱了组织协作的效力。

---

① 胡莹：《论当代资本主义社会在线众包平台劳工的劳动过程》，载于《政治经济学研究》2023 年第 2 期。

第七章　社会主义市场经济下
数据资本治理

从"数据要素"的初级形态到具有使用价值和价值的"数据商品"，再到兼具生产力和生产关系特征的"数据资本"，这一过程演绎着技术逻辑和资本逻辑的相互渗透。数字劳动力成为数据资本增殖的关键，数据商品成为数据资本积累的重要形式，基于算法技术的数据资本全面控制社会生产、消费、流通和分配全过程。在充分发挥数据资本作为重要生产要素的积极作用、从生产力层面推动我国经济社会跨越式发展的同时，必须防范数据资本的逐利本性带来的野蛮生长和无序扩张乱象，以社会主义制度逻辑约束资本逻辑。

第一节　数据资本的二重属性

社会主义市场经济下的数据资本仍然具有生产力和生产关系两重属性：一方面表现为社会生产力发展加速器属性；另一方面表现为资本的逐利本性和扩张属性、对于价值增殖的无止境渴求和占有剩余价值的固有天性。在我国社会主义市场经济条件下，数据资本的生产力属性使得我们可以借助技术革新推动生产力快速发展和生产关系变革，为经济注入源源不断的新动力；而数据资本的生产关系属性又要求我们必须对数据资本加以引导和约束，防范资本逐利本性带来的野蛮生长和无序扩张乱象，引导数据资本在社会主义市场经济制度框架下积极有为。

一、数据要素的兴起与数据资本化

（一）数据要素的确立

进入 21 世纪以来，以大数据、云计算、物联网、区块链、人工智能为特征的新一轮数字化革命加速演进，数字技术与实体经济深度融合，生产组织形式与劳动组织形式向数字化、网络化、智能化演变，形成了具有高创新、强渗透、广覆盖特点的新型经济形态——数字经济。数字经济是人类社会发展的必然趋势，它以互联网、大数据、人工智能等现代信息通信技术为基础，通过数据资源的开发和利用，推动经济结构的优化升级，实现经济高质量发展。近年来，我国数字经济取得了显著的成果，规模不断扩大，对经济增长的贡献率不断提高。数字经济的发展不仅改变了生产方式，还深刻影响了社会生活，为人们带来了便利和舒适。

在数字经济时代，数据已经成为一种重要的生产要素，与劳动力、资本、土地等传统生产要素相比，数据要素具有独特的特点和优势。数据要素的兴起源于信息技术的飞速发展，互联网的普及和移动通信技术的进步，使得数据产生、存储和传输的成本大幅降低，数据的获取和利用变得更加容易。同时，大数据技术和人工智能的应用，使得数据要素能够发挥出更大的价值和潜力。数据要素的确立是数字经济发展的重要基础。数据要素是指在生产过程中具有独立价值、能够产生经济效益的数据资源。随着数字经济的发展，数据要素的地位越来越重要，已经成为经济发展的新引擎。因此，我国制定了一系列法律法规，加强数据产权保护，规范数据交易行为，保障数据安全，推动数据要素市场的健康发展。

2020 年 3 月 30 日，国务院发布了《关于构建更加完善的要素市场化配置体制机制的意见》，明确将数据增列为生产要素，[①] 我国成为全球首个

---

① 参见《中共中央　国务院关于构建更加完善的要素市场化配置体制机制的意见》，https：//www. gov. cn/zhengce/2020 – 04/09/content_5500622. htm，2024 年 4 月 10 日。

将数据确立为生产要素的国家。随后，《中华人民共和国数据安全法》(2021)①、《工业和信息化领域数据安全管理办法（试行）》（2022）②、《中共中央　国务院关于构建数据基础制度更好发挥数据要素作用的意见》(2022)③、《工业和信息化部等十六部门关于促进数据安全产业发展的指导意见》(2023)④ 等一系列文件相继出台，为数据要素的开发、管理和利用的安全问题提供了法律法规保障。数据作为数字经济时代的关键生产要素，对智能化生产效率提升的乘数作用日益凸显，逐渐成为发展新质生产力的基础性和战略性资源，《党和国家机构改革方案》（2023）提出"组建国家数据局"正是回应实践的需要。⑤ 数据要素的确立和法律保障，有助于激发数据要素的活力和创造力，促进数据资源的优化配置和高效利用。数据产权的保护和数据安全的保障，可以有效激励数据创新和研发，推动数字经济的持续健康发展。同时，数据要素的确立和法律保障，也为数据资本化提供了坚实的基础和有力的支撑。

（二）数据资本化的必然趋势

数字经济的蓬勃发展离不开资本的参与，在技术逻辑与资本逻辑的交织演绎下，数据从原始堆积状态开始，经历挖掘、分析、加工等处理环节后，转化为凝结着一定量的数字劳动、能够满足人们一定需求并能参与市场交换的"数据商品"，使用价值和价值的统一是数据商品作为商品的重要特征。当数据成为一种蕴含价值的生产要素时，数据必然逃脱不了被资

---

① 参见《中华人民共和国数据安全法》，https：//www. gov. cn/xinwen/2021－06/11/content_5616919. htm，2024 年 4 月 10 日。
② 参见《工业和信息化部关于印发〈工业和信息化领域数据安全管理办法（试行）〉的通知》，https：//www. gov. cn/zhengce/zhengceku/2022－12/14/content_5731918. htm，2024 年 4 月 10 日。
③ 参见《中共中央　国务院关于构建数据基础制度更好发挥数据要素作用的意见》，https：//www. gov. cn/zhengce/2022－12/19/content_5732695. htm，2024 年 4 月 10 日。
④ 参见《工业和信息化部等十六部门关于促进数据安全产业发展的指导意见》，https：//www. gov. cn/zhengce/zhengceku/2023－01/15/content_5737026. htm，2024 年 4 月 10 日。
⑤ 参见《中共中央　国务院印发〈党和国家机构改革方案〉》，https：//www. gov. cn/zhengce/2023－03/16/content_5747072. htm，2024 年 4 月 10 日。

本化的命运。数字技术的发展使得数据能够以资本的形式被占有、流通和增殖，在资本逻辑的渗透下，数据不仅仅停留在作为商品的层面，而是演化为具有资本特征的"数据资本"。①

数据资本本质上是基于数字技术、平台和工具所形成的特殊资本形态，以占有数据为手段，以实现价值增殖为目的，兼具促进生产力提升和重构生产关系的特征。在生产力方面，数字技术的引入打造了更智能、更高效、更高技术含量的新型生产工具，培养了熟练掌握这些生产工具、具备知识快速迭代能力的高素质劳动力，拓展了劳动对象的范围、种类和形态，形成了以数据作为新型劳动对象、与其他生产要素相结合共同创造价值的新型劳动过程；在生产关系方面，数字化平台和技术的崛起深刻改变了经济体系的运行方式，形成了以数据生产和算法控制为核心的数字化生产关系，重塑社会生产、消费、流通和分配全过程。

正因如此，数据资本为经济高质量发展注入新动能的同时，其自身的逐利本性也给社会主义市场经济的持续健康发展带来了新的挑战：如数据资本无序扩张导致的不正当竞争和垄断、数据滥用和数据霸权、算法黑箱和信息操纵等问题。对此，习近平总书记强调："要加强新的时代条件下资本理论研究。在社会主义制度下如何规范和引导资本健康发展，这是新时代马克思主义政治经济学必须研究解决的重大理论和实践问题。"② 数据资本化的发展需要完善的数据要素市场和良好的数据治理体系。数据要素市场的完善需要建立高效的数据交易平台，规范数据交易行为，保障数据安全和隐私。数据治理体系的建立需要强化数据产权保护，推动数据开放共享，促进数据创新和应用。同时，数据资本化的发展还需要培养高素质

---

①　也有学者使用"数字资本"这一概念，如蓝江：《数字资本、一般数据与数字异化——数字资本的政治经济学批判导引》，载于《华中科技大学学报》（社会科学版）2018 年第 4 期；蔡万焕：《从金融资本到数字资本：当前美国阶级结构变化的新动向》，载于《山东社会科学》2022 年第 6 期；吴媚霞、王岩：《数字资本化与资本数字化的学理考察及其启示》，载于《思想教育研究》2022 年第 9 期；等等。但是笔者认为用"数据资本"概念来概括当前资本最新形态的特征更为准确和具体，数据作为生产资料、可货币化和可交换的对象，及其与剩余价值生产和创造的紧密关系，使得"数据资本"这一概念更加贴近资本的本质。

②　《习近平在中共中央政治局第三十八次集体学习时强调　依法规范和引导我国资本健康发展　发挥资本作为重要生产要素的积极作用》，载于《人民日报》2022 年 5 月 1 日。

的数据人才，提高数据利用效率，推动数字经济的持续健康发展。

二、数据资本兼具生产力和生产关系属性

技术的发明和引入本身的作用是提高劳动生产率、减轻劳动负担和增加财富。然而，在资本主义生产方式中，技术的应用体现为资本关系的物化，机器成为资本家提高劳动强度、奴役支配工人劳动的工具。机器作为资本剥削属性的物质承载体，使工人阶级最初的反抗资本主义剥削表现为破坏机器的行动。马克思强调"工人要学会把机器和机器的资本主义应用区别开来"，[①] 我们批判的不是物质生产资料本身，而是物质生产资料的社会使用形式。数字技术的应用提高了社会的生产力，但与此同时，数字化的生产关系也带来了对劳动者的剥削和控制，形成了生产力与生产关系的矛盾；数字资本主义在市场竞争中带来了创新和效率提升，但大型科技公司的数据垄断也使市场竞争变得不公平，加剧了市场的集中和垄断。

(一) 数据资本的生产力属性

数据资本作为一种新兴的生产力，其属性体现在技术进步与效率提升方面。数字技术本身是中性的，随着社会生产力的大幅提升和生活方式的数字化重构，数字技术展示出其作为经济加速器和推动力的潜力。技术发展为数据的产生和利用提供了前所未有的便利：大数据技术的发展使得人类能够处理和分析海量的数据，从而揭示出隐藏在数据背后的模式和规律；人工智能的应用使得机器能够通过学习和模仿的方式不断优化自身的处理能力，从而更加高效地利用数据；云计算技术的普及使得数据能够在不同的地点、设备之间实现快速的共享和传递，促进了数据的全球化。

在数字经济时代，数字技术的迅猛发展为数据的产生、收集、存储和处理提供了强大的支撑。先进的计算机科学、人工智能、云计算等技术使得数据得以大规模生成和利用。数字技术的不断创新"倒逼"着数据成为

---

① 参见《资本论》第 1 卷，人民出版社 2004 年版，第 493 页。

重要的生产要素，因为这些技术的应用需要充足的、高质量的数据来支持算法的训练、决策的制定等。数据的产生和使用成为技术发展的必然产物。数据资本的运用能够提高生产效率，通过对生产过程的数字化改造，企业可以实现生产流程的优化，降低生产成本，提高产出。同时，数据资本还能够促进创新，推动产业结构的升级和转型。然而，一旦与资本主义制度相结合，数字技术就成为资本剥削劳动的工具。正如马克思不批判"机器"本身而批判"机器的资本主义应用"一样，数字技术本身是中性的，但数字技术的"资本主义应用"是具有剥削性的。

（二）数据资本的生产关系属性

数据资本作为一种生产关系，其属性体现在资本逐利与垄断扩张方面。首先，数据资本的积累和运用遵循资本逐利的原则。企业和投资者通过投资数据资本，希望能够获得最大的经济回报。这使得数据资本成为推动数字经济发展的强大动力。然而，数据资本的逐利性也带来了诸多问题，如数据隐私泄露、数据滥用等。其次，数据资本的运用可能导致垄断扩张。在数字经济时代，拥有大量数据的企业往往能够掌握市场的竞争优势。这些企业可能会利用数据资本进行市场垄断，限制竞争，损害消费者利益。数据资本与其他生产要素的关系体现在数据资本对劳动力和物质生产资料的支配。通过数字技术和算法的运用，平台企业能够更加精确地配置劳动力和物质生产资料，实现对生产过程的精细控制。数据资本不仅是一种单一的生产要素，更是在数字经济中发挥着统摄和协同作用的关键要素。

数据资本并不直接等同于数字资本主义，马克思在《资本论》中对资本的生产关系属性进行批判的同时，从不否认资本强大的生产力属性。在马克思那里，劳动二重性作为"理解政治经济学的枢纽"贯穿于《资本论》始终：从劳动二重性到商品二因素再到资本二重性，归根到底是生产力和生产关系两重属性。[①] 一方面，资本的生产力属性表现为对社会生产力发展的加速作用；另一方面，资本的生产关系属性表现为对雇佣工人创

---

① 参见《资本论》第 1 卷，人民出版社 2004 年版，第 55 页。

造的剩余价值的无偿占有。资本是自行增殖的价值，使用价值不是目的，价值本身才是目的。资本二重性的内在矛盾，转化为"手段"（社会劳动生产力的不断发展）和"目的"（更多占有剩余价值或利润）之间的矛盾。[①]

三、数字技术与数据资本的相互渗透

数字技术是数据资本得以存在和发展的基石。没有数字技术的支撑，数据资本的价值无法被挖掘和实现。大数据技术、人工智能、云计算等前沿数字技术的发展，使得数据资本的处理、分析和应用变得更加高效和便捷。这些技术不仅提高了数据资本的利用效率，也拓宽了数据资本的应用领域，进一步提升了数据资本的价值。

（一）数字技术对数据资本的支撑

数据资本的发展离不开数字技术的支撑。大数据、人工智能、云计算等先进技术的发展，为数据资本的积累和运用提供了强有力的支撑。这些技术能够对海量数据进行高效处理和分析，挖掘出其中有价值的信息和知识，为企业和组织提供决策依据。首先，大数据技术能够对海量数据进行高效处理和分析，挖掘出其中有价值的信息和知识。这些技术和工具的发展，为数据资本的积累和运用提供了强有力的支撑。其次，人工智能技术可以对数据资本进行深度学习和训练，使其具备更强的智能化和自动化能力。这不仅提高了数据资本的利用效率，也使其具备了更高的价值和竞争力。最后，云计算技术为数据资本的存储和传输提供了便捷的平台和基础设施。这使得数据资本能够在不同地域和设备之间自由流动，进一步提升了其应用的灵活性和便捷性。

（二）数据资本对劳动者的控制

在平台企业中，数据资本的崛起改变了传统的生产关系，将劳动者

---

① 参见张开：《如何理解资本二重性——兼论新型政商关系的政治经济学基础》，载于《教学与研究》2020年第9期。

生产的数据要素作为关键生产资料，以更加隐匿而高效的方式实现对劳动者的剥削和控制。数据资本通过收集和分析劳动者的个人信息和行为数据，对劳动者进行精细化管理和控制，并对劳动者的知识和技能提出更高要求。

在平台企业中，劳动者自己生产的数据要素并非终点，而是被源源不断地投入新的生产过程中。这一过程体现了数据资本家通过数据和算法程序，将数据要素作为资本的一种形式，以更加高效的方式实现对剩余价值的榨取。在传统的生产关系中，剩余价值主要通过直接的物质生产活动实现，而在数据资本主导的平台企业中，数据要素的再生产成为资本运动的核心。数据资本家通过数据和算法程序替代传统的资本家，在劳动者身边实现隐匿化的工作监督。这种"勤奋的督工"不仅精准地记录每一个操作和行为，还能根据数据资本家的设定，强化对劳动者的剥削和控制。通过对数据的分析，数据资本家能够准确判断劳动者的工作强度和效率，以此来制定更为严苛的工作要求，迫使劳动者延长工作时间，提高劳动强度，以实现剩余价值的最大化。

数据资本通过监控和分析劳动者的行为，精准地调整工作时间，不断延长绝对或相对工作时间。绝对工作时间的延长通过强制要求劳动者加班、加点等方式实现，而相对工作时间的延长则通过提高劳动强度、压低工资等手段达到。这一机制旨在通过时间的延长和劳动强度的提高，最大限度地榨取劳动者的剩余价值，实现数据资本的积累。相对过剩人口的存在为数据资本家提供了充足的可替代资源，使得劳动力市场成为资本更加灵活地运作的场所，有助于数据资本家在削减成本的同时实现更大规模的剩余价值生产。数据资本家通过对反馈数据的运算和利用算法程序，不仅能够迅速调整生产流程和工作要求，还能够在不同场景中最大程度地占有剩余价值。这种现代化武装使得劳动者在面对资本剥削时更加无力，难以形成有效的集体抵抗。劳动者自己生产出的数据不仅是资本的工具，更成为对自身的无形利器。这些数据通过精确控制自身行为，使得数据资本家能够更好地调动劳动者，达到更高的效益。

第二节 数据生产力：新质生产力的核心

在数字经济时代，数据不仅仅是信息的表达形式，更成为了一种具有经济价值的新型生产力。数据的存在使得社会活动、个体行为等变得可计量、可分析，数据资本成为企业获取利润的重要途径，而数据所有权和交换成为市场竞争的核心。数据生产力通过技术进步、创新和效率提升，全面重塑了经济的发展模式和运行方式。

一、数据生产力的定义与特征

数据生产力作为一种新型的生产力，具有动态性、知识性、扩展性和协同性等特征。它对经济发展具有重要的推动作用，推动了生产要素的演进和变革。在数字经济时代，我们要充分认识到数据生产力的价值和重要性，加强对数据生产力的培育和发展，以实现经济的高质量发展。

数据生产力的定义包括三个基本要素：数据、算力和算法。首先，数据作为劳动对象，是由数字技术所支持的海量信息的集合，以二进制字符串的形式存在，成为数字经济时代的核心生产要素。这是由数字化、信息化的特性决定的，几乎所有事物都可以通过数字化的方式来描述和表达。这一趋势使得数据的生产和利用成为生产过程中的关键环节，从而赋予了数据独特的价值。其次，算力是指计算机技术的力量，包括硬件设备和软件系统。在数字经济时代，计算机技术的不断进步使得计算能力大幅度提升，从而能够更高效地处理和分析海量数据。算力的增强推动了数字技术的发展，使得数据生产和分析变得更为高效和精确。最后，算法是指通过特定规则和逻辑来处理和分析数据的方法。算法的发展使得对数据的深度挖掘和智能化分析成为可能，进一步提高了数据的利用效率和产生的价值。人工智能等技术的运用，让算法成为数字经济时代中数据生产过程中的智能引擎，推动了生产力的不断提升。

与传统的劳动力、资本、土地等生产要素相比，数据生产力具有以下特征：一是动态性，数据生产力随着数据量的增加和处理能力的提升而不断增长。二是知识性，数据生产力依赖于数据的深度分析和知识创新，具有较高的知识含量。三是扩展性，数据生产力可以跨越地域和行业，实现资源的高效配置和共享。四是协同性，数据生产力需要多方合作，包括数据提供者、分析者和使用者等，实现协同效应。数据生产力在经济发展中发挥着至关重要的作用。首先，数据生产力可以提高生产效率。通过对生产过程的数字化改造，企业可以实现生产流程的优化，降低生产成本，提高产出。其次，数据生产力可以促进创新。数据分析和知识创新是数据生产力的重要组成部分，可以推动企业和产业的技术进步和产品创新。最后，数据生产力可以改善决策。数据分析和预测可以帮助企业更好地了解市场需求，优化资源配置，提高经营效益。数据的广泛应用使得企业和组织能够更精准地了解市场需求、优化生产流程、提高产品质量，从而推动经济的增长。数据的利用不仅仅局限于企业层面，还影响到整个国家和全球经济体系，成为推动社会发展的不可或缺的力量。

二、数据生产力与生产要素演进

数字经济时代的生产要素演进呈现出新的特点，而数据的崛起不仅为新生产要素的形成提供了基础，也推动了新生产力的迅猛发展。在传统的生产要素理论中，马克思主义认为生产要素包括劳动者、劳动资料和劳动对象。在数字经济时代，数据的崛起引领了生产要素由低级向高级演进的过程，数据不仅是新生产要素更是新生产力的核心。这一观点基于对数字技术、大数据和算法等新一代数字工具的运用，将劳动力、物质资料与信息化的劳动对象融为一体，形成新的生产力动态。

数据生产力的发展推动了生产要素的演进。首先，数据生产力的兴起使得数据成为了最重要的生产要素之一。数据资源的开发和利用成为了经济发展的关键环节。其次，数据生产力的发展促进了生产要素的融合。数据、算力、算法等新型生产要素与传统的劳动力、资本、土地等生产要素相互融合，形成了新的生产方式和经济模式。最后，数据生产力的发展引发了生产要素的变革。传统的生产要素面临着新的挑战和机遇，需要适应数据生产力的发展要求，才能继续发挥其价值。

数字经济时代的生产力动态演进既是对传统生产要素的扩展，也是对生产关系的深刻变革。传统的体力劳动在数字经济时代相对减少，而知识型劳动者，如数据分析师等，以数字技术为劳动工具，以海量数据为劳动对象，对社会进行改造和生产。[①] 这种生产要素的演进和新型劳动力的崛起，使得生产关系逐渐转向更为智能化、数字化的方向。然而，数字经济时代的生产要素演进也伴随着一系列的问题和挑战。首先，对数据的垄断和滥用可能导致信息不对称和数据不公平，加剧社会的不平等。其次，数字技术的快速发展可能导致一部分人的劳动力被淘汰，增加社会的就业压力。

三、数据生产力与社会发展

数据生产力作为一种新型的生产力，对社会发展产生了重要影响。它既促进了资源分配的公平性和社会的透明度，也改变了就业结构和提高了政府治理的效率。在社会主义市场经济下，我们需要充分认识到数据生产力的作用，并采取相应的政策和措施，以促进数据生产力的释放和应用，实现社会的可持续发展。

首先，数据生产力的发展对社会公平产生了深刻的影响。一方面，数据生产力的发展可以促进资源分配的公平性。通过数据分析和智能算法，可以实现资源的高效配置，减少资源浪费，提高资源利用效率。另一方面，数据生产力的发展也可以提高社会的透明度。数据分析和共享可以揭示社会不公和不平等的问题，促进社会监督和公众参与，推动社会公平正义的实现。

其次，数据生产力的发展对就业产生了重要影响。一方面，数据生产

---

① 李海舰、赵丽：《数据成为生产要素：特征、机制与价值形态演进》，载于《上海经济研究》2021 年第 8 期。

力的发展创造了新的就业机会。新兴产业和行业的发展需要大量具备数据分析和处理能力的人才。另一方面,数据生产力的发展也带来了就业结构的变革。一些传统的劳动密集型行业可能会受到冲击,而数据分析和人工智能相关的职位将变得越来越重要。这要求劳动者不断提升自身的数据技能,适应新的就业市场需求。

最后,数据生产力的发展对国家治理产生了积极的影响。数据分析和智能算法可以帮助政府更好地了解社会状况,制定科学合理的政策。同时,数据生产力的发展也可以提高政府治理的效率。通过自动化和智能化的数据处理,可以减少人为干预和错误,提高政府工作的准确性和效率。此外,数据生产力的发展也可以促进政府与公民的互动和沟通。政府可以通过数据分析了解公民的需求和意见,更好地回应公民的关切和诉求。

第三节　社会主义市场经济下的数据资本治理

在技术逻辑和资本逻辑的共同演绎下,数字平台和数据资本的触角向社会各个领域野蛮扩张和渗透,给国家安全和社会稳定带来了极大风险。因此,提出社会主义市场经济下数据资本治理的命题,并不是否定数据资本,也并非排斥数字技术,而是发挥社会主义市场经济的制度优势,充分发挥数据资本对生产力发展的积极推动作用,规避源于资本逐利本性导致的数据资本无序扩张、野蛮生长、垄断等问题,更好地服务于我国经济社会高质量发展。

一、数字平台的垄断天性

什么是平台? 2021 年国务院反垄断委员会印发的《关于平台经济领域的反垄断指南》给出了明确的界定:"指通过网络信息技术,使相互依赖的双边或者多边主体在特定载体提供的规则下交互,以此共同创造价值的商业组织形态。"① 从技术层面来看，数字平台就是数字企业打造的数字化基础设施载体。如果说数据是数字社会的原材料，那么数字平台就是对数据进行加工、生产的中介场所，数据的商品化过程乃至资本化过程都是经由数字平台这一中介才得以完成的。数据和算法是数字平台运行的两个核心要素，用户的一切数字行为痕迹被算法提取并转化为数据生产活动，形成了庞大的数据集群。活跃在数字平台的用户和商家作为买卖双方在这片数字空间中进行交易，商品逻辑渗透到日常生活和娱乐当中。

数字平台具有垄断的"天性"，平台壮大自己的过程伴随着资本的无序扩张和不正当竞争，来满足资本自身无限增殖欲望。出于对"数据—流量"盈利模式的渴求，平台企业本身就具有对数据资源的独占欲和将数据信息私有化的倾向。算法在虚拟空间的"数字公地"（digital commons）中将全社会的经济活动内容统统转化为可被量化、可被计算、可被观测的数据大网，② 平台资本们凭借对海量数据的独占权开始了新一轮的"圈地运动"（enclosure movement）。③ 通过建立专有平台和封闭的生态系统，控制用户数据和访问渠道，建立数据垄断地位等方式实现数字公地的私有化。

数字平台由其独特的网络效应和数据积累能力，往往容易形成垄断。在算法技术的加持下，部分数字平台巨头采取各种手段来进一步巩固自身的市场垄断地位，如电商"二选一"、"3Q 大战"、捆绑特定支付工具、签订排他性协议等，甚至为了消灭可能的竞争对手采取"扼杀式"并购手段来排斥市场竞争、构筑市场进入壁垒。数字平台叠加数据、算法、

---

① 《国务院反垄断委员会关于平台经济领域的反垄断指南》，中华人民共和国中央人民政府门户网站，http://www.gov.cn/xinwen/2021－02/07/content_5585758.htm。

② "数字公地"概念最早由美国法学学者、哈佛大学教授劳伦斯·莱斯格（Lawrence Lessig）提出，在《思想的未来》（The Future of Ideas：The Fate of the Commons in a Connected World，2001）一书中，他将西方文化传统中的"公共资源"理论加以延伸，针对知识产权提出了互联网上的知识公域。参见 Lawrence Lessig, The Future of Ideas：The Fate of the Commons in a Connected World, Random House, 2001：19－23。

③ 美国法学学者詹姆斯·博伊尔（James Boyle）在《公有领域：思维定势困境》（The Public Domain：Enclosing the Commons of the Mind，2008）一书中描述了"第二次圈地运动"——被圈占的乃是知识的公地，即位于知识产权边界之外的公有领域，参见 James Boyle. The Public Domain：Enclosing the Commons of the Mind, Yale University Press, 2008：46。

技术、资本等要素，更易操纵经济、政治和舆论环境，通过算法合谋、算法歧视、大数据杀熟、技术屏蔽等各种新手段来实现市场独占谋取高额利益。此外，在电子商务、直播经济等新兴领域也出现了如虚假宣传、销售假冒伪劣商品、恶意诱导消费者、商业诋毁、刷单和虚假交易、强制交易等损害市场公平的不正当竞争乱象。这些乱象都完全背离了社会主义制度以人民为中心的发展、满足人们美好生活需要、实现全体人民共同富裕的价值取向。

二、以社会主义制度逻辑规范资本逻辑

2023 年 9 月，习近平总书记在东北考察时提出"新质生产力"的概念，这是党的十八大以来，总书记就生产力与生产关系问题提出的重要论断。当前，我们正在经历全球新一轮科技革命和产业变革同我国转变发展方式的历史性交汇期，生产力的要素条件、发展方向、演进路径都在发生重大变化，数据已经成为关键性生产要素，并由此衍生出数据生产力作为新质生产力的重要组成部分。在此基础上，数据资本成为发挥数据生产力的核心力量。可以说，发展新质生产力吹响了产业立国的号角，但产业化不是资本的自然取向，得用刀逼着，蜂蜜引着，绳子捆着，灯光照着，资本才愿意勉强上路。资本的逐利本性将一切能够被抽象为价值形式的产品变为可以进行买卖交易的商品。在此逻辑下，基于数字技术的平台、网络、数据、信息等本应成为公共生产资料的内容被少数平台巨头垄断占有，成为其谋求巨额利益的私有生产资料。

习近平总书记强调："搞社会主义市场经济是我们党的一个伟大创造。要探索如何在社会主义市场经济条件下发挥资本的积极作用，同时有效控制资本的消极作用。"[①] 社会主义市场经济既体现了市场经济配置资源的活力和生产力加速作用，又具备社会主义制度的优越性。"社会主义"作为市场经济的前置定语，是有效规避资本主义市场经济弊端的有力保障。近

---

① 《〈求是〉杂志发表习近平总书记重要文章　正确认识和把握我国发展重大理论和实践问题》，载于《人民日报》2022 年 5 月 16 日。

年来在数字经济蓬勃发展背景下，资本市场也出现了部分资本无序扩张、肆意操纵、牟取暴利的乱象。因此，对数据资本的野蛮发展必须加以社会主义制度的约束，为资本的发展设置"红绿灯"，以社会主义制度逻辑规范资本逻辑。

一方面，我们要充分发挥数据资本、数字技术、数据要素作为生产要素的积极作用，从生产力层面来推动我国经济社会跨越式发展，服务于社会主义人民日益增长的美好生活向往这一核心生产目的。另一方面，我们要从制度层面对数据资本划定边界、有效规制，针对数字垄断和不正当竞争、算法霸权、数字拜物教、数字鸿沟等负面问题针对性设计监管和治理体系，提升数据资本治理效能，使其成为数字经济健康发展的重要物质基础。

习近平总书记指出："防止资本无序扩张，不是不要资本，而是要资本有序发展。"[①] 对少数数据资本巨头亮"红灯"目的是为更多数据资本提供公平有序竞争的市场环境。更重要的是，社会主义市场经济中的资本具有特殊性，作为公有制为主体、国有资本占主导地位下的数据资本行为逻辑，不仅要求追求保值增值目标，更重要的是承担社会责任。社会主义制度优势能够为数据资本的逐利本性戴上"紧箍咒"，引导数据资本服务于满足人民美好生活需要、促进实现共同富裕的根本目的。

三、构建数据资本治理体系

面对数据资本带来的挑战，我国应加快构建与社会主义市场经济相适应的数据资本治理体系，确保数据资本健康有序发展。加强数据资本治理，首先要完善相关法律法规体系。通过制定《中华人民共和国数据安全法》《中华人民共和国个人信息保护法》等法律法规，明确数据资本的法律地位、数据产权、数据交易规则等，为数据资本治理提供法治保障。同时，针对数字平台垄断行为，要细化反垄断法规，提高违法成本，形成有

---

① 《习近平谈治国理政》第 4 卷，外文出版社 2022 年版，第 211～212 页。

效震慑。政府部门要加大对数据资本的监管力度，加强对数字平台的反垄断、反不正当竞争执法，对违法行为予以严厉打击。此外，要加强对数据资本市场的监测，防范系统性风险，确保市场公平竞争。

推动数据资本治理，还需创新社会治理模式。鼓励行业协会、社会组织等参与数据资本治理，形成政府、企业、社会多方共治的局面。同时，加强数据伦理建设，引导企业树立正确的数据价值观，实现可持续发展。提高全民数据资本素养，是数据资本治理的基础。通过教育培训、宣传普及等方式，提升公众对数据资本的认识，增强数据安全意识和维权意识。同时，培养一批具备数据治理能力的人才，为数据资本治理提供人才保障。促进数据共享与开放，是发挥数据资本价值的关键。政府要推动公共数据资源开放，鼓励企业间开展数据合作，打破数据孤岛，实现数据资源优化配置。同时，加强对数据共享与开放的监管，确保数据安全。

总之，在社会主义市场经济条件下，我们要充分发挥数据资本的积极作用，遏制其消极影响，努力构建一个公平、有序、安全的数据资本治理体系，为我国经济社会高质量发展提供有力支撑。

参 考 文 献

[1] 爱德华·汤普森著，钱乘旦译：《英国工人阶级的形成》，译林出版社 2013 年版。

[2] 班尼特·哈里森著，李昭瑢译：《组织瘦身——二十一世纪跨国企业生产形态的蜕变》，台北远流出版事业股份有限公司 1997 年版。

[3] 大卫·哈维著，阎嘉译：《后现代状况——对文化变迁之缘起的探究》，商务印书馆 2003 年版。

[4] 凡·杜因著，刘守英、罗靖译：《经济长波与创新》，上海译文出版社 1993 年版。

[5] 高峰：《资本积累理论与现代资本主义——理论的和实证的分析》，社会科学文献出版社 2014 年版。

[6] 哈里·布雷弗曼著，方生等译：《劳动与垄断资本：二十世纪中劳动的退化》，商务印书馆 1979 年版。

[7] 罗伯茨著：《自由放任资本主义的失败 写给全世界的新经济学》，生活·读书·新知三联书店 2014 年版。

[8] 迈克尔·布若威著，李荣荣译：《制造同意：垄断资本主义劳动过程的变迁》，商务印书馆 2008 年版。

[9] 曼纽尔·卡斯特著，夏铸九、王志弘等译：《网络社会的崛起》，社会科学文献出版社 2006 年版。

[10] 欧内斯特·曼德尔著，马清文译：《晚期资本主义》，黑龙江人民出版社 1983 年版。

[11] 欧内斯特·曼德尔著，南开大学国际经济研究所译：《资本主义发展的长波——马克思主义的解释》，商务印书馆 1998 年版。

［12］塞缪尔·鲍尔斯著：《理解资本主义：竞争统制与变革》，中国人民大学出版社 2013 年版。

［13］沈原：《市场、阶级与社会：转型社会学的关键议题》，社会科学文献出版社 2007 年版。

［14］特伦斯·麦克唐纳、迈克尔·里奇、大卫·科茨主编：《当代资本主义及其危机——21 世纪积累的社会结构理论》，中国社会科学出版社 2014 年版。

［15］外国经济学说研究会编：《现代国外经济学论文选》第 10 辑，商务印书馆 1986 年版。

［16］外国经济学说研究会编：《现代国外经济学论文选》第 15 辑，商务印书馆 1992 年版。

［17］威廉·拉佐尼克著，徐华、黄虹译：《车间的竞争优势》，中国人民大学出版社 2007 年版。

［18］谢富胜：《控制和效率：资本主义劳动过程理论与当代实践》，中国环境科学出版社 2012 年版。

［19］谢富胜：《分工、技术与生产组织变迁：资本主义生产组织演变的马克思主义经济学阐释》，经济科学出版社 2005 年版。

［20］约瑟夫·派恩著，操云甫等译：《大规模定制　企业竞争的新前沿》，中国人民大学出版社 2000 年版。

［21］中共中央编译局：《马克思恩格斯全集》第 21 卷，人民出版社 2003 年版。

［22］中共中央编译局：《马克思恩格斯文集》第 2 卷，人民出版社 2009 年版。

［23］中共中央编译局：《马克思恩格斯选集》第 1 卷，人民出版社 2012 年版。

［24］中共中央编译局：《资本论》（全三卷），人民出版社 2004 年版。

［25］蔡禾、史宇婷：《劳动过程的去技术化、空间生产政治与超时加班——基于 2012 年中国劳动力动态调查数据的分析》，载于《西北师大学报（社会科学版）》2016 年第 1 期。

［26］蔡万焕：《积累的社会结构学派视野中的新自由主义及其危机》，载于《教学与研究》2016 年第 1 期。

［27］陈聚祉：《社会积累结构理论述评》，载于《经济学动态》1999年第 1 期。

［28］大卫·戈登、张开：《长周期的上升与下降》，载于《教学与研究》2016 年第 1 期。

［29］大卫·戈登、张开、顾梦佳等：《积累的阶段和长经济周期》，载于《当代经济研究》2019 年第 8 期。

［30］大卫·科茨：《目前金融和经济危机：新自由主义的资本主义的体制危机》，载于《当代经济研究》2009 年第 8 期。

［31］大卫·科茨、张开、顾梦佳等：《长波和积累的社会结构：一个评论与再解释》，载于《政治经济学评论》2018 年第 2 期。

［32］大卫·科茨、迪彭卡·巴苏、朱安东等：《经济停滞与制度结构》，载于《政治经济学季刊》2018 年第 1 期。

［33］大卫·科茨、刘利圭：《积累的调节论和社会结构论比较分析》，载于《国外社会科学》1990 年第 11 期。

［34］大卫·科茨、刘祥琪：《新自由主义与长期资本积累的社会积累结构理论》，载于《国外理论动态》2004 年第 10 期。

［35］大卫·科茨：《目前金融和经济危机：新自由主义的资本主义的体制危机》，载于《当代经济研究》2009 年第 8 期。

［36］大卫·科茨：《社会积累结构与经济不平等》，载于《中国社会科学报》2016 年 1 月 15 日。

［37］丁晓钦、陈昊：《回归与发展：积累的社会结构最新理论研究》，载于《马克思主义研究》2017 年第 2 期。

［38］丁晓钦、鲁春义：《金融化与积累的社会结构转变——基于演化博弈理论的分析》，载于《学术月刊》2014 年第 11 期。

［39］丁晓钦、鲁春义：《积累的社会结构理论的微观阐释——一个演化博弈视角的分析》，载于《马克思主义研究》2013 年第 10 期。

［40］丁晓钦、谢长安：《从积累的社会结构理论看当代资本主义的发

展阶段》，载于《马克思主义与现实》2017 年第 3 期。

[41] 丁晓钦、尹兴：《积累的社会结构理论研究》，载于《外国经济学说与中国研究报告》2013 年第 0 期。

[42] 杜鹃、张锋、刘上、裴逸礼：《从有产者游戏到互联网劳工——一项关于共享经济与劳动形式变迁的定性研究》，载于《社会学评论》2018 年第 3 期。

[43] 范春燕：《21 世纪"积累的社会结构"理论评析》，载于《马克思主义与现实》2012 年第 5 期。

[44] 甘梅霞：《当代中国阶层关系演化、经济增长影响及制度渊薮——基于积累的社会结构理论》，载于《浙江社会科学》2017 年第 8 期。

[45] 甘梅霞、特伦斯·麦克唐纳：《积累的社会结构理论方法与中国积累的社会结构的一般性及特殊性》，载于《社科纵横》2016 年第 12 期。

[46] 顾梦佳、张开：《空间化学派经济思想研究》，载于《经济纵横》2020 年第 1 期。

[47] 龚剑：《积累的社会结构理论的构建与相关争论》，载于《科技与企业》2013 年第 16 期。

[48] 龚剑、孟捷：《中国房地产业积累的社会结构——围绕"支柱产业"概念的考察》，载于《上海财经大学学报》2015 年第 1 期。

[49] 关锋：《劳动过程理论：马克思主义不应被疏漏的向度》，载于《学术月刊》2010 年第 10 期。

[50] 贾文娟：《从劳动过程看资本主义社会的变迁——对新马克思主义劳动过程理论的再分析》，载于《学术研究》2015 年第 7 期。

[51] 马丁·H. 沃尔夫森、李静：《社会积累结构理论视野中的新自由主义》，载于《国外理论动态》2004 年第 10 期。

[52] 马艳、大卫·科兹、特伦斯·麦克唐纳：《资本积累的社会结构理论的创新与发展——与吕守军先生商榷》，载于《中国社会科学》2016 年第 6 期。

[53] 李长久：《美国"再工业化"与第四次技术革命》，载于《领导文萃》2012 年第 22 期。

[54] 李鸿、王冰玉：《布洛维劳动过程理论批判和启示》，载于《东北师大学报（哲学社会科学版）》2015 年第 4 期。

[55] 李静：《跨国公司、社会积累结构与世界经济长波》，载于《国外理论动态》2006 年第 6 期。

[56] 李洁：《重返生产的核心——基于劳动过程理论的发展脉络阅读〈生产政治〉》，载于《社会学研究》2005 年第 5 期。

[57] 梁萌：《在生产体制中发现工人阶级的未来——读布洛维劳动过程理论三步曲之一〈辉煌的过去〉》，载于《社会学研究》2007 年第 1 期。

[58] 梁萌：《技术变迁视角下的劳动过程研究——以互联网虚拟团队为例》，载于《社会学研究》2016 年第 2 期。

[59] 刘谦、裴小革：《积累的社会结构经济危机理论研究：基于〈资本论〉的视角》，载于《经济纵横》2017 年第 6 期。

[60] 刘志国：《积累的社会结构与资本主义经济的长期波动》，载于《第一届中国政治经济学年会应征论文集》，中国《资本论》研究会 2007 年。

[61] 马国旺：《评积累的社会结构理论对马克思主义经济学主要贡献》，载于《政治经济学评论》2016 年第 1 期。

[62] 迈克尔·华莱士、大卫·布雷迪、顾梦佳、张开：《下一个长期波动——世纪之交的空间化、技术官僚控制和工作重构》，载于《政治经济学季刊》2019 年第 2 期。

[63] 马艳、王琳、杨培祥：《"中国特色社会主义新时代"的资本积累的社会结构理论》，载于《学术月刊》2018 年第 10 期。

[64] 马艳、王琳、张沁悦：《资本积累的社会结构理论的创新与中国化探讨》，载于《马克思主义研究》2016 年第 6 期。

[65] 孟捷：《积累、制度与创新的内生性——以美国社会积累结构学派为例的批判性讨论》，载于《社会科学战线》2016 年第 11 期。

[66] 孟捷：《资本主义经济长期波动的理论：一个批判性评述》，载于《开放时代》2011 年第 10 期。

[67] 孟庆峰：《农民工的半无产阶级化与积累的社会结构》，载于《电子世界》2012 年第 15 期。

[68] 王晓晖：《劳动过程的内涵及研究方法》，载于《山东社会科学》2016 年第 10 期。

[69] 王晓晖：《劳动过程理论：简史和核心理论》，载于《前沿》2010 年第 10 期。

[70] 王守义：《论积累的社会结构理论的全球化发展与演变》，载于《思想战线》2017 年第 5 期。

[71] 王守义：《西方积累的社会结构理论研究的最新趋向》，载于《价值工程》2013 年第 32 期。

[72] 汪建华、孟泉：《新生代农民工的集体抗争模式——从生产政治到生活政治》，载于《开放时代》2013 年第 1 期。

[73] 维克托·D. 利皮特、付小红：《积累的社会结构理论视野中的新自由主义时代和金融危机》，载于《马克思主义研究》2014 年第 2 期。

[74] 闻翔、周潇：《西方劳动过程理论与中国经验：一个批判性的述评》，载于《中国社会科学》2007 年第 3 期。

[75] 任焰、潘毅：《宿舍劳动体制：劳动控制与抗争的另类空间》，载于《开放时代》2006 年第 3 期。

[76] 任焰、潘毅：《跨国劳动过程的空间政治：全球化时代的宿舍劳动体制》，载于《社会学研究》2006 年第 4 期。

[77] 塞缪尔·罗森伯格、童珊：《当代积累的社会结构中的劳工问题》，载于《马克思主义研究》2012 年第 12 期。

[78] 沈锦浩：《车轮之上的青年农民工：外卖骑手的劳动过程研究》，载于《青年发展论坛》2019 年第 5 期。

[79] 史蒂芬·A. 马格林、柯唱、李安：《老板们在做什么？——资本主义生产中等级制度的起源和功能》，载于《政治经济学评论》2009 年第 0 期。

[80] 史蒂芬·A. 马格林、张淼、冯志轩：《老板们在做什么？——等级制与储蓄》，载于《政治经济学评论》2010 年第 4 期。

[81] 唐·戈德斯坦、童珊：《在社会积累结构理论下对能力理论角色的探讨》，载于《海派经济学》2009 年第 3 期。

［82］特伦斯·麦克唐纳、童珊：《论国际"类主权国家"机构与社会积累结构》，载于《海派经济学》2009 年第 2 期。

［83］田洋：《互联网时代劳动过程的变化》，载于《经济学家》2018 年第 3 期。

［84］童根兴：《共识型工人的生产——从新制度主义框架看布洛维的〈制造共识〉》，载于《社会学研究》2005 年第 1 期。

［85］汪华、熊锐：《劳动分化、关系网络与农民工抗争的消解——一项基于服务业劳动过程的实证研究》，载于《华东理工大学学报（社会科学版）》2016 年第 1 期。

［86］王潇：《技术空心化：人工智能对知识型员工劳动过程的重塑——以企业电子研发工程师为例》，载于《社会发展研究》2019 年第 3 期。

［87］王晓晖、田维绪：《弗雷德曼管理策略思想述评》，载于《贵州民族学院学报（哲学社会科学版）》2008 年第 3 期。

［88］吴清军、李贞：《分享经济下的劳动控制与工作自主性——关于网约车司机工作的混合研究》，载于《社会学研究》2018 年第 4 期。

［89］肖潇：《试论改革开放以来我国劳动力市场分割的二重形态——以"积累的社会结构"为分析视角》，载于《社会主义研究》2015 年第 1 期。

［90］肖潇：《"分享经济"背景下劳资关系的演变趋势探析》，载于《探索》2018 年第 2 期。

［91］谢富胜：《资本主义劳动过程与马克思主义经济学》，载于《教学与研究》2007 年第 5 期。

［92］谢富胜、黄盛：《全球生产网络的政治经济学分析》，载于《教学与研究》2015 年第 8 期。

［93］徐林枫、张恒宇：《"人气游戏"：网络直播行业的薪资制度与劳动控制》，载于《社会》2019 年第 4 期。

［94］杨小勇、甘梅霞：《中国当前经济增长率下行的异质性、原因及对策——基于积累的社会结构方法》，载于《教学与研究》2017 年第 1 期。

[95] 杨小忠、丁晓钦：《劳动力匹配、收入分配与资本主义积累的社会结构稳定性》，载于《世界经济》2019 年第 8 期。

[96] 游正林：《管理控制与工人抗争——资本主义劳动过程研究中的有关文献述评》，载于《社会学研究》2006 年第 4 期。

[97] 余晓敏、潘毅：《消费社会与"新生代打工妹"主体性再造》，载于《社会学研究》2008 年第 3 期。

[98] 张开：《工资挤压与官僚负担——大卫·戈登经济思想研究系列》，载于《经济学家》2015 年第 11 期。

[99] 张开、崔晓雪、顾梦佳：《试论社会主义市场经济内在矛盾——基于中国特色社会主义政治经济学的思考》，载于《教学与研究》2018 年第 3 期。

[100] 张开、杨静：《危机后西方政治经济学新进展及其启示》，载于《教学与研究》2014 年第 10 期。

[101] 张沁悦、特伦斯·麦克唐纳：《全球生态变化与积累的社会结构理论》，载于《学术月刊》2014 年第 7 期。

[102] 张翔宇、赵峰：《资本积累、社会结构与资本主义经济增长——积累的社会结构理论的视角》，载于《生产力研究》2009 年第 8 期。

[103] 张嘉昕、王芳菲：《国外马克思主义的劳动关系理论》，载于《理论视野》2018 年第 5 期。

[104] 张雪琴：《新自由主义与 2008 年的金融和经济危机——评大卫·科茨的〈新自由主义的兴衰〉》，载于《政治经济学评论》2015 年第 5 期。

[105] 赵力：《心理控制与实时控制：智能化技术中的劳动控制》，载于《重庆社会科学》2019 年第 4 期。

[106] 庄家炽：《从被管理的手到被管理的心——劳动过程视野下的加班研究》，载于《社会学研究》2018 年第 3 期。

[107] 庄家炽：《资本监管与工人劳动自主性——以快递工人劳动过程为例》，载于《社会发展研究》2019 年第 2 期。

[108] 李海舰、赵丽：《数据成为生产要素：特征、机制与价值形态

演进》，载于《上海经济研究》2021 年第 8 期。

[109] 蓝江：《从剩余价值、剩余快感到剩余数据——数字资本主义时代的辩证逻辑》，载于《南京社会科学》2023 年第 1 期。

[110] 周绍东：《遏制资本无序扩张：一个政治经济学的解读》，载于《社会科学辑刊》2023 年第 3 期。

[111] 彭鸽、崔平：《共同富裕：数字劳动与数字资本剥削的中国应对》，载于《重庆社会科学》2024 年第 3 期。

[112] 张开、薛敏：《科学理解习近平总书记关于资本问题的重要论述》，载于《上海经济研究》2024 年第 7 期。

[113] 胡莹：《论当代资本主义社会在线众包平台劳工的劳动过程》，载于《政治经济学研究》2023 年第 2 期。

[114] 宋冬林、田广辉：《平台经济中数据垄断的根源、途径与治理策略》，载于《苏州大学学报（哲学社会科学版）》2023 年第 1 期。

[115] 段龙龙、何虎：《平台企业数据资本化及运动规律的政治经济学解析》，载于《财经科学》2023 年第 8 期。

[116] 孟飞、程榕：《如何理解数字劳动、数字剥削、数字资本？——当代数字资本主义的马克思主义政治经济学批判》，载于《教学与研究》2021 年第 1 期。

[117] 李海舰、赵丽：《数据成为生产要素：特征、机制与价值形态演进》，载于《上海经济研究》2021 年第 8 期。

[118] 刘勇、梁悦：《数据要素参与生产和价值转移的特殊性研究》，载于《经济纵横》2024 年第 7 期。

[119] 宋宪萍：《数据资本的利润来源及其极化效应》，载于《马克思主义研究》2022 年第 5 期。

[120] 刘震、张立榕：《数据资本形成及其特征的政治经济学分析》，载于《学习与探索》2023 年第 9 期。

[121] 方莉：《数字劳动与数字资本主义剥削的发生、实现及其批判》，载于《国外社会科学》2020 年第 4 期。

[122] 贾磊：《数字资本主义时代数据资本化的逻辑考察》，载于《华

北电力大学学报（社会科学版）》2023年第5期。

［123］黄再胜：《算法控制、"自我剥削"与数字劳动的时空修复——数字资本主义劳动过程的LPT研究》，载于《教学与研究》2022年第11期。

［124］闫坤如、李翌：《西方数字资本主义的增殖逻辑及其批判》，载于《华中科技大学学报（社会科学版）》2023年第5期。

［125］杨善奇、刘岩：《智能算法控制下的劳动过程研究》，载于《经济学家》2021年第12期。

［126］刘顺：《资本逻辑与算法正义——对数字资本主义的批判和超越》，载于《经济学家》2021年第5期。

［127］Andrew Friedman. Industry and labour. London：The Macmillan Press Ltd.，1977.

［128］Bennett Harrison. Lean and Mean：The Changing Landscape of Corporate Power in the Age of Flexibility. New York：Basic Books，1994.

［129］Beverly H. Burris. Technocracy at Work. Albany：State University of New York Press，1993.

［130］David Harvey. The Condition of Postmodernity：An Enquiry into the Origins of Cultural Change. UK：Blackwell Pub，1989.

［131］David M. Gordon，Richard Edwards，Michael Reich. Segmented Work，Divided Workers：The Historical Transformation of Labor in the United States. UK：Cambridge University Press，1982.

［132］David M. Gordon. Fat and Mean：The Corporate Squeeze of Working Americans and the Myth of Managerial "Downsizing". New York：The Free Press，1996.

［133］David M. Kotz，Terrence McDonough，Michael Reich. Social Structures of Accumulation：The Political Economy of Growth and Crisis. Cambridge：Cambridge University Press，1994.

［134］David M. Kotz. The Rise and Fall of Neoliberal Capitalism. Cambridge：Harvard University Press，2015.

［135］David Montgomery. Workers Control in America：Studies in the History of Work, Technology, and Labor Struggles. Cambridge: Cambridge University Press, 1979.

[136] Harry Braverman. Labor and Monopoly Capital: The Degradation of Work in the Twentieth Century. New York: Monthly Review Press, 1974.

[137] Jamie Gough. Work, Locality and the Rhythms of Capital: The Labour Process Reconsidered. Continuum, 2003.

[138] J. J. Van Duijn. The Long Wave in Economic Life. London: George Allen and Unwin, 1983.

[139] Joseph Schumpeter. Business Cycles, A Theoretical, Historical, and Statistical Analysis of the Capitalist Process. New York: McGraw – Hill, 1939.

[140] Lee, Ching Kwan. Gender and the Social China Miracle: Two Worlds of Factory Women. Berkeley: University of California Press, 1998.

[141] Manuel Castells. The Rise of the Network Society. Cambridge, MA: Blackwell, 1996.

[142] Michael Burawoy. Manufacturing Consent: Changes in the Labor Process Under Monopoly Capitalism. London: University of Chicago Press, 1979.

[143] Michael Burawoy. The Politics of Production: Factory Regimes under Capitalism and Socialism. London: Verso, 1985.

[144] Michael Piore and Charles Sabel. The Second Industrial Divide. New York: Basic Books, 1984.

[145] William Lazonick. Competitive Advantage on the Shop Floor. Harvard University Press, 1990.

[146] Richard Edwards. Contested Terrain: The Transformation of the Workplace in the Twentieth Century. New York: Basic Books, 1979.

[147] Samuel Bowles, David M. Gordon, Thomas Weisskopf. After the Waste land: A Democratic Economics for the Year 2000. New York: M. E. Sharpe, Inc, 1990.

［148］ Samuel Bowles, David M. Gordon, Thomas Weisskopf. Beyond the Waste Land: A Democratic Alternative to Economic Decline. New York: Anchor Press/Doubleday, 1983.

［149］ Samuel Bowles, Richard Edwards, Frank Roosevelt. Understanding Capitalism: Competition, Command, and Change. UK: Oxford University Press, 2005.

［150］ Carlos Salas. Social Structures of Accumulation and the Condition of the Working Class in Mexico. In Terrence McDonough, Michael Reich, and David M. Kotz, eds. Contemporary Capitalism and Its Crises: Social Structure of Accumulation Theory for the 21st Century. UK: Cambridge University Press, 2010.

［151］ Charles Sabel. Flexible Speciation and Re-emergence of Regional Economics. In Ash Amin, ed. Post – Fordism: A Reader. Blackwell Publishers, 1994.

［152］ Craig R. Littler. The Labour Process Debate: a Theoretical Review. In David Knights, Hugh Willmott, eds. Labour Process Theory. The Macmillan Press Ltd, 1990.

［153］ David M. Gordon. Up and Down the Long Roller Coaster. In Union for Radical Political Economics, eds. U. S. Capitalism in Crisis. New York: Union for Radical Political Economics, 1978.

［154］ David M. Gordon. Stages of Accumulation and Long Economic Cycles. In Samuel Bowles and Thomas E. Weisskopf, eds. Economics and Social Justice: Essays on Power, Labor, and Institutional Change. Edward Elgar Publishing, Inc. , 1998.

［155］ Edwin Melendez. Accumulation and Crisis in a Small and Open Economy: the Postwar Social Structure of Accumulation in Puerto Rico. In David M. Kotz, Terrence McDonough, and Michael Reich, Social Structures of Accumulation: The Political Economy of Growth and Crisis. Cambridge: Cambridge University Press, 1994.

[156] James Heintz. The Social Structure of Accumulation in South Africa. In Terrence McDonough, Michael Reich, and David M. Kotz, eds. Contemporary Capitalism and Its Crises: Social Structure of Accumulation Theory for the 21st Century. UK: Cambridge University Press, 2010.

[157] Martin Wolfson and David Kotz. A Reconceptualization of Social Structure of Accumulation Theory. In Terrence McDonough, Michael Reich, and David M. Kotz, eds. Contemporary Capitalism and Its Crises: Social Structure of Accumulation Theory for the 21st Century. UK: Cambridge University Press, 2010.

[158] Michael Wallace and David Brady. The Next Long Swing: Spatialization, Technocratic Control and the Restructuring of Work at the Turn of Century. In Ivar Berg and Arne L. Kalleberg, eds. Sourcebook of Labor Markets: Evolving Structures and Processes. New York: Plenum Press, 2001.

[159] Michael Wallace and David Brady. Globalization or Spatialization of the Labor Process. In Terrence McDonough, Michael Reich, and David M. Kotz, eds. Contemporary Capitalism and Its Crises: Social Structure of Accumulation Theory for the 21st Century. UK: Cambridge University Press, 2010.

[160] Terrence McDonough. The State of the Art of Social Structure of Accumulation Theory. In Terrence McDonough, Michael Reich, and David M. Kotz. Contemporary Capitalism and Its Crises: Social Structure of Accumulation Theory for the 21st Century. UK: Cambridge University Press, 2010.

[161] David M. Kotz. A Comparative Analysis of the Theory of Regulation and the Social Structure of Accumulation Theory. Science & Society, 1990, 54 (1).

[162] David M. Kotz. Long Waves and Social Structures of Accumulation: A Critique and Reinterpretation. Review of Radical Political Economics, 1987, 19 (4).

[163] David M. Kotz. Neoliberalism and the Social Structure of Accumulation Theory of Long-run Capital Accumulation. Review of Radical Political Eco-

nomics, 2003, 35 (3).

[164] David M. Kotz. The Financial and Economic Crisis of 2008: A Systemic Crisis of Neoliberal Capitalism. Review of Radical Political Economics, 2009, 41 (3).

[165] David M. Kotz, Andong Zhu. The Dependence of China's Economic Growth on Exports and Investment. Review of Radical Political Economics, Special Issue on China and Global Capital Accumulation, 2011, 43 (1).

[166] Don Sherman Grant, Michael Wallace. The Political Economy of Manufacturing Growth and Decline across the American States, 1970 – 1985. Social Force, 1994, 73 (1).

[167] Don Sherman Grant. The Political Economy of New Business Formation across the American States, 1970 – 1985. Social Science Quarterly, 1996, 77 (1).

[168] George Garvy. Kondratieff's Theory of Long Cycles. Review of Economic Statistics, 1943, 25 (4).

[169] Katherine Stone. The Origins of Job Structures in the Steel Industry. Review of Radical Political Economics, 1974, 6.

[170] Lippit, Victor D. The Reconstruction of a Social Structure of Accumulation in the United States. Review of Radical Political Economics, 1997, 29 (3).

[171] Li, Z. , Qi, H. Labor Process and the Social Structure of Accumulation in China. Review of Radical Political Economics, 2014, 46 (4).

[172] Michael Reich. Are U. S. Corporations Top-heavy? Managerial Ratios in Advanced Capitalist Countries. Review of Radical Political Economics, 1998, 30 (3).

[173] Michael Reich. Social Structure of Accumulation Theory: Retrospect and Prospect. Review of Radical Political Economics, 1997, 29 (3).

[174] N. D. Kondratieff. The Long Waves in Economic Life. Review of Economic Statistics, 1935, 17 (6).

［175］ Wolf Heydebrand. The Technocratic Administration of Justice. Research in Law and Society, 1979, 2.

［176］ Wolf Heydebrand. Technarchy and Neo – Corporatism: Toward a Theory of Organizational Change under Advanced Capitalism and Early State Socialism. Current Perspectives in Social Theory, 1985, 6.

［177］ Sam Rosenberg. From Segmentation to Flexibility: A Selective Survey. Review of Radical Political Economics, 1991, 23 (1 –2).

［178］ Stephen A. Marglin. What Do Bosses Do?: TheOrigins and Functions of Hierarchy in Capitalist Production. Review of Radical Political Economics, 1974, 6.